KB212164

버려라! 그리고 깨어 있으라

버려라! 그리고 깨어 있으라!

금강경 새롭게 읽기

각성 | 풀이

운주사

책을 내는 변

아무리 훌륭한 음식도 먹을 수 있어야 가치가 있듯이, 천 권의 책을 읽어도 뜻을 알지 못하면 아무런 소용이 없으며, 단 한 권을 읽는다 해도 이해하고 외우면 그것이 더욱 소중합니다. 그런 뜻에서 보면 붓다가 설하신 금강경은 우리를 인도할 최고의 안내자입니다. 금강경은 크게 산스크리뜨본(범어본)과 한역본(중국어본)이 주로 사용되고 있는데, 산스크리뜨본은 붓다가 설하신 말씀을 직역한 것이고 한역본은 붓다가 말씀하신 의도에 중점을 두고 번역한 것이 특징이라고 보여집니다. 그 한역본이 현재 우리가 주로 접하는 금강경입니다. 그러므로 범어본과 한역본은 표현 방식 등에서 많은 차이를 드러내고 있습니다.

따라서 이 책에서는 붓다가 설하고자 하는 의도에서 벗어날 우려도 있는 것 같아 우리에게는 별로 친숙하지 않은 범어본을 중심으로 다루었는데, 책의 편제에 있어 범어 역본(고딕체 부분)을 먼저 실었습니다. 음식을 먹으면 소화를 시켜야 뼈가 되고 살이 되듯이, 지혜의 경전인 금강경을 읽고 외우기 쉽도록 본래 의미가 손상되지 않는 범위 내에서 범어본을 최소한 간략히 줄였습니다. 점 하나, 받침 하나, 여백 한 칸까지라도 소홀히 할 수 없겠으나 높은 산을 오르려면 짐을 가볍게 덜어내야 하듯 본의 아니게 감히 부처님 말씀을 간추렸으니 양해를 바랍니다. 한역본과의 대조를 통해서 붓다가 해공제일 수보리존자에게 설하신 금강경의 의미를 조금이라도 더 가깝게 근접할 수 있도록 범어본 아래 한역 번역본을 실었습니다. 비교하면서 읽으시기 바랍니다.

　한역 금강경은 크게 구마라집, 보리유지, 진제, 달마급다, 현장, 의정본 등 여섯본이 있는데, 그 중에서 중국 선종의 5조인 홍인대사가 견성성불의 비전으로 삼았고 6조 혜능대사가 크게 깨달음을 얻은 것으로 알려진 라집본 금강경을 모본으로 삼았습니다.

　끝으로 책이 출간되기까지 혼신의 심혈을 기울여 주신 출판사 법우님들께 머리 숙여 깊은 감사를 드립니다.

각성 합장

서문

지금부터 언급하는 금강경 해설은 우리가 익히 듣고 읽어 왔던 것과는 전혀 다른 시각과 논리로 전개된다.

우리가 세상을 살아갈 때 간혹 당황하는 것은 예상치 못했던 일들과 맞닥뜨림으로써 일어나는 현상이다. 살아가는 데 있어서 남에게 뒤지지 않도록 열심히 노력하고 과거를 돌아보면서 실수를 반복하지 않으며 미래의 희망을 간직하면서 뒤떨어지지 않는 삶을 준비하는 자세는 분명 값진 것이다.

그러나 참으로 그렇게 살기 위해서는 반대로 잠시 멈춰 서야 한다. 무심히 넘겨 온 자신에 대한 몰이해를 탈피하기 위해 내면의 들끓는 소란으로부터 벗어나 완전한 제3자의 입장에서 자기를 바라보아야 한다. 물론 알아듣기 어렵고 실천하기도 어려운 역설적인 이야기를 받아들이기란 쉬운 일이 아니다. 그러나 참으로 나를 사랑하기 위해서는 어느 쪽에도 치우침 없는 진실을 알아야 한다.

짓밟고 이겨야 할 사람은 남이 아니라 내 자신이다. 이러한 사실을 무조건 교훈적으로 받아들이거나 세상과 타협해 적당히 마무리 지어서는 안 된다. 이제는 타인을 향해 휘두르던 그 칼로 자신을 내려쳐야 한다. 그러나 붓다는 어리석음을 잘라 내려는 것이 실로 어리석은 일임을 깨달아야 한다고 절벽 앞에 서 있는 우리들을 향해 말한다. 그 속에는 절벽에서 한 걸음 더 나아가길 바라는 깊고도 큰 사랑이 담겨져 있다. 시작도 없고 끝도 없는 원이 될 때만 전체가 될 수 있다. 그리고 전체적인 삶은 축복된 아름다움이다.

우리들이 쓰는 '그냥'이라는 말은 '변함없는 모양 그대로'란 뜻이다. 그러나 실제로는 변화를 두려워하여 의미 없이 행동하고 있는 것을 나타내거나 분명한 목적의식 없이 행해지는 행동에 대한 표현이기도 하고, 행위의 정확한 의도나 동기를 밝히길 꺼릴 때 쓰여지기도 한다. 이와 같은 언어를 사용한다는 것은 자신에 대한 몰이해와 목적 없이 삶을 살아가고 있음을 나타낸다.

목적 없이 사는 삶은 정확한 목적을 지닌 삶보다 우월하거나 저급한 두 갈래의 길로 들어선다. 우선 자신에 대한 이해를 외면하고 무관심하게 목적을 기피하는 삶은 목적을 지닌 삶보다 저급하다. 즉 목표도 지니고 않고 '그냥 사는 삶'은 초라하고 볼품없는 삶이다. 그러나 자신이 진정 원하는 일을 찾아냄으로써 목적 달성에 연연하는 일 없이 목적지에 도달하는 과정 자체를 사랑하는 삶도 있다. 이런 사람의 의식은 늘 깨어 있어서 매 순간 삶을 관찰함으로써 혹시 손해를 볼까, 정열을 낭비하지는 않을까 의심하고 망설이는 두려움으로부터 자유로운 정신을 소유할 수 있다. 그처럼 깨어 있는 삶은 단순히 목적을 추구하는 삶과는 비교할 수 없는 월등한 가치를 지닌 것이다.

끊임없는 자기 탐구를 통하여 순간순간 현재를 살아가면서 예지를 배우는 지혜로운 자는 마지못해 받아들이는 것이 아니라 이해해서 수용하는 자세를 보인다. 그때 비로소 직관을 겸비한 통찰력은 꽃처럼 피어나는 것이다.

금강반야바라밀경이란 '금강과 같은 지혜의 칼로 우리들의 무명을 단칼에 베어 버리는 경전'이란 뜻이며, 영어로는 다이아몬드수트라, 원어로는 바즈라 체디카 프라즈나 파라미타 수트라(vajra chedica prajna paramita sutra)이다.

금강은 금강처럼 강하다는 뜻이고, 반야는 지혜를 뜻하는 범어이다. 바라밀의 원래 발음은 파라미타이며, 건너가자라는 뜻이다.

'이 언덕에서 저 언덕으로 건너가자.' 우리가 살고 있는 곳이 이 언덕이라면 저 언덕은 과연 어디를 말하는 것인가. 차근차근 하나씩 짚어 가면서, 저 언덕이란 정말로 존재하는지, 저 언덕에 도달할 수 있는 길은 무엇인지, 그리고 만약 저 언덕에 도달하면 무슨 일이 일어나는지 주의 깊게 관찰하면서 함께 배우고 탐구해 보자.

저 언덕을 알기 위해선 무엇보다 이 언덕을 먼저 이해하는 것이 바른 순서일 것이다. 이 언덕에서, 우리는 태어나서 살고 또 죽음을 맞이하는 그 순간까지 많은 경험들과 사건, 무수한 생각과 사고를 통해 때로는 희망에 부풀기도 하고 때로는 견딜 수 없는 실의의 늪에 빠져 한숨과 고통, 비애와 슬픔으로 얼룩진 삶을 살게 된다. 무엇인가를 성취하기에 여념이 없다든지 어딘가에 도달하기 위해 잠시도 쉴 틈 없이 노력하다 보면 어느 틈에 세월은 흘러가 버리고 몸은 쇠약해지고 정신은 세상과 적당히 타협하면서 편안하고 안락한 삶을 구축해 나가려 한다. 그러나 과연 이것이 우리들 삶의 모습 전부인가?

삶의 의의나 목적을 추구하기에 앞서 그 의의나 목적을 추구하고 있는 우리들의 실체가 과연 무엇인지, 천천히 그리고 인내를 가지고 성실하고 주의 깊게 관찰하며 공부해 나가도록 하겠다.

여기서 중요한 것은 성급하게 결론을 내린다든지 자신이 여태껏 듣고 배운 신념에 위배된다고 하여 무조건 거부한다면 함께 배우고 탐구하는 것은 불가능해진다는 것이다. 배운다는 것은 마치 깊은 바다 속으로 들어가는 것과 같아서 더 깊은 바다, 그리고 그보다 더욱 더 깊은 바다만이 존재할 뿐이다. 끝없는 과정만이 있으며 배움의 끝은 결코 없는 것이다.

모든 문제는 우리들 각자가 스스로 해결해야 한다. 높은 산을 오르려면 짐을 가볍게 해야 하듯, 타인의 의견이나 견해, 주의나 주장을 잠시 뒤로하고 우리 자신의 사고 활동을 주시하고 관찰하면서 해답을 얻어야 한다. 우리가 이 문제의 진상을 명확히 파악한다면 우리에게 주어진 모든 문제를 해결할 수 있는 실마리를 얻을 수 있을 것이다.

그러기 위해서는 자신의 생각이 어떻게 움직이는가를 주시하고 관찰함으로써 얻어지는 이해력은 다른 무엇보다도 소중한 것임을 알아야 한다. 이렇게 발견된 이해력이야말로 자기 인식의 첫걸음이며 지혜의 시작이다.

이제 금강경 원문을 한 분씩 살펴보기로 한다. 이 분장은 구마라집 한역본을 소명태자가 분장한 것이 널리 통용되고 있는데 여기서도 그것에 의해 분장하여 살펴보려고 한다.

이제 금강경의 세계로 여행을 떠나자.

차 례

···

12

버려라! 그리고 깨어 있으라!

1. 법회인유분(法會因由分)

법회를 이룬 연유

이렇게 나는 들었다. 스승께서 사위성에 머물고 계실 때 아침 일찍 스승께서는 옷을 갈아입고 가사를 걸치신 다음 탁발을 하기 위해 바루를 들고 큰 도시인 사위성으로 들어가셨다. 탁발에서 돌아와 공양을 마치신 다음 의발을 치우시고 발을 씻으시고 그분을 위해 마련된 자리에 가부좌를 틀고는 몸을 곧게 세우고 앞쪽으로 주의를 집중하고 앉으셨다. 그때에 많은 비구들이 스승이 계신 곳으로 다가섰다. 그들은 스승의 발 밑에 머리를 조아려 경의를 표하고는 스승의 주변을 오른쪽으로 세 번 돈 다음 한쪽으로 가서 앉았다.

이와 같이 내가 들었다. 한때 붓다께서 사위국 기수급고독원에 계시사 큰 비구들 천이백오십 인과 더불어 함께 하셨다. 그때는 세존께서 공양하실 때라 옷을 입으시고 발우 가지시어 사위대성에 들어가시사 걸식하실 때 그 성중에서 차례로 걸식하여 본래의 처소로 돌아오사 공양을 마치시고 옷과 발우를 거두시며 발을 씻으시고 자리를 펴고 앉으셨다.

🪷

'이렇게 나는 들었다.' 한자로는 여시아문(如是我聞)이다. 불교의 모든 경전은 항상 이렇게 시작된다. 그것은 경전을 편찬하는 사람이 자신의 의견이나 사상, 견해에 의존하는 것이 아니라 순수하게 붓다가 설하신 말씀을 자신의 귀에 들려 온 그대로 옮긴다는 뜻이다. 당연히 그래야만 하고 마땅히 그렇게 되어야 한다.

즉 如是我聞으로 시작함으로써 자신의 의견이나 견해, 사상, 신념의 색안경을 통해 붓다께서 설하신 말씀이 왜곡되거나 자신의 임의대로 해석되지 않도록 경계하고 있는 것이다. 또 귀를 통해 들려 온 음성 그대로를 기록한 것은, 있는 것을 있는 그대로 보라는 의미이다.

옛날에 한 스님이 설법을 하기 위해 대중들 앞으로 나아가 자리에 앉았다. 그때 창문에 새가 날아와 목청껏 노래를 부르는 것이었다. 가만히 듣고 있던 스님은, 새가 노래를 끝내고 날아가자 자리에서 일어나며 '오늘 법문은 이것으로 끝'이라고 하였다고 한다. 어쩌면 진리나 참된 실체라고 부르는 것이 여기에 있는 것은 아닌지, 만일 그렇다면 더 이상의 법문은 사족에 불과한 것이리라.

만일 붓다가 설하신 내용을 제자들이 조금씩 자신의 의견이나 견해로 해석해 놓았다면 2500년이 지나는 동안 지금처럼 생생하게 살아 숨쉬고 생명력 넘치게 존재할 수 없었을 것이다.

고타마 붓다가 설산에서 6년간의 혹독한 고행을 하시고 35세에 성도 하신 후 80세에 열반하시기까지 45년간 설법하신 내용이 팔만대장경이다. 이 방대한 내용을 단 한 마디도 빠짐없이 우리에게 전해 주는 데 커다란 기여를 한 분이 붓다의 십대 제자 중의 한 분인 아난존자이다.

아난은 붓다와 같은 석가족 출신이며 세속의 인연으로는 사촌동생이었다. 아난존자는 붓다를 한시도 떠나지 않고 시봉했는데, 아난존자가 처음 시자가 될 때 내세운 조건이 있었다. 붓다를 한시도 떠나지 않고 시봉하기 위해서 잠도 한 방에서 자도록 허락해 주실 것과, 혹 자신이 없는 곳에서 설법하신 가르침을 아난에게 다시 한 번 되풀이 해주실 것 등이었다. 붓다는 그렇게 할 것을 허락하셨고 이후 25년간 아난존자의 헌신적인 시봉은 계속되었다.

붓다 열반 당시 아난은 하늘이 떠나가도록 대성통곡을 하였다. 붓다의 모든 제자들은 진리의 깨달음을 성취했건만 자신은 그토록 붓다 가까이에 있으면서도 진리를 깨닫지 못한 안타까움을 무어라 설명할 길이 없고 속절없이 떠나가는 붓다가 원망스럽기 그지없었으리라.

더군다나 붓다의 말씀을 모아 경전을 편찬하는 과정에서도 깨닫지 못한 제자가 참여한다는 것은 있을 수가 없는 일이어서 먼발치서 붓다의 경전을 편찬하는 500명의 대중들의 모습을 서글프게 바라볼 뿐이었다.

이 이야기는 아무리 붓다 가까이에서 붓다 설법을 수천 번 듣는다 하여도, 또 누군가 자신에게 진리를 불어넣어 줄 것으로 믿고 지식으로 진리에 접근한다면 그것은 깨달음에 전혀 도움이 되지 못한다는 것을 가르쳐 준다. 역으로 시공간적으로 붓다와 멀리 있다 하여도 실천적인 수행을 몸소 행하고 있다면 그것은 붓다를 가장 가까이 마주함이다.

아난은 경전을 결집하는 칠엽굴에는 참여하지도 못하고 있다가 경전 결집의 상수인 마하가섭존자를 찾아가 묻는다.

"붓다가 팔만 사천 법문 외에 따로 설하신 법문이 있습니까?"

이 질문 속에는 자신이 어느 누구보다 붓다의 법문을 가장 많이 들었고 기억하고 있는데 어째서 경전 결집에 참여할 수 없는가? 하는 의문이 내포되었으리라.

가섭존자로부터 불당 앞의 찰간대를 부셔 버리라는 말을 듣고 일주일 동안을 참구하다가 마음을 깨우친 아난존자는 비로소 경전 결집에 참여할 수가 있었다. 이로써 자신의 의견이나 견해에 의거하여 붓다 말씀을 임의로 번역하거나 해석하지 않도록 '이렇게 나는 들었다'로 경전은 시작되었고, 아난존자가 경을 읊고 우바리존자가 율을 읊고 함께 모인 500명의 아라한이 검증하는 방식으로 팔만대장경의 경전이 정리되었다고 한다.

이 장은 금강경이 이루어진 연유를 말하고 있다. 그런데 이 세상에 존재하는 가장 훌륭한 경전이 왜 옷입고 밥먹고 설거지하고 발씻는 이야기로 서두를 시작하고 있는 것인가, 이런 것들은 나도 매일 하고 있는 것인데 과연 그만한 가치가 있는가?

대부분은 이런 의심조차 하지 않으며 무심결에 지나치고 남들이 하는 대로 따라 읽으며 복잡한 이야기의 숨은 뜻을 파악하느라 분주할 것이다.

우리의 생각은 자꾸 우리를 벗어나려고만 한다. 더 좋은 것, 더 훌륭한 것을 찾아 길을 떠났는데 결국은 돌아와 보니 자기 집 뜨락에 핀 개나리가 눈에 띄는 것처럼, 아무리 좋은 것도 얼마간의 시간이 흐르면 싫증을 느끼고 눈길조차 주지 않으며 무관심해지곤 한다.

이런 경우를 허다하게 경험했음에도 우리는 한 번도 자신에게 어째서 이런 일이 일어나는지, 그것은 무엇 때문인지, 절실하고 간절한 의문을 던져 본 일은 별로 없다.

신이나 진리를 찾아 이 책, 저 책을 뒤적거리며 이런저런 얘기도 듣고 하면서 나름대로 신이나 진리라고 부르는 것들의 체계를 세워 보기도 하고 상상하던 무수한 기억과 경험을 가지고 있다. 신이나 진리라고 불리는 관념을 간직하는 것도 중요하고 그러한 관념을 실천할 수 있는 신념을 지니고 주의나 주장을 통해 다른 사람들을 납득시키고, 자신의 견해에 동조하도록 나름대로의 사상을 체계화시켜 같은 의견들을 지닌 사람들이 한 목소리를 낼 수 있도록 세력을 확장시킨다던가 하는 의지를 관철시키는 것도 중요하다.

그리고 만약 신이나 진리, 깨달음과 같은 체험들이 실제로는 존재하지도 않고 사람들이 전혀 그런 것에는 관심이 없다고 한다면 얼마나 세상은 삭막하고 황량할 것인가. 인간은 오로지 더 많은 부와 더 높은 담을 주위에 둘러쌓고는 경쟁과 살육만을 일삼고 전쟁과 투쟁이 난무하는 폭력적이고 강압적인 환경 속에 세상은 벌써 멸망하여 흔적조차 없을지도 모른다.

그렇다고 지금 세상이 평화스럽고 신뢰가 가득 차고 화목하다는 말은 아니다. 타락과 부패, 반목과 폭력, 강압과 투쟁으로 병들고 퇴색되어 버렸다. 세상이 이처럼 퇴색된 것은 누구의 책임인가. 정치 지도자나 경제 관료의 책임만은 아니다. 바로 이런 책임을 타인에게 전가시키려는, 그래서 자신은 세상이 이처럼 병들고 타락한 것과는 전혀 관계가 없다고 회피하는 우리 모두의 책임이다. 왜냐하면 우리가 곧 세상이기 때문이다.

밥먹고 설거지하고 발씻고 하면 되는 일상생활에서도 우리는 그렇게 하질 못한다. 식사를 하면서도 오만 가지 생각으로 내가 밥을 먹는 건지 아니면 밥이 나를 먹는 건지 분간하지 못한다.

식사를 못하는 사람을 거식증 환자라고 한다. 배고플 때에는 음식을 먹으면 되는데 밥을 앞에 놓고 생각을 한다. '이만큼을 내가 먹었을 때 이만큼이 살로 가겠지', 또는 '이것보다 더 입맛 당기는 음식은 없을까' 등 이런 생각을 자꾸 하다 보면 거식증에 걸려 도무지 식사를 할 수 없는 상황에까지 이르게 된다.

불면증도 마찬가지이다. 졸리면 자면 된다. 그러면 거기엔 아무런 문제도 없다. 그런데 잠자리에 들기 전에 자꾸 생각을 한다. '빨리 잠이 들어 괴로운 문제들로부터 벗어나야겠다'거나 '잠이 안 오면 어떻게 하나' 등 이 생각 저 생각 뒤척이면서 빨리 오지 않는 잠만 탓하다 보면 나중에는 눕기만 하면 온갖 공상을 떠올리며 잠을 쫓아 버리게 된다.

이처럼 어떤 일이든 염두에 두고 문제 삼는 생각이 바로 문제를 일으킨다. 문제 삼으려는 생각이 없다면 아무 문제도 일어나지 않는다. 밥먹을 때 밥먹고, 잠잘 때 자면 아무 문제가 없다. 아무 문제가 없다면 거기에 신이나 진리, 깨달음이 무슨 필요가 있겠는가? 그런데 우리는 유감스럽게도 그렇게 하지 못한다.

우리의 몸은 12연기에서 밝히듯이 애당초 정신의 집착인 관념, 즉 사고의 덩어리가 뭉쳐 생명체를 탄생시키는 원인이 되었다. 우리가 입고 있는 옷도 가느다란 실이 모여 천을 이룬 것처럼 우리는 집착이라는 무수한 옷을 입고 있는 것이다. 집착은 욕망과 두려움을 통한 불가분의 관계를 형성하고 있다.

집착이란 좋고 싫은 것의 이미지를 간직하고 있기에 나타나는 현상이다. 좋은 것은 욕망으로, 싫은 것은 두려움으로 모습을 드러낸다.

경전을 보면 '큰비구들 1,250인과 함께 계셨다'라는 표현이 자주 등장한다. 붓다 승단이 출범하기까지의 과정을 알아보면 다음과 같다. 붓다가 성도하신 후 마가다국에는 우루빌라라는 불을 섬기는 바라문이 살고 있었다. 그의 명성은 나라 안에 자자하였고 세상 사람들이 우러러 받들었으며 제자가 500명이었다. 그의 두 동생인 나디야와 가야 역시 우루빌라 성 근처에서 그들을 따르는 제자들 500명과 함께 지내고 있었다. 우루빌라는 술법이 뛰어나 불을 뿜어 대는 커다란 독룡을 성의 정실에서 기르고 있었다.

붓다는 생각하셨다.

'해가 천하를 비추는데 그 덕이 세 가지가 있다. 첫째는 광명이 빛나 어둠을 제거하여 또렷하지 아니함이 없고, 둘째는 다섯 가지 빛깔의 여러 종류가 그 형상을 널리 나타내며, 셋째는 싹을 트게 하여 온갖 물건이 번영하게 한다. 이와 같이 또한 여래가 세상에 나오면 역시 세 가지 덕이 있다. 첫째는 온갖 큰 지혜로 어리석음과 어둠을 비추어 없애며, 둘째는 다섯 갈래의 말씀과 행동으로 분포하며, 셋째는 권도와 지혜로써 세상을 제도하여 이롭고 편안하게 한다. 그러므로 이제 백성들의 마음을 살피건대 널리 우루빌라에게 쏠려 있으므로 갑자기 돌릴 수는 없으리라. 마치 열매는 좋은데 나무가 높아서 열매를 따먹을 수 없으므로 오직 나무 뿌리를 베고 가지를 쓰러 뜨려야 먹고 싶은 대로 열매를 따먹을 수 있는 것과 같다. 모두가 꺼리는 바는 독룡에게 있으니 나는 먼저 뱀을 항복시키리라. 우루빌라가 와서 따르면 비로소 큰 진리로써 교화하는 바가 끝이 없으리라.'

붓다는 생각을 마치고 우루빌라를 교화하기 위해 길을 나섰고 저녁 무렵이 되어서야 도착하였다. 고타마 붓다를 알아본 우루빌라 바라문은 반가이 맞이하며 극진히 대접하였다. 붓다는 우루빌라에게 하룻밤 묵기를 부탁했다. 그러나 불을 섬기는 바라문의 율법상 문도들 이외에는 묵을 수가 없다고 난색을 표하였다. 그러자 붓다는 정실을 가리키며 무슨 방이냐고 물었다. 우루빌라는 그 정실엔 신령한 독룡이 있는데 성질이 급하고 사나와 방에 들어가는 사람에게 불을 뿜어 태워 버린다고 대답하였다.

붓다는 독룡이 살고 있는 정실에서라도 묵게 해 달라고 세 번이나 거듭 청하였다. 반드시 화를 입을 것을 염려하는 바라문에게 붓다는 말씀하였다. '삼계 욕심의 불을 나는 이미 꺼 버렸으므로 독룡이 나를 해치지는 못할 것이다.' 마침내 붓다는 독룡과 함께 머물게 되었다.

독룡은 붓다를 보자 불을 뿜으며 다가 왔다. 그러나 붓다는 독룡을 제도하고 작게 만들어 바루 속으로 들어가게 하였다. 다음날 아침 붓다는 아무 일없이 바라문들 앞에 모습을 나타냈다. 싯달타 사문이 해를 입었으리라 안타까워하는 바라문들은 크게 놀라며 붓다의 진리의 말씀을 들었다. 붓다의 말씀을 듣고 마침내 진리의 눈을 뜨게 된 우루빌라와 그의 500제자 바라문은 붓다께 귀의하였다. 그리고 사용하던 불을 섬기는 여러 가지 도구들을 물 속에 버렸다.

이때 우루빌라 근처에 살고 있던 두 동생들은 강물에 떠내려오는 형의 물건들을 보고 자신들을 따르는 문도 250명 씩을 데리고 우루빌라를 찾았다. 그런데 형과 문도들이 모두 사문이 되어 있는 것을 발견하고는 괴이하다고 생각하며 형에게 물었다. '큰형께서는 나이도 많고 지혜가 밝거늘 어찌 바라문의 도를 버리고 사문의 법을 배우십니까?' 우루빌라는 '비록 내가 높고 밝다고는 하나 이처럼 거룩한 지혜와 한량없는 법을 만난 적이 없다. 나는 이미 붓다께 귀의하였으니 너희들은 어디로 나아가겠느냐?' 하고 말했다. 그러자 두 동생과 제자들은 형을 따라 사문이 되기를 청하며 붓다께 머리를 조아리고 예배하였다. 붓다는 그들을 허락하시고 다음과 같은 불의 법문을 설하셨다.

"아는 것처럼 실천하는 수행자는 그 공덕이 바다와 같다. 물건을 불태워 저 하늘에다 제사함은 공연히 재물만 허비할 뿐 공덕이 없나니, 지혜로운 이의 베품이라 말할 수 없다. 욕심이 불탄다. 세상이 불타오르고 있다. 탐욕의 불이 타오르고 있다. 분노의 불이 타오르고 있다. 어리석음의 불이 타오르고 있다. 눈에서도 타오르고 있다. 마음에서도 불길이 타오르고 있다."

또한 그 도시에는 사리불과 목건련이 250인의 제자와 신선의 행을 닦으면서 살고 있었다. 이때 세존은 제자인 알폐에게 널리 교화하여 법의 근본만을 말하며 제도하라 하셨다. 알폐는 명을 받고 교화하던 중 사리불과 목건련을 만나게 되었다. 알폐가 법의 근본을 말하니 사리불은 미묘한 이치에 마음이 깨이고 의심이 풀리는지라 붓다를 찾아가기로 의논하였다.

붓다는 법을 설하시어 근본의 인연을 말씀하시니 사리불과 목건련과 그의 문도 250인은 붓다께 귀의하고 사문이 되었다. 이때 자신들보다 상수로 대우받는 사리불과 목건련에 대해 먼저 출가한 사문들의 불평이 많아지자 붓다가 대중들에게 말씀하셨다. '사리불과 목건련은 옛날에 나에게 도가 이루어지기를 기다리다가 좌우에서 모시며 돕겠다고 서원하였노라.'고 말씀하셨다. 그리고 그날 밤 1,000명의 제자들과 사리불과 목건련을 비롯한 그의 제자 250인의 비구들에게 계율을 정하고 마치시니 승가의 단체가 처음으로 출범하였던 것이다.

여기서 1,250인의 큰 비구와 함께 계셨다는 말이 생기게 된 것이다. 실제로는 제자의 수효가 이보다 더욱 많았다고 하더라도 처음 계율을 제정한 승가의 단체에 참여한 비구승 1,250인을 대표적으로 인용한 것이다.

다시 경전의 본문으로 들어가서 제일 앞에 '한때' 또는 '일시에'라는 말이 등장한다. 시간을 가리키는 말로서 가을인지 겨울인지 밤인지 낮인지를 밝히지 않고 한때 또는 일시에로 통일하여 버린

24

다. 비교적 누가(Who), 어디서(Where), 무엇을(What), 어떻게 (How), 왜(Why)라는 육하원칙을 제대로 서술하였음에도 언제라는 부분에 대해서는 일시에로 통일해 버린 데에는 나름대로의 이유가 있을 법하다. 뒤에 자세히 언급하기로 하고 여기서는 대략적으로 살펴보겠다.

한 마디로 시간이란 개념은 진리와는 무관하다. 우리의 기억은 시간 순으로 떠오르지 않는다. 10일 전의 기억은 없어도 10년 전의 기억은 생생한 경우도 있다. 시간이 절대적인 개념이라면 순서대로 떠올라야 하지만 시간은 인간의 마음이 만들어 낸 허상이기 때문에 진리와는 무관하게 움직이는 것이다. 시간에 매어 있는 한 진리 와는 정반대의 길을 가게 될 수도 있다.

불교의 윤회라는 관점에서 본다면 원 주위를 돌고 있는 사람들 중 자신보다 뒤에 선 사람이라 해도 자신보다 수천 바퀴를 더 돌다가 뒤에 섰을 수도 있다. 즉 시간은 사람들의 편리한 발명품일 뿐인 것이다.

좌선하는 사람이 며칠 혹은 몇 년을 꼼짝도 하지 않았다 하는 것으로 공과를 삼으려 한다면 그것은 시간의 올가미에 걸려든 사냥감과 같다. 몇 시간, 몇 년이 중요한 게 아니라 꾸준히 정진하려는 자세가 더욱 값진 것이기 때문이다. 자신의 노력을 과시하려는 마음이 사라졌을 때 진리에 근접한 것이다. 그래서 법은 시간을 초월한다고 하며 이러한 이유로 인하여 경전은 모두 '일시에'라는 표현을 하는 것이다.

그 다음에 붓다께서 설법하신 장소가 나온다. 붓다께서 가장 많이 설법하신 장소는 사위국 기수급고독원과 죽림정사이다. 가장 많이 머무르신 곳이고 대부분의 경전에 등장한다. 사위국은 코살라국의 수도이며, 사위성이 더 정확한 표현이다. 지금의 인도에서 보면

중부 지방에 위치한 도시이다.

그 당시 인도의 주변 국가들 중 가장 힘이 센 나라는 마가다국과 코살라국이었다. 마가다국의 왕인 범비사라왕은 수행하시는 싯달타 태자에게 감복하여, 태자가 성도하면 자신을 가장 먼저 제도해 달라고 부탁하기도 했다. 당시 중국을 왕래하며 돈을 번 가란타라는 장자가 붓다께 귀의하였고 그가 바친 죽림원에 붓다와 그의 제자들을 위하여 지은 절이 불교 최초의 가람인 죽림정사이다.

기수급고독원은 기원정사라고도 한다. 이곳은 코살라국 파사익왕의 아들 기타태자가 소유한 동산이었으나 급고독장자가 이 땅을 사서 붓다께 절을 지어 바쳤다 하여 기타태자와 급고독장자의 이름을 따서 기수급고독원이 되었다.

그 다음으로 '차례로 걸식하여 공양을 마치시고'란 말이 나온다. 공양이란 범어로는 '푸자나'라고 하며 음식이나 옷 등을 스승이나 부모에게 공급하여 자양하는 것이다.

가사는 옷이라기보다 시체를 버릴 때 사용하던 천조각이었다. 인도는 나무가 귀해서 부유층만 화장할 수 있었다. 그래서 대개는 시체를 천으로 둘둘 말아 숲에 내다 버리는 것이 장례 절차의 전부였다.

그렇게 더 이상 쓸 수 없는 천 조각을 분소의라고 불렀으며, 조각조각 기워 만들었다 하여 납의(衲衣)라고도 한다. 이러한 가사의 종류는 크게 세 가지가 있는데 안타회, 울다라, 승가리로 나뉜다. 안타회란 당나라 측천무후가 선승들에게 준 장삼 위에 입는 옷이며, 울다라란 보통 때 맨 위에 입는 옷으로 왼쪽 어깨를 덮어서 부좌견의(覆左肩衣)라고도 한다. 승가리는 설법하거나 마을에 나가 탁발을 할 때 입는 옷, 즉 지금 승려들이 걸치는 가사이다.

바루란 승려가 걸식할 때 사용하는 식기를 일컫는 말이며 붓다 수행 당시의 수행자들은 가사 1벌과 바루 1개를 제외하곤 그 어떤 소유물도 없었다. 생쌀은 탁발하여 소유할 수도 있는 까닭에 붓다는 오직 익은 쌀만을 걸식할 것을 분부하셨다.

또한 '차례를 지켜 걸식한다'에는 다음과 같은 사연이 전해져온다. 어느 날 붓다가 수보리존자와 가섭존자의 바루를 보게 되었다. 수보리존자는 하얀 쌀밥에 반찬도 좋았던 반면 가섭존자는 시커먼 밥에 반찬도 형편없었다. 붓다가 그 이유를 묻자 수보리존자는 '가난한 집은 양식이 부족한데 탁발까지 하면 그 집은 먹을 것이 없게 되고 혹 나눠주지 않으면 업을 짓게 될까 봐 양식이 넉넉한 집에서 걸식을 하여 반찬이 좋습니다.'라고 하였고, 가섭존자는 '저는 가난한 집만을 골라 걸식을 합니다. 그들은 현생에 가난하니 저희들에게 시주하여 복을 지어야 다음 생에라도 복을 받을 수 있기 때문입니다.'라고 말했다.

그러자 붓다께서 이렇게 말씀하셨다. '이후로 수행자들은 차례로 걸식하도록 하라. 즉 어떤 집이든지 시작한 집에서부터 일곱 번째까지만 밥을 빌고 더 이상은 밥을 빌지 말라.' 이것은 부자든 가난하든 누구나가 공양을 올릴 수 있게 하고, 부족하면 부족한 대로 걸식하도록 하는 수행자의 분별심을 내지 말도록 엄중히 경계한 수행의 지침이었다. 그 이후로 수행자들은 차례로 일곱 집까지만 걸식을 하였다. 붓다도 이 율법을 지켜 차례로 걸식하여 사위성으로 돌아오셨고 공양을 마치시고 발을 씻으셨다. 요즘 우리는 신발을 신고 다니지만 붓다 당시의 인도에서는 언제나 맨발이었기 때문에 식사가 끝나면 반드시 발을 씻고 바루와 가사를 정리하였다.

그리고 난 후 붓다는 그 분을 위해 마련된 자리에 가부좌를 틀고는 몸을 곧게 세우고 앞쪽으로 주의를 집중하고 앉으셨다. 공양을 마친 승려들이 하나 둘씩 스승이 계신 곳으로 다가와 스승의

주변을 오른쪽으로 세 번 돌며 불·법·승 삼보에 귀의한다는 다
짐을 하면서 붓다 곁에 자리를 잡고 앉기 시작한다. 많은 대중들이
모인 자리에서 수보리존자가 일어나서 오른 어깨의 옷을 벗어 매
고 오른 무릎을 땅에 꿇어 스승께 예의를 갖추고 질문하는 광경이
펼쳐진다.

붓다께서 아침 식사를 마치고 앞쪽으로 주의를 집중하고 허리를
곧게 펴고 앉아 있는 곳으로 비구승 1,250인이 불법승 삼보에 귀의
한다는 다짐을 하며 삼삼오오 모여들고 있는 경건하고 장엄한 아
침의 광경은 상상만 해도 감동적이다.

2. 선현기청분(善現起請分)

그 때에 장로 수보리가 그 대중들 곁으로 와서 앉았다. 그런 다음 그는 자리에서 일어나 웃옷을 한쪽 어깨에 걸치고 무릎을 땅에 대고 두 손을 모아 스승께 합장했다.

"스승이시여, 참으로 놀라울 일입니다. 참으로 경탄할 일입니다. 선서이시여, 얼마나 많은 존재들이 그 위대한 존재들이 여래께서 베풀어주시는 최고의 음덕에 의해 도움을 받았는지, 그런데 이미 보살의 길로 들어선 사람은 어떻게 살아야 하고 어떻게 나아가야 하며 어떻게 생각을 다스려야 합니까?"

그 때에 장로 수보리가 대중 가운데 있다가 자리에서 일어나 오른쪽 어깨에 옷을 벗어 메고 오른쪽 무릎을 땅에 꿇으며 합장하고 붓다께 사뢰었다.

"희유하십니다. 세존이시여, 여래께서는 모든 보살들을 잘 호념하시며 모든 보살들에게 잘 부촉하십니다. 세존이시여, 선남자 선여인이 아뇩다라삼먁삼보리심을 발하오니 응당 어떻게 머무르며 어떻게 그 마음을 항복 받으오리까?"

붓다께서 말씀하시되, "선재 선재라. 수보리여, 네 말과 같이 여래는 모든 보살들을 잘 호념하며 모든 보살들을 잘 부촉하느니라. 너희는 지금 자세히 들으라. 마땅히 너희를 위해 설하리

라. 선남자 선여인이 아뇩다라삼먁삼보리심을 발하였으면 응당
히 이와 같이 머물며 이와 같이 그 마음을 항복 받아야 하느니
라."

"그렇습니다. 세존이시여, 바라옵건대 듣고자 합니다."

🪷

붓다의 십대 제자는 마하가섭(두타 제일), 사리불(지혜 제일), 목
건련(신통 제일), 아나율(천안 제일), 수보리(해공 제일), 부루나(설
법 제일), 가전연(논의 제일), 우바리(지계 제일), 라후라(밀행 제
일), 아난다(다문 제일)이다.

그 중에서 수보리존자가 여래께 법을 청하고 있다. 수보리존자는
한자로 선현(善現), 선길(善吉), 공생(共生)이라 번역하며, 온갖 법
의 공한 이치를 깨달음에 첫째 가는 이라 하여 해공제일(解空第一)
이라 한다. 붓다의 제자 중에서 연로하신 상수 제자를 장로라고 하
는데 장로인 수보리존자는 일명 순야다라고 불리기도 한다. 그것은
그가 탄생할 때 창고, 상자, 가구 등이 텅비었다 하여 유래되었다.

이제 수보리존자가 질문을 하기에 앞서 스승님의 이름을 부른
다. 선서는 붓다의 열 가지 명호 중 하나이며, 십명호는 다음과 같
다.

① 여래(如來: 부처님과 같은 길을 걸어 세상에 온 분), ② 응공
(應供: 마땅히 공양을 받을 만한 분), ③ 정변지(正徧知: 바르고 평
등하게 아는 분), ④ 명행족(明行足: 明은 숙명·천안·누진통, 行
은 신구의 삼업을 구족하신 분), ⑤ 선서(善逝: 피안으로 건너가신
분), ⑥ 세간해(世間解: 세간을 잘 아는 분), ⑦ 무상사(無上士: 위
없는 대사), ⑧ 조어장부(調御丈夫: 중생을 길들이는 분), ⑨ 천인사

(天人師: 천신과 인간의 스승), ⑩ 불세존(佛世尊: 깨달으신 존귀한 분)이다.

그런데 어째서 붓다의 이름은 이렇게 많은지 의아하게 생각하는 사람도 있을 것이다. 붓다는 성도하고 난 후 한 장소에 오래 머무는 법이 없었다. 이 마을에서 저 마을로 옮겨 다니며 법을 설하였다. 여래의 명호가 많은 것도 이와 마찬가지의 이유일 것이다. 어떤 하나의 이름에 고정되어 있다면 이름이 곧 자신이 되어 버릴 것이다. 그러나 이름과 언어는 실체가 아니다.

제7장 무득무설분에서 수보리존자가 다음과 같이 언어에 대해 정의를 내렸다. "…라 이름할 만한 결정적인 법이 없으며, 또한 여래가 설하셨다 할 고정된 법도 없습니다."

예를 들어 우리가 견딜 수 없는 슬픔을 느꼈다고 할 때 슬프다는 언어를 떼어놓고 마음속에서 슬픔이라고 부를 만한 실체를 찾아보아도 마음 일부분에서 슬픔을 느끼지는 않는다. 마음 전체가 슬픔으로 물들어 있기 때문이다. 만일 마음 한 구석에 슬픔이 항상 도사리고 있다면 우리는 그것을 슬픔의 실체라고 단정지을 수 있다. 왜냐하면 그것은 슬픔이라는 이름을 붙이지 않아도 항상 거기에 존재할 것이기 때문이다. 하늘 한 귀퉁이 일정한 장소에서 항상 구름이 머물고 있으면 그곳을 하늘이라고 이름할 수는 없다. 그곳엔 하늘을 벗어난 실체가 존재하기 때문이다. 마찬가지로 우리 마음 일부에 슬픔이 항상 머물고 있다면 그것을 마음이라고 통털어 말할 수는 없다.

그러나 비 오고 눈 내리는 등 하늘은 고정되어 있지 않고 유동적이기 때문에 이름을 붙이지 않고는 인식할 수 없는 탓으로 이름을 붙인 것이다. 따라서 이름은 실체가 아니며 단지 허상에 지나지 않는다. 슬픈 마음은 기쁜 마음이 들어차면 온데 간데 없이 사라져 버린다. 만약 기쁨과 슬픔, 또는 선과 악이라는 언어에 메이지 않고 마음을 지켜보면 마음은 본래로 순수하고 청정하며 어디에도 물들지 않는다는 것을 알 수 있다. 그러나 우리가 순수하고 청정한 마음을 잃어버린 것은, 이것은 중요하고 저것은 중요하지 않다는 식의 상대적인 언어의 개념을 덮어 쓴 까닭에 퇴색되어 버린 것이다. 만일 계란을 놓고 껍데기는 중요하지 않다고 말하는 사람에게 깨진 달걀을 먹으라고 하면 좋아하지 않을 것이다. 그러나 안과 밖을 모두 중요하게 여기는 사람은 다른 사람의 상처도 내 상처만큼 소중한 것이므로 결국 자신이 먹을 것이다. 이처럼 중요하면 전부가 중요하고, 중요치 않으면 전부가 중요치 않다. 내면은 중요하다. 더불어 외면도 소홀히 여겨서는 안 된다. 반듯한 자세, 사치스럽지 않은 정결한 옷차림, 예의 바른 태도, 사물을 대할 때의 주의 깊고 부드러운 행동, 이런 모든 것들은 결국 내면으로 이어져 내면을 바라보는 거울이 되는 것이다. 우리는 다른 사람이 내게 대하는 태도를 관찰함으로써 내가 그 사람에게 지금껏 행해 왔던 행동의 전부를 알 수 있다. 이렇게 관계라는 거울을 통해 바라본 "나"는 어디에도 치우치지 않은 올바른 판단을 부여해 준다.

붓다는 어떤 명호로 불리든 관계가 없지만 은연중에 우리들은 실체보다 이름을 더욱 소중히 생각한다. 실체보다 이미지를 더욱 중요하게 보기 때문이다. 꽃을 보면 이것은 무슨 꽃, 차를 보면 이것은 무슨 차라고 이전의 기억을 더듬는다. 따라서 항상 우리는 과거라는 시간 속에 살고 있는 것이다.

어떤 스님에게 마을 사람들이 와서 물었다. '스님, 불법은 무엇입니까?' 스님은 변소를 가리키며 '똥막대기다'라고 했다. 만일 붓다한테 '부처님, 어떤 스님이 붓다를 똥막대기라고 부르던데요' 하면 붓다는 그냥 '응 그러럼' 하시겠지만, 보통 사람들에게 '당신은 똥막대기다'라고 한다면 오래 참을 수 있는 사람은 거의 없을 것이다.

수보리존자는 다음과 같이 여래께 질문하고 있다.
"보살의 길로 들어선 사람은 어떻게 살아야 하고 어떻게 나아가야 하며 어떻게 생각을 다스려야 합니까?"

3. 대승정종분(大乘正宗分)

대승의 바른 종지

이 말을 듣고 스승께서는 이렇게 말씀하셨다.

"그러니 수보리여, 주의 깊게 들어라. 이미 보살의 길로 들어선 사람은 마땅히 이와 같은 생각을 일으켜야 한다. 무릇 생명체 세계에 속하는 모든 것들, 존재하는 이 모든 중생을 나는 열반의 세계로 인도해야 한다. 그러나 무수한 중생을 열반의 세계로 인도했다 하더라도 실은 어느 것 하나 열반으로 인도되지는 않았다. 그것은 어째서인가. 보살이 중생이라는 관념을 가지면 그는 진실로 보살이라고 할 수 없기 때문이다. 이것은 어째서인가. 만약 그에게 아상, 인상, 중생상, 수자상이 있으면 그는 보살이라고 할 수 없기 때문이다."

붓다께서 수보리에게 말씀하시되, "모든 보살 마하살은 응당 이와 같이 그 마음을 항복 받을지니라. 있는 바 일체 중생의 종류인 난생, 태생, 습생, 화생, 유색, 무색, 유상, 무상, 비유상, 비무상을 내가 다 무여 열반에 들어가게 해서 그들을 다 멸도하리라. 이와 같이 한량없고 셀 수 없고 가없는 중생을 멸도하되 실로는 멸도를 얻은 중생이 없느니라. 무슨 까닭인가. 수보리여, 만약 보살이 아상, 인상, 중생상, 수자상이 있으면 곧 보살이 아니니라."

중생계에는 무정물과 유정물이 있으며 유정물은 태, 난, 습, 화생의 네 가지 태어남이 있다. 태생은 사람이나 축생 등 두 발 달린 짐승을 말하며, 난생은 알로 태어나는 닭이나 뱀, 물고기 등이며, 습생은 썩은 고기 속의 벌레, 구더기들이며, 화생은 매미나 굼벵이 나방들과 같이 변화해서 나는 것을 말한다.

붓다가 멸도 하신 후 120년이 지나 불교 교단은 계율 문제로 인하여 크게 상좌부와 대중부로 나누어진다. 상좌부는 장로들을 주축으로 형성되었고 엄격한 금욕 생활을 주장하였으며, 대중부는 진취적이고 개혁적인 성향의 젊은 승려들을 주축으로 대중의 교화에 힘써야 한다는 수행승들의 집단으로 이루어졌다. 이를 부파불교라 하며 여기서 다시 경전의 해석 여부, 지역 특성 등으로 총 18개의 부파로 나누어진다.

상좌부는, 부처는 무량한 세월의 수행을 거쳐 부처가 되었다고 보기 때문에 현생의 불교 수행의 궁극적 목적을 깨달음, 즉 아라한 과를 성취하는 데 두었다. 대중부는 전통적 보수주의의 불교에 반대하며 생사 열반은 다만 이름에 지나지 않는다는 주장을 하며 현재만을 인정하고 과거, 미래는 부정하였다. 수행 목표를 부처가 되는 데 두고 보리를 증득하려고 노력하였으며 자리이타(自利利他)의 보살행에 중점을 두었다. 상좌부는 소승으로 불려지며 스리랑카, 태국, 필리핀 등으로 퍼져 나갔고, 대중부는 대승으로 불려지며 티벳, 중국, 한국, 일본 등으로 퍼져 나갔다.

수보리존자가 붓다께 웃옷을 한쪽 어깨에 걸치고 무릎을 꿇어 땅에 대고 두 손을 모아 합장하는 예를 갖추면서 대승 보살의 마음가짐을 묻고 있으며 여래께서 답하고 있는 장면이다.

보살은 원어로는 보디사트바이며 마하살이란 큰 보살을 가리킨다. 성불하기 위해 수행에 힘쓰는 사람을 총칭하는 불교 용어이다. 그리고 욕심과 애정이 말라서 육근이 육진에 끌리는 일이 없어 밖으로 흘러 나가던 성품이 근본 성품과 합하게 되어 나와 법을 고집하던 마음이 밝아져 순전히 밝고 뚜렷한 지혜뿐인 것을 건혜지(乾慧知)라 한다. 건혜지를 얻은 보살이 수행하여 나아가는 차례에는 십신, 십주, 십행, 사가행, 십지 그리고 등각까지 합하여 총 55위가 있다.

구경무아분에서 자세하게 설명하겠지만 그 중에서 십지에 대하여 간단하게 알아본다면, 보살 십지 중의 첫번째는 법을 보고 기뻐하는 환희지(歡喜地), 둘째는 더러움을 떠나는 이구지(離垢地), 셋째는 발광지(發光地; 지혜의 광명이 나오는 자리), 넷째는 염혜지(焰慧地: 지혜가 더욱 치성함), 다섯째는 난승지(難勝地: 眞과 俗을 조화함), 여섯째는 현전지(現前地: 무위가 드러남), 일곱째는 원행지(遠行地: 진리로 깊이 들어감)이다. 일반적으로 일곱째까지는 유공용단계로 구분짓는다. 여기까지는 유위행을 벗어나지 못한 것이며 부단한 노력을 통해 수행에 힘쓰고 자신의 불합리한 단점 등과 미혹을 끊는 단계라고 일컫고 있으며, 다음으로는 무공용단계인 무위행이 드러나는 여덟째의 부동지(不動地: 마음이 동요되지 않음), 아홉째의 선혜지(善慧地: 중생제도), 마지막인 열 번째는 법운지(法雲地: 무한공덕으로 자리이타행)로서 닦는 공부를 마치고 수습하는 자리라 한다.

유공용단계인 유위행에서 무공용단계인 무위행으로 전환되는 것은 성품의 공한 이치를 깨달아 알아야 한다. 성품의 공한 이치란 성품, 즉 생각이란 과거의 기억, 경험, 지식, 신념들의 집적된 결과이며 어떤 실체가 있는 것은 아니다.

그것은 물위를 떠다니는 풀처럼 뿌리가 없는 탓으로 자신을 은폐시키기 위하여 갖은 증상을 일으키기도 하고 욕망과 공포를 일으켜 우리의 시선을 과거와 미래로 유인한다. 가상의 나를 설정하여 과시하고 인정받기를 꾀하는 등 여러 가지의 술책과 계략으로써 타인을 공격하고 자신을 방어하면서 생명을 유지해 나가고 있다.

이런 허구성을 인식하고 실상을 이해한 분들을 일컬어 보살이라고 부르는 것이다. 그러나 이처럼 생각과 사고라고 불리는 정신은 허구를 인식하고 파악했다손 치더라도 여전히 생각의 범주를 벗어나지는 못한다. 위급한 상황을 맞이하면 꼬리를 자르고 도망가는 도마뱀처럼 생각의 허구를 파악했다고는 해도 인식하고 파악한 것도 결국 생각의 작용에 불과한 것이다. 때문에 묻고 있다.

어떻게 살고 생각을 어떻게 다스려야 하느냐고 간절하고 절실한 질문을 던지고 있는 것이다. 붓다는 여전히 방법을 찾아 헤매는 수보리존자에게 방법 아닌 방법을 제시한다.

"무릇 생명체 세계에 속하는 모든 것들, 존재하는 이 모든 중생을 나는 열반의 세계로 인도해야 한다. 그러나 무수한 중생을 열반의 세계로 인도했다 하더라도 실은 어느 것 하나 열반으로 인도되지는 않았다."

정신 질환을 치료하는 의사가 구석진 마을에 위치한 사찰을 찾아 노스님께 자신이 찾아 온 이유를 말하고 있었다. 자신이 많은 시간을 할애해서 이곳까지 온 것은 3년간에 걸친 노력에도 불구하고 전혀 호전될 기미를 보이지 않던 자신의 환자가 이곳에 있은

지 불과 3개월만에 완치됐다고 하여 어떤 비결을 갖고 계신지, 만약 저에게 그 비결을 일러주신다면 정신 질환으로 고생하는 많은 환자들을 치료하여 그들의 고통을 덜어 주고자 이곳까지 왔다는 것이었다. 그런 애기를 묵묵히 듣고 있던 노스님은 의사를 바라보며 말했다. 그것은 사랑이다.

의사가 그 비결을 갖고 얼마나 활용할지는 모르겠으나 여전히 환자를 환자로 보고 자신을 의사로 생각하는 한 사랑을 실천하기란 불가능할 것이다. 사랑은 자신이 사라졌을 때 비로소 나타나기 때문이다. 나라고 내세우는 생각은 항상 자아 중심적이고 자신의 입장에서 모든 주의나 주장을 관철시키려고 노력하기 때문에 그럴 때 사랑은 일종의 거래이다.

즉 이것을 줄 테니 너는 저것을 제공해야 된다고 한다면 물건을 사고 파는 장사에 불과한 것이다. 사랑은 댓가를 바라지 않고 무엇을 구하지도 않는다. 바라고 구함이 있다면 그것도 결국은 소유하고 싶다거나 또는 소유 당하고 싶다는 욕망의 한 표현이다. 구하지도 바라지도 않는 사랑은 내가 없어야 가능하다. 또한 대상이 있는 사랑도 사랑이 아니다. 누군가 어떤 대상이 있다는 것은 나와 대상을 구분 짓는 자아가 있기에 대상을 선택하는 까닭이다.

붓다는 수보리존자에게 보살의 길에 들어선 사람이라면 존재하는 이 모든 생명체에 대하여 사랑하는 마음을 지니고 열반의 세계로 인도해야 한다고 제시한다. 그리고 또한 무수한 중생을 열반으로 이끌었다 하더라도 어느 것 하나 열반으로 인도되지는 않았음을 알라고 말씀하신다. 길 없는 길, 방법 아닌 방법으로 이렇게 말씀하신 것이다.

존재하는 모든 생명체, 개미나 벌까지도 열반의 세계로 인도했다고 해도 여전히 인도받는 대상과 인도하는 나라는 관념이 존재하는 한 이것은 참된 사랑이라고 부를 수는 없으며, 이런 까닭으로 열반으로 인도된 중생은 하나도 없는 것이다라고 말씀하신 듯하다. 그리곤 어째서 그렇게 생각해야 하는가 하는 다음의 말씀이 있다.

"보살이 중생이라는 관념을 가지면 그는 진실로 보살이라고 할 수 없기 때문이다. 이것은 어째서 인가. 만약 그에게 아상, 인상, 중생상, 수자상이 있으면 그는 보살이라고 할 수 없기 때문이다."

아상, 인상, 중생상, 수자상이라는 것은 대략적인 개념에서 파악하자면 의미가 점점 넓어지는 것을 알 수 있다. 나라는 생각에서 인간이라는 생각, 중생이라는 생각 그리고 더 나아가 생명을 지닌 모든 존재라는 생각을 가리킨다. 이처럼 아상에서 인상으로, 인상에서 중생상으로, 중생상에서 수자상으로 점점 더 깊어지며 무엇인가를 향해 더욱 접근해 가는 움직임이 있음에도 우리는 전혀 눈치채지 못하고 있다.

그것은 마치 나무가 태양을 향해 줄기차게 올라가는 데도 정작 나무 자신들은 그런 사실을 까마득히 모르는 것과 같다. 신이나 진리, 깨달음 같은 것들은 특정한 사람들만의 영역이며 자신과는 하등의 연관이 없다고 한다면 그들은 자기 탐구, 자기 이해를 종결짓는 것이며 모두 무가치한 삶을 살아가는 것이다.

붓다는 아상, 인상, 중생상, 수자상에 대하여 원각경에서 다음과 같이 설하셨다.

"선남자야 어느 것이 아상인가? 비유하건대 어떤 사람이 백해(百骸)가 쾌적해서 내 몸을 잊었다가 몹시 아플 때 조그만치 침을 놓

거나 뜸을 뜨면 비로소 내가 있음을 알게 된다. 그러므로 증득하여
취하는 곳에야 바야흐로 '나'의 정체가 나타나느니라. 선남자야 비
록 그 마음이 여래께서 분명히 아신 청정열반까지를 증득하였을지
라도 모두가 아상이다.

　선남자야 어느 것이 인상인가, 이른바 중생들이 마음으로 증득한
것을 깨닫는 것이다. 나가 있다고 깨달은 이는 다시는 나를 인취
(認取)하지 않거니와 나가 아니라고 깨달았을 때의 깨달음도 그와
같다. 깨달음이 이미 일체의 경계를 초과하였다 하더라도 모두가
인상이다. 선남자야 그 마음이 열반을 두루 깨닫기까지 했을지라도
모두가 아상이요 조그만치라도 깨달았다는 생각이 마음에 남았으
면 진리를 증득했다는 생각을 모두 없앴다 하더라도 인상이라 한
다.

　선남자야 어떤 것이 중생상인가? 이른바 중생들이 마음으로 스
스로 증득하거나 깨달음으로 미치지 못하는 바이다. 비유하건대 어
떤 사람이 말하기를 나는 중생이다 한다면 그 사람이 중생이라 말
한 것은 나도 아니며 남도 아니라는 것을 알 수 있나니 어찌하여
'나'가 아니겠는가? 내가 중생이라 했기 때문에 '나'가 아니요 어찌
하여 남이 아니겠는가? 내가 중생이라 했기 때문에 남의 '나'가 아
니다. 선남자야 중생들의 깨달음은 모두가 아상, 인상이니 아상, 인
상이 미치지 못하는 곳에 조그만치라도 알았다는 생각이 있으면
중생상이니라.

　선남자야 어느 것이 수자상인가? 이른바 중생들의 마음의 비춤
이 청정해졌을 때 각으로 알아지는 바이니 일체 업지(業智)로는 볼
수 없는 것이 마치 목숨과 같으니라. 마음으로 일체 깨달음을 비추
어 보는 것은 모두가 티끌이니 깨달은 이와 깨달은 바가 티끌을
여의지 못했기 때문이다. 마치 끓는 물로 얼음을 녹였을 때 얼음이

40

다 녹은 줄 아는 얼음이 따로 있지 않은 것 같나니 나를 남겨 두고서 나를 깨닫는 것도 이와 같다."

간단히 줄여 말하면 아상이란 수행 때에 애착의 근원을 굴복시켰거나 마음속으로 끝없는 고요함을 느끼더라도 내가 "깨달았다"라는 집착을 내는 것이 아상이고, 인상이란 "깨달았구나" 하는 흔적과 자취가 끊어지지 않은 것을 말하고, 깨달음의 자취가 있거나 흔적을 일으키는 것은 결국 내가 일으키는 것이며 그와 같은 내가 있는 한 법다운 해탈은 아닐 것이다 하는 것이 중생상이고, 수자상이란 자신의 머리를 끊어 버린 사람이 다시 끊을 수 없는 것과 같이 아상, 인상, 중생상이 조금이라도 남아 있는가 없는가를 살펴보는 것이니 조금치라도 나를 남겨 두고서는 깨달을 수 없다는 것이다.

또한 붓다는 아상, 인상, 중생상, 수자상의 작위가 있는 사유의 마음으로 여래의 적멸 바다에 들려고 함은 마치 반딧불로 수미산을 태우려는 것과 같고 허공을 움켜쥐려는 것과 같이 애만 쓸 뿐 가능치 않은 일이라 하였다. 생각으로 짐작하는 한 정견에 이르지 못하고 성문·연각이 되거나 마왕의 권속이 될 뿐이니, 잠깐 사이에도 수백 번 수천 번을 생멸하는 마음으로 수행할 근본으로 삼는다면 허망하게 흘러 다니고 번거롭게 애만 쓸 뿐이니 아상, 인상, 중생상, 수자상을 일으키는 다음의 네 가지 생각의 병을 깊이 관찰하여야 한다고 다시 말씀하였다.

"선남자야 또한 네 가지 병을 여의어야 하나니 어떤 것이 네 가지 병인가? 첫째는 작병(作病)이니, 어떤 사람이 생각하기를 나는 본심에 갖가지 행을 지어서 깨달음을 구하리라 하면, 깨달음의 성품은 지어서 얻어지는 것이 아니므로 짓는 병이라 한다.

둘째는 지병(止病)이니, 어떤 사람이 생각하기를 나는 지금 내 마음의 모든 망념을 영원히 쉬어 일체 법성이 적연하고 평등해지게 됨으로써 깨달음을 구하련다 하면, 깨달음의 성품은 그침으로써 부합되는 것이 아니므로 그치는 병이라 한다.

셋째는 임병(任病)이니, 어떤 사람이 생각하기를 우리들은 지금 생사를 끊지도 않고 열반을 구하지도 않는다. 열반과 생사는 일어나거나 멸한다는 생각이 없나니 저 일체에 맡기고 모든 법성을 따름으로써 깨달음을 구하련다 하면, 깨달음의 성품은 맡기어 둠으로써 있는 것이 아니므로 맡기는 병이라 한다.

넷째는 멸병(滅病)이니, 어떤 사람이 생각하기를 나는 지금 일체 번뇌를 영원히 끊어 몸과 마음이 끝내 공하여 아무 것도 없거늘 하물며 근과 진의 허망한 경계가 나타나겠느냐? 모두 영원히 적멸해지는 것으로써 깨달음을 구하련다 하면 깨달음의 성품은 적멸의 모습 또한 아니므로 적멸한 병이라 한다.

이와 같은 작, 지, 임, 멸의 네 가지 병을 여읜 이는 청정함을 아나니 이렇게 관찰하는 이는 정견이요 다르게 관찰하는 이는 사견이라 한다."

수행자들은 깨달음을 구하기 전에 반드시 두 가지 잘못된 망상을 바로 잡아야 한다. 세간에서 여러 수행하는 사람이 비록 눈앞에 선정삼매를 이루더라도 번뇌가 다하지 못하고 아라한을 이루지 못하는 것은, 모두 이 생사(生死) 하는 망상을 집착하여 진실한 것인 줄로 오인한 까닭이다. 붓다는 두 가지 잘못된 망상을 타파하라고 다음과 같이 말씀하셨다.

첫째, 생멸심이 아닌 항상한 성품으로 수행할 근본을 삼아야 한다.

우리들은 빛과 소리를 따라, 빛이 없으면 못 본다 하고 소리가 없으면 못 듣는다 하지만 이것이 뒤바뀐 망상이다. 빛과 소리가 있건 없건 언제나 깨어 있으며 항상 보고 듣는 참된 성품이 있음을 먼저 알아야 한다. 따라서 우리들이 일상적으로 알고 있는 마음이란 것은 실제로 감각이 대상을 접해야만 나타나는 그림자인 까닭에, 그처럼 잠깐 사이에도 생겨났다 사라지곤 하는 생멸심으로 수행할 근본을 삼는다면 물에 비친 달을 아무리 건져 올려도 수고로이 애만 쓸 뿐 성과를 이루지 못하는 것과 같다.

둘째, 생사하는 윤회의 근본을 살펴야 한다.

일체 중생의 생사하는 원인이 애욕과 탐욕에 있는 줄을 분명히 알아야 한다. 애욕으로 목숨을 받았고 탐욕으로 목숨을 지켜 가는 것이다. 중생들이 윤회함은 갈애를 통해 목숨을 받고 목숨을 사랑함이 탐욕인 까닭이다. 갈애는 목숨을 받는 원인이고 탐욕은 목숨을 사랑하는 결과이다.

은밀히 감춰진 갈애와 탐욕의 성품을 제거하지 못한다면 스스로 윤회의 굴레를 덮어 쓴 것이니 이것을 바로 살피는 것이 수행자의 올바른 노력이다. 갈애의 성품을 제거하여 말라 버리면 탐욕 또한 일어나지 않을 것이며, 탐욕이 일어나지 않으므로 살생과 훔치는 일이 소멸하여 묵은 빚을 갚지 않게 되므로 생사 속에서 전전함을 받지 않을 것이다.

이와 같은 두 가지의 전도한 생각이 일어나는 것은 지수화풍의 사대를 잘못 알아 "내 몸"이라 하고 육진의 그림자를 "내 마음"이라 하는 탓에 일어나는 것이다. 흐린 물을 맑히려면 오래 가만히 두면 앙금은 가라앉고 맑은 물이 나타나는 것처럼, 지극한 고요함을 취하여 단정히 앉아 내 몸이라 알고 있는 것이 실제로는 사대가 화합하여 인연 따라 일어난 것이니 나라고 할 것이 없고, 내마음도 본래 밝은 식정(識)이 밖으로 흘러 나와 육진의 경계를 대하여 나타나는 것이라고 알고, 또한 싫고 좋은 것을 분별하는 그림자를 내 마음이라 알고 있다는 것을 분명하게 밝힌다면, 삶이란 것이 밧줄을 보고 뱀으로 잘못 알아 공연히 놀라고 소란스러웠음을 알게 되리라.

만일 항상한 열반을 좋아한다면 다른 한 편으로는 결국 생사를 싫어하는 마음을 일으키게 된다. 이처럼 열반을 좋아하거나 생사를 싫어하는 마음이 바로 생사를 일으키는 것이다. 비록 탐욕을 싫어하고 베풂을 좋아하더라도 밉고 고운 생각을 일으키면 모두가 아상에서 비롯된 것이며 탐욕의 근본을 돕는 유위라 하기 때문에 이를 분명히 알아야만 비로소 사견에 빠지지 않는다.

본래로 밝은 각을 등지고 밝혀야 할 각으로 돌아선다면 아무리 애써 수행하더라도 작위가 있는 유위라 불릴 것이요 거짓일만 더할 뿐이다. 그렇기 때문에 섣부른 열반길을 구하는 것보다 뒤바뀐 이종의 근본을 마음으로 사무쳐 통달하고 아상, 인상, 중생상, 수자상에 대한 사상과 작, 지, 임, 멸의 네 가지 생각의 병을 바로 알아야 한다. 따라서 열반으로 인도 받아야 할 중생이 있다면 여전히 그를 보살이라고 할 수 없다.

4. 묘행무주분(妙行無住分)

묘행은 머무름이 없음

스승께서 계속 말씀하셨다. "보시하는 보살은 응당 법에 머물지 말아야 하며 아무 데에도 머무는 바가 없어야 한다. 위대한 존재인 보살은 흔적을 남긴다는 생각에 집착 없이 보시하여야 한다. 왜 그런가. 보살이 집착 없이 보시한다면 그 공덕은 이루 헤아릴 수 없이 크기 때문이니라."

"또 수보리여, 보살은 응당히 법에 머문 바 없이 보시를 할지니 이른바 색에 머물지 않고 보시하며 성향미촉법에도 머물지 않고 보시해야 하느니라. 수보리여, 보살은 응당 이와 같이 보시하여 상에 머물지 않아야 되느니라. 무슨 까닭인가. 만약 보살이 상에 머물지 않고 보시하면 그 복덕은 가히 헤아릴 수 없느니라. 수보리여, 어떻게 생각하느냐. 동쪽 허공을 가히 생각으로 헤아릴 수 있겠느냐?" "못하겠습니다. 세존이시여." "수보리여, 동서남북과 사유 상하 허공을 가히 생각으로 헤아릴 수 있겠느냐?" "못하겠습니다. 세존이시여." "수보리여, 보살이 상에 머물지 않고 보시한 복덕도 또한 이와 같아서 가히 생각으로 헤아릴 수 없느니라. 수보리여, 보살은 응당히 가르친 바와 같이 머물지니라."

༄

육바라밀의 바라밀이란 '건너가자 여섯 개를 통해서'란 뜻이며, 여섯 개란 보시, 지계, 인욕, 선정, 지혜, 정진을 의미한다. 보시란 베푸는 것이고, 지계는 계율을 지키고, 인욕은 억울함을 참고 견디며, 선정은 올바르고 고요한 마음을 간직하는 것이고, 지혜는 어리석지 않고 슬기롭다는 뜻이며, 정진은 배움의 자세를 항상 간직하는 것 등이며, 이러한 육바라밀 중에서 으뜸은 보시이며, 보시를 행할 때의 마음가짐에 대하여 말씀하고 계신 것이다.

아뇩다라삼먁삼보리란 무상정등각(無上正等覺: 위없는 올바른 불과의 지혜)을 일컬으며 열반으로 나아가는 수행의 길에는 다섯 가지의 길이 있다. 첫째는 준비 단계인 자량위(資糧位), 둘째는 가행위(加行位: 행이 깊어감), 셋째는 성인과 범부가 결정되는 위치인 통달위(通達位: 불법을 통달 체득함), 넷째는 수습위(修習位: 온갖 장애를 끊음), 다섯째는 궁극적인 자리인 구경위(究竟位)가 있다.

아무리 많은 책을 통해 지식과 경험을 얻었다 해도, 경전과 교리에 해박한 논리와 학식이 있다고 해도, 남을 위해 봉사할 줄 모르고 베푸는 방법이 서툴다고 한다면 그것은 단지 재물을 긁어모으듯 탐욕스럽게 지식을 긁어모은 것이다.

지식의 실천적 삶이 없다는 것은 물거품처럼 부질없으며 지혜로의 변환이 불가능하다. 베푼다는 것은 우리에게 풍요를 제공한다. 타인의 어려움을 가슴 아파하고 봉사하고 도움을 주었을 때 나중에 상대방이 은혜를 갚아서 풍요로워지는 것이 아니라 베푸는 행동 자체가 이미 풍요를 내포하고 있는 것이다.

때문에 베푸는 마음은 넉넉하고 푸짐하다. 쓰면 쓸수록 더욱 샘솟는 우물처럼 끝도 없이 솟구쳐 오르는 것은 우리가 욕망을 쓰면 쓸수록 더욱 쏟아져 나오는 것과 같다. 참으로 우리는 한없이 깊고 깊은 원천을 지니고 있다. 깊고 깊은 원천을 사이에 두고 욕망과 보시가 얼굴을 마주하고 있다.

욕망은 불필요하게 크고 넓은 길을 지니고 있고, 보시는 좁고 험한 길을 지니고 있는 탓으로 욕망이 보시로 떨어지는 경우는 거의 없지만, 보시는 자칫하면 욕망의 늪으로 빠져 버린다.

그래서 여래는 수보리존자가 보살의 마음가짐에 대하여 질문을 할 때 다음과 같이 주의를 기울여 달라고 재차 당부하신 듯하다. 그렇지 않다면 공(空)에 대하여 붓다와도 같은 완벽에 가까운 이해를 하고 있는 수보리존자에게 주의 깊게 들어 달라고 당부하지 않으셨을 것이기 때문이다.

"그러니 수보리여, 주의 깊게 들어라. 이미 보살의 길로 들어선 사람은 마땅히 이와 같은 생각을 일으켜야 한다."

"보시하는 보살은 응당 법에 머물지 말아야 하며, 아무 데에도 머무는 바가 없어야 한다."

산사에 사는 노승을 찾아 온 어떤 신사가 정성껏 포장된 돈 뭉치를 내놓고는 자신이 정말 어렵게 어렵게 모은 돈이라며 불법을 위해 써 달라고 하자, 스님은 '그러지.' 하고 돈을 받아 서랍에 넣는 것이었다. 신사는 당황했다. 두꺼비가 파리 잡아먹듯 너무 쉽게 받아 넣는 것이었기 때문이다. '그게 그래도 천만 원이나 됩니다. 스님.' 그러자 스님은 '그런가?' 할뿐이었다. 안절부절하며 신사가 물었다. '스님은 고맙지 않은가요?' 하고 묻자 스님은 신사를 바라보며 '그렇다면 받아 주셔서 감사합니다 하고 절해라.' 하였다.

실제로 베풀 때 베풂을 받는 것은 우리 자신이다. 베풂 그 자체가 풍요이기 때문이며 상대방이 오히려 그것을 거절치 않고 받아 줌으로서 우리가 풍요를 누리는 것이다. 보시를 실천함으로써 우리는 지혜의 문을 열었으며 보시를 행함으로써 내면에 알게 모르게 숨겨진 인정받고 싶고 과시하고 싶은 충동과, 어떤 방식으로든 대가를 지불 받으려는 중생심이 얼마나 뿌리 깊이 박혀 있는지 케케묵은 먼지와 숨겨진 어둠이 드러나는 것이다.

제자가 되겠다고 찾아온 젊은이에게 예수가 '그대가 가진 것 모두를 주위 사람에게 나눠주고 오라'고 했을 때 그는 떠나 버렸다. 우리가 얼마나 말로만 허울좋게 종교상의 교리와 형식에 집착해서 빈 껍데기의 삶을 추구해 왔는지, 우리가 어느 만큼 삶에 매달리고 재물에 의존하며 지식의 확장에 심혈을 기울여 왔는지는 보시를 통해 금방 인식할 수 있다. 이런 이유들로 해서 보시가 으뜸이라는 것은 지계, 인욕, 선정, 지혜, 정진은 관념으로 이해하고 연구하고 말로 대신할 수도 있기에 자신을 기만하여 적당한 타협으로 결론지을 수 있지만, 보시는 아무리 생각과 말로 베풀겠다고 약속하더라도 실천적인 행동이 따르지 않는다면 그것은 가면을 쓴 채 위선의 삶을 이어가는 것에 다름 아닌 때문이다.

"위대한 존재인 보살은 흔적을 남긴다는 생각에 집착 없이 보시하여야 한다. 왜 그런가. 보살이 집착 없이 보시한다면 그 공덕은 이루 헤아릴 수 없이 크기 때문이니라."

달마 대사가 중국을 넘어 갔을 때 황제인 양무제가 마중을 나왔다. 왕은 묻기를 '짐은 많은 불사를 하고 사찰과 승려를 양성했으며 불교의 중흥과 발전을 위해 헌신했습니다. 공덕은 얼마나 있습니

까?' 달마가 이르되 '없습니다.'

만일 양무제가 어떤 과보를 바라는 마음이 없었다면 달마대사에게 묻지도 않았을 것이다.

보살은 흔적을 남긴다는 생각에 보시를 해서는 안 된다고 여래는 단호하게 말씀하셨다.

공덕이란 덕성스런 마음을 통해 쌓여진 것이다. 덕성스런 마음이란 어떤 보답이나 대가를 바라는 마음가짐이 아니다. 여기서 복덕과 공덕의 차이가 여실히 드러난다. 복덕을 짓는다는 것은 과보를 염두에 둔 베풂이고 공덕은 베푼다는 생각의 자취가 남지 않는다. 그러므로 덕성은 교만하지 않고 겸손한 태도나 언어와도 일치한다. 남을 높이고 자신을 낮추는 겸손한 행동이 곧 덕성이다. 그러나 만약 자신이 세상에서 제일 겸손하다고 주장하거나 덕이 많다고 한다면 그 말 속에는 이미 겸손과 덕성스럽지 못하다는 것을 표현하는 것이다. 주장하거나 자신을 내세우려는 행동 속에는 겸손과 덕성을 물리치는 요인을 이미 내포하고 있는 까닭이다.

또한 추구한다는 것은 주장하는 바를 관철시켜 얻고자 하는 것이므로 겸손과 덕성을 추구한다면 결코 얻어질 수 없다. 그러므로 덕성스럽다는 것은 자신이 부덕함을 알았을 때, 자신의 행동이 겸손치 못하고 교만함을 느꼈을 때 그땐 어쩔 수 없었어라고 변명을 늘어놓거나 합리화시키지 않고, 묵묵히 자신의 부덕함과 교만함 그리고 경솔하고 이기적이라는 사실을 인식했을 때 그대는 곧 덕성스럽고 겸허한 사람이다.

어떤 사람이 붓다께 물었다. 당신은 정말 깨달았습니까? 붓다가 말하길 "나는 깨달았기 때문에 깨달았다고 주장할 내가 없다."

5. 여리실견분(如理實見分)

바른 도리를 실답게 봄

스승께서 물으셨다. "수보리여 어떻게 생각하는가. 여래를 어떤 특징을 지닌 이로 볼 수 있겠는가?" "아닙니다. 실로 그렇지 않습니다. 스승께서 어떤 특징을 지닌다고 가르치신 것은 곧 아무 표시도 지니지 않는다는 것입니다." 스승께서 말씀하셨다. "무릇 어떤 특징이 있다면 그것은 거짓이며 아무 표시가 없다면 그것은 거짓이 아니다. 그러므로 아무 특징도 없는 것을 여래의 특징으로 보아야 한다."

"수보리여, 어떻게 생각하느냐. 몸의 모양으로써 여래를 볼 수 있겠느냐?" "못 보겠습니다. 세존이시여, 몸의 모양으로써 여래를 볼 수 없습니다. 무슨 까닭인가 하면 여래께서 설하신 몸의 모양은 곧 몸의 모양이 아닙니다." 붓다께서 수보리에게 이르시되 "무릇 형상이 있는 것은 다 허망하니 모든 형상을 형상 아닌 것으로 보면 곧 여래를 보리라."

꒜

붓다께서 수보리존자에게 묻고 있다. 여래를 어떤 특징을 지닌 사람으로 볼 수 있겠느냐?

특징이 있다는 것은 남들과 다르게 보여지길 원하며 다른 사람처럼 자신을 취급해서는 안 된다는 자기 주장을 은밀하게 내세우고 있는 것이다. 자신은 남들보다 월등하게 높은 위치에 있으며 그것을 의심하거나 잊어서는 안 된다는 것을 주장하는 것이다.

그런데 왜 그처럼 남들과 다르게 보이고 싶어하고 특징을 갖고 싶어하는지를 관찰해 보면 그와 같은 욕구의 출발은 자신이 아무 것도 아니라는 사실을 감추려는 심리에서 비롯된다. 아무 것도 아니라는 것을 인식하고 그 사실을 감추려 하지 않고 호도하지 않는다면 그것은 진실이며 당당한 것이다.

그러나 그런 사실을 감추고 왜곡하고자 한다면 그것은 거짓이고 기만이다.

습관도 특징의 일부분이다. 좋은 습관이든 나쁜 습관이든 습관이 많으면 많을수록 무의식적인 행동 반경이 더욱 늘어나면서 자기 탐구와 관찰, 주의력을 배양할 수 있는 깨어 있는 의식은 그만큼 줄어드는 것이다.

담배나 술같이 습관적으로 행하는 의식을 지켜보면서 사사건건 이건 나쁜 습관이니 없애야지, 이런 것은 행하지 말아야지 한다면 그런 생각은 오히려 갈등만 부추기는 것이다.

자신이 무의식적으로 행하는 모든 동기나 의도의 근본적인 원인을 이해했을 때에야 비로소 우리는 무의식적인 습관들로부터 자유로울 수 있다.

옛날 붓다가 수행하던 시절의 일이다. 붓다가 수행자들과 함께 산을 올라가다 손으로 얼굴을 휘젓고는 뒤로 갔다가 다시 오면서 똑같은 행동을 하는 것이었다. 이상하게 생각한 수행자가 묻자, 날 파리를 쫓으려고 무의식적으로 손을 흔들었기 때문에 이번에는 다시 의식하면서 손을 흔들었다는 것이었다.

이처럼 붓다는 수행자 시절부터 깨어 있는 의식으로 자신의 행동 하나 하나를 주의 깊게 살펴보며 관찰하고 있었던 것이다. 무의식도 의식의 한 부분이다. 의식적인 행동이 수없이 반복되어 이루어진 무의식적인 행동이나 습관들은 우리가 깨어 있는 의식으로 주시했을 때 이해할 수 있다.

깨어 있는 의식의 주시는 우리들이 관찰하고 있는 중에도 계속적으로 이건 제거하고 이건 배양해야 해라고 말하며 어느 틈에 뒷문을 통해 들어와 매번 간섭하고 통제하는 불청객이 있음을 알아차릴 수 있다.

이 불청객은 우리를 통제하고 억압하기도 하고 때로는 격려, 고무해 주기도 한다.

종교, 국가, 주의, 민족 등의 신념, 주장, 이데올로기를 받아들이면서 우리는 많은 환경과 조건 등에 영향받고 짐 지워 졌으며, 생각이나 사고의 활동은 이처럼 부여받은 조건들로 형성된 틀을 통해야만 가능한 것이다. 이처럼 틀은 생각의 구성 요소이며 핵심인 동시에 생각을 통제하고 억압하는 관리자이기도 하다. 그러나 자신이 아무 것도 아니라는 사실을 인식할 때, 삶은 스스로 운행하고 있다는 사실을 이해할 때에 비로소 관리자는 스스로 소멸되는 것이다.

10년 동안 관상학을 공부하고 집으로 돌아가던 철학자가 모래 위에서 예사롭지 않은 발자국을 발견했다. 족상을 봐서는 분명 황제의 발자국인데 이런 시골 강가에 수행원도 없이 혼자 계신다는 것은 이해가 되지 않고, 그렇다면 자신이 10년 동안 공부한 것이 헛수고인가 싶어 발자국을 따라 갔다. 그리고 남루한 옷을 걸친 붓다를 발견했을 때 그는 더욱 혼란에 빠져들었다.

관상은 분명 한 나라의 황제가 아니라 오대양 육대주를 다스리는 차크라바르틴의 상을 하신 분이 초라한 옷차림에 이처럼 후미진 마을에 그것도 혼자서……

자신이 10년 동안 공부한 책들을 강물에 던지려고 다짐하고는 붓다께 다가갔다.

"제가 배운 바로는 당신은 황제여야 합니다. 당신은 황제가 아니십니까?"

"아니다."

"그럼 당신은 천상에 계시는 천인이십니까?"

"아니다."

"그럼 인간을 교화하고 중생을 건지는 아라한이십니까?"

"아니다."

"이제 저는 어찌해야 좋을지 모르겠습니다. 10년간 배운 것이 잘못된 것입니까?"

그러자 붓다가 말했다.

"그대는 돌아가 그대의 일을 하도록 해라. 나는 황제도 천인도 아라한도 아니다. 나는 아무도 아니고 아무 것도 아니고 단지 호흡하는 빈 그릇이다."

실제로 깨달은 사람이란 깨닫지 못했을 때와 같다. 그러나 깨닫지 못한 사람은 깨달으면 달라질 것이라고 믿고 있다.

"무릇 어떤 특징이 있다면 그것은 거짓이며 아무 표시가 없다면 그것은 거짓이 아니다. 그러므로 아무 특징도 없는 것을 여래의 특징으로 보아야 한다."

여리실견분(如理實見分)이란 진실로 여래를 보는 이치를 뜻한다. 범소유상 개시허망 약견제상 비상 즉견여래(凡所有相 皆是虛妄 若見諸相 非相 卽見如來)의 뜻은 "무릇 형상이 있는 것은 다 허망하니 만약 모든 형상을 형상 아닌 것으로 보면 곧 여래를 보리라." 하는 내용이다.

범어본과 한역본과는 많은 차이를 이루고 있다. 가리키는 손가락의 위치는 달라도 전부 달을 가리키고 있다. 우리는 무엇을 말하려고 하는 것인지 의도를 간파해 내지 않는다면 낙숫물이 어디로 떨어지는 것인지 전혀 감을 잡을 수 없다.

개와 호랑이의 차이는, 막대기로 코앞에서 빙빙 돌리면 개는 막대기를 물려고 바둥대지만 호랑이는 막대기를 돌리는 사람을 물어버린다. 또한 토끼를 잡을 때도 개는 지치면 포기하지만 호랑이는 전심전력을 전부 기울인다. 만약 놓친다면 끼니를 걸러야 하기 때문이다. 그래서 하나는 일반 동물이 되고 하나는 동물의 왕으로 맹위를 떨치는 것이다.

우리가 사는 세상도 이런 공식이 분명 존재한다. 막대기에만 매달린다면 동기나 의도를 전혀 파악해 낼 수 없다. 우리는 형상에 너무 집착하여 살아가고 있다. 가게에서 신발을 하나 사는 데도 어떤 것을 선택해야 할지 몰라 무수한 갈등에 고민을 한다.

결국은 마음에 드는 것이 없어 못 사고 나오는 경우도 있다. 또한 사더라도 잘못 산 게 아닌가 하는 후회도 따르지만 조금 지나면 그것은 그런 대로 쓸 만 해진다. 우리의 생각이 적응을 하는 것이다.

마음에 신발을 맞추려면 보통 일이 아니지만 신발에 우리 마음을 맞추는 것은 간단하기 때문이다. 선택이 떨어져 나가면 나갈수록 우리는 선택 없는 삶, 갈등 없는 삶을 누린다. 우리들이 얼마나 사소한 부분까지도 투쟁과 갈등으로 혼란을 겪어 왔는가를 발견할 때 그것은 결국 우리 스스로 나누고 쪼갬으로서 야기된 것이며 그것은 모두 우리의 책임인 것이다.

형상을 형상으로 보지 않는다는 것은 곧 속이 텅빈 피리만이 조화로운 음률을 낼 수 있는 것처럼, 세상일이 우리를 스치고 지나가도록 하면 멀리 갈 것도 없이 바로 지금 이 자리가 여래이다.

또한 우리 모두는 틀이라는 것으로 상(相)을 설정해 놓고 있다. 훌륭한 인간상, 멋진 친구상, 부모로서의 상, 자식의 상, 연인의 상, 사회의 상, 국가의 상, 직장의 상 등등 셀 수 없이 많은 상을 설정해 놓고 자신의 잣대로 맞추어 보고 비교 분석하는 것이기에, 우리는 친구를 만나도 친구를 만나는 것이 아니라 실상은 친구란 상을 세우고 있는 나를 만나는 것이다.

때문에 친구와의 관계, 상사와의 관계, 가족과의 관계 등을 관찰한다면 그것은 곧 나를 관찰하는 것이다.

또한 상은 나 자신에게도 설정되어 있다. 이런 모습의 나, 이런 성격의 나, 이런 환경의 나를 설정시켜 놓았기에 항상 변화를 바라고 추구하고 하는 것이다. '약견제상 비상(若見諸相 非相)'이란 '만약에 상이 상 아님을 본다면'이란 뜻이다. 즉 우리의 밉고 고운 생각을 지켜보는 생각의 바탕은 허공과 같아 선과 악에 물들지 않고 생각이 구름처럼 스쳐감을 알아차린다. 붓다는 이것을 '견(見)을 볼 적에 보는 것은 견(見)이 아니라'고 말씀하였다.

예를 들어 우리는 간밤에 꾼 꿈을 기억한다. 그러나 어느 날은 꿈 한 번 꾸지 않고 잠들었다 깨어남도 안다. 그렇다면 우리의 의식은 깊이 잠들어도 꿈을 꾸었는지 안 꾸었는지를 알아차리려면 항상 깨어 있어야 할 것이다. 그는 우리가 아무리 깊이 잠들어도 항상 깨어 있으며 항상 우리를 주시하고 있는 것은 아닌가? 육체가 잠들면 생각이 꿈으로 활동을 하고 있는데 지난밤에는 꿈도 없었다라는 것을 아는 자는 꿈이 아니며 따라서 생각도 아니다.

그리고 이것은 상이 아니다. 우리는 우리의 행동 하나 하나를 주시하면서, 주시하는 자도 결국은 조건 지워진 생각의 일부분이었음을 아는 자가 있음을 알았다.

6. 정신희유분(正信希有分)

수보리가 물었다. "미래 시대에도 마지막 시대에도 올바른 가르침이 무너지는 마지막 500년대에도 이들 경전의 말씀이 설해졌을 때 그 진리를 이해하는 사람들이 있겠습니까?" "수보리여, 그렇게 말하지 말라. 그렇다. 그때에 이 말들이 설해 졌을 때 그 진리를 이해하는 사람들이 있을 것이다. 그 시대에도 보살들이 있을 것이다. 수보리여, 또한 이 보살들은 오직 한 분의 붓다를 섬기는 것이 아닐 것이며 오직 한 분의 붓다 아래에서 그들의 선근을 심는 것이 아닐 것이다. 수보리여, 여기 이 말들이 설해졌을 때 한 오라기 고요한 믿음이라도 얻는 보살들은 무수히 많은 붓다를 섬기는 것이며 무수히 많은 붓다 아래에서 그들의 선근을 심는 것과 같을 것이다. 수보리여, 여래는 붓다의 지혜로 그들을 알고 있다. 수보리여, 여래는 붓다의 눈으로 그들을 보고 있다. 수보리여 여래는 그들을 빠짐없이 알고 있다. 수보리여, 그들은 모두 헤아릴 수 없이 많은 공덕을 쌓고 얻으리라. 왜 그런가. 수보리여, 이 보살들에게는 아상, 인상, 중생상, 수자상이 없기 때문이다. 그들은 법이라는 인식도 없고 법 아닌 것이라는 인식도 없다. 그들에게는 인식도 없고 인식 아닌 것도 없다. 왜 그런가. 수보리여, 이 보살들이 법이라는 인식 또는 법 아닌 것이라는 인식을 갖고 있다면 그로 말미암아 다시 아상,

인상, 중생상, 수자상에 대한 집착이 일어날 것이기 때문이다. 왜 그런가. 보살은 법에 집착하지 말아야 하며 법 아닌 것에도 집착하지 말아야 하기 때문이다. 그러므로 여래는 그 숨은 의미를 이렇게 말씀하셨다. 뗏목에 비유되는 법의 가르침을 아는 자는 법마저 버려야 한다. 하물며 법 아닌 것에 있어서랴."

수보리가 붓다께 사뢰었다. "세존이시여, 자못 어떤 중생이 이와 같은 말씀을 듣고서 진실한 믿음을 내오리까?" 붓다가 수보리에게 이르시되, "그런 말 하지 말아라. 여래가 멸도한 뒤 후오백세에도 계를 지니고 복을 닦는 자가 있어서 이 말씀에 능히 믿는 마음을 내고 이로써 실다움을 삼으리라. 마땅히 알라. 이 사람은 한 부처나 두 부처나 셋, 넷, 다섯 붓다께 선근을 심었을 뿐만 아니라 이미 한량없는 천만 붓다께 모든 선근을 심었으므로 이 말씀을 듣고 한 순간이라도 깨끗한 믿음을 내는 사람이니라. 수보리여, 여래는 다 알고 보나니 이 모든 중생들이 이렇게 한량없는 복덕을 얻느니라. 무슨 까닭인가. 이 모든 중생은 다시 아상, 인상, 중생상, 수자상이 없으며 법이라는 상도 없으며 법 아니라는 상도 또한 없느니라. 무슨 까닭인가. 이 모든 중생이 만약 마음에 상을 취하면 곧 아상, 인상, 중생상, 수자상에 집착함이 되나니 무슨 까닭인가. 만약 법상을 취하더라도 곧 아상, 인상, 중생상, 수자상에 집착함이며 만약 법 아닌 상을 취하더라도 곧 아상, 인상, 중생상, 수자상에 집착함이 되느니라. 이런 뜻인 까닭으로 여래가 항상 말하길 너희들 비구는 내 설법을 뗏목으로 비유함과 같이 알라 하노니 법도 오히려 응당 버려야 하거늘 어찌 하물며 법 아님이겠는가."

58

수보리존자가 묻고 있다. 말법 시대에도 금강경을 보고 여래께서 설하신 진리를 이해할 사람들이 있겠습니까?

한 분의 깨달은 붓다가 돌리는 법의 수레바퀴는 후 오백세라 하여 2500년을 굴러간다고 하였다. 일주기를 500년씩으로 하여 5주기로 나누어지며, 제5기를 말기라고 한다. 제1기는 해탈견고의 시대라 하여 스승의 가르침으로 즉각적인 깨달음을 얻을 수 있는 시대를 이른다. 제2기는 선정견고의 시대라 하며 해탈을 얻는 이는 매우 드물지만 불법의 가르침에 따라 수행 정진을 열심히 하는 시대이다. 제3기는 다문견고의 시대라 하며 경전을 읽고 교리를 배우는 이는 많지만 참으로 정진 수행하는 사람은 드문 시대를 이르고, 제4기는 탑사견고의 시대라 하며 불법을 이론적으로 공부하는 사람도 드물어지며 복과 공덕을 얻고자 사찰을 세우고 탑을 올리는 시대를 이른다. 제5기는 불법의 쇠퇴시기로 복을 바라는 마음까지도 쇠퇴하여 불사를 돌보지 않고 오히려 사찰의 재산을 갖고 서로 다투고 빼앗으며 불법을 팔아 서로 옳고 그름을 다투며 분열하는 시기이다.

그처럼 먼 미래인 2500년이 지난 후에라도 붓다가 설하신 말씀을 듣고 진실한 믿음을 내는 이가 있느냐고 묻고 있다. 이 물음의 배후에는 지금의 우리들은 한량없는 복으로 붓다를 직접 뵙고 직접 설하심을 듣고 의심은 직접 묻고 하여 풀어질 수 있으나 붓다가 계시지 않은 미래 시대 그리고 법의 바퀴가 힘을 잃어 가는 마지막 시대, 즉 2500년이 지난 말법시대에는 어떻게 될 것인지를 격정하고 있는 것이다.

측은하고 안타깝게 여기는 마음 뒤에는 미묘하게 감춰진 자신들의 다행스러움과 자신들은 그런 경우를 당하지 않으니 얼마나 행

복한가라는 것을 반증하는 것이다. 측은하고 안타깝게 여기는 생각
도 결국은 자아 중심적인 사고이다.

이처럼 우리는 다행스럽고 미래의 그들은 얼마나 불행할 것인가
라는 우월감을 지닌 사고는 어리석음으로 인도하는 까닭에 붓다께
서는 수보리존자에게 다음과 같이 엄중한 경계의 말씀을 하신 듯
하다.

"수보리여, 그렇게 말하지 말아라. 그런 말은 하지 말아라."

단칼에 수보리존자의 무명을 잘라 내는 것처럼 매섭게 질타하고
있다. 칠흑 같은 어둠 속에 묻혀 두려움에 떨고 있을 때, 단 한 번
의 벼락을 통해 주위에 동료들이 있음을 발견한다면 비록 찰나에
이루어진 일이라 해도 그는 이제 더 이상 두렵지 않다.

혼자가 아니라는 사실을 이해함으로서 그는 이미 예전의 그가
아니다. 앞에 인용한 원각경에서도 붓다가 말씀하셨듯 나가 있다고
깨달은 사람은 다시금 나를 인취(認取)하지 않거니와 나가 아니라
고 깨달았을 때의 깨달음도 그와 같다. 삼 곱하기 삼은 구가 된다
는 사실을 이해했다면 또 다시 구구단의 다른 것을 이해할 필요가
없다. 단지 외우기만 하면 된다. 단 한번의 이해를 통해 예전의 그
는 죽고 새로운 탄생이 그 자리에 있는 것이다.

존재하는 것은 지금 뿐인데도 우리의 생각은 항상 과거로 미래
로 움직여 가며 타인과 끝없는 비교와 저울질을 하게 한다. 먹물을
뿌리고 도망가는 오징어처럼, 그러한 생각은 우리의 시야를 가려
놓고 현재를 보지 못하게 한다. 우리가 지금 이 순간을 인식한다는
것은 실존을 인식한다는 것이다.

우리가 고통받고 괴로워하는 것은 과거에 대한 기억과 경험에

기인하며, 또한 10분 후나 며칠 후 다가 올 걱정으로 불안을 느끼기 때문에 자세히 살펴본다면 지금 현재로서는 아무런 불편과 혼란이 없음에도 불구하고 내일 당할 걱정으로 걱정하는 것이다. 아직 오지 않은 미래나 이미 지나간 과거 때문에 현재를 등한시해야 하는 과오를 불러오는 손짓이다. 그것은 모든 슬픔의 원인이며 모든 혼란의 책임인 동시에 진실을 진실대로 보지 못하는 어리석음의 시작이다. 그러나 순간 순간을 인식한다면 스스로의 불안과 초조는 미래에 대한 조바심 때문이었으며 걱정을 통해 문제가 해결되지는 못한다는 사실을 알아차릴 때, 문제는 이미 문제 자체가 해결의 실마리를 갖고 있음도 발견하게 될 것이다. 따라서 시간의 정지는 실존과의 만남이며, 티끌과 이미지가 제거된 생각의 바탕과의 대면이며, 급하게 서두는 마음이 사라진 옷 입고 식사하고 신발 신고 설거지하는 등의 일상적인 생활이 무엇을 의미하는지 알 수 있다.

수보리존자가 말법시대에도 금강경을 듣고 그 진리를 이해하는 사람들이 있겠느냐고 묻자 여래는 다음과 같이 말씀하셨다.

"그렇다. 그때에 이 말들이 설해 졌을 때 그 진리를 이해하는 사람들이 있을 것이다. 그 시대에도 보살들이 있을 것이다. 수보리여, 또한 이 보살들은 오직 한 분의 붓다를 섬기는 것이 아닐 것이며 오직 한 분의 붓다 아래에서 그들의 선근을 심는 것이 아닐 것이다. 수보리여, 여기 이 말들이 설해졌을 때 한 오라기 고요한 믿음이라도 얻는 보살들은 무수히 많은 붓다를 섬기는 것이며 무수히 많은 붓다 아래에서 그들의 선근을 심는 것과 같을 것이다."

미개인이 우연한 기회에 호텔을 가게 되어 물이 콸콸 쏟아지는 수도꼭지를 보게 되었다. 그래서 그는 지배인에게 간청하여 수도꼭지를 얻어 왔는데 아무리 틀어도 물은 나오지 않았다.

우리들은 이런 어리석음을 수없이 발견할 수 있다. 존재한다는 것은 관계를 맺는다는 것이다.

우리가 행해 온 행동 양식의 전부는 우리와 관계 맺어진 모든 것들을 통해 재차 우리에게 말해 주고 있다. 다시 말해서 원인은 결과를 낳고 결과는 다시 원인을 발생시키고 이처럼 무수한 순환과 끝없는 반복을 통해 우리는 존재하는 것이고 관계를 맺고 있다.

시시각각으로 다가오고 우리가 맞아들이는 모든 일은 필연적인 이유를 간직한 것이다. 다만 우리가 단편적이고 제한된 시선을 통해서만 바라보기 때문에 그 배후에 감춰진 의미를 이해하지 못할 뿐이다.

육조 혜능스님이 어느 날 잠자리에 들었는데 누군가가 자신을 죽이러 오고 있다는 것을 알았다. 그래서 돈 열 냥을 준비하여 이불 밑에 넣어 두고 잠이 들었다. 육조 스님을 죽이라고 사주를 받은 그는 스님을 칼로 내리쳤으나 전혀 상처를 입지 않은 혜능스님은 돈 열 냥을 내어 주며 나는 전생에 자네한테 돈을 빚졌을 뿐 목숨 빚은 지지 않았다 하고 말하였다. 이에 놀란 그는 자신의 죄를 참회하며 후일 제자가 되었다고 한다.

오랜 세월 동안 건축을 해 온 사람은 건물을 볼 때 한 눈에 꿰뚫어 본다. 이 정도의 높이를 유지하려면 지하실은 어느 정도로 내려가야 하며 어떤 골격을 지녀야 튼튼하게 견딜 수 있는가를 알 수 있다. 우리는 절대로 삶이 주는 의미를 간과해서는 안 된다.

우리는 친구나 가족, 주위 사람들과의 관계뿐만 아니라 우리가 접하고 사용하는 사물이나 물건 등이 우리 손에 들어오기까지는 실로 수많은 사람들이 모여 생각하고 만들고, 광고, 포장, 배달 등의 무수한 과정을 거쳐 우리가 사용할 수 있는 것이다.

이런 과정을 당연한 것이려니 지나쳐 버리고 소홀하고 하찮은 것이라 홀대를 한다면, 그런 하찮고 보잘 것 없이 여기는 교만함은 다른 사람을 업신여기기 전에 먼저 자신을 짓밟고 지나가 황폐된 삶으로 전락시키고 만다.

"한 오라기 고요한 믿음이라도 얻는 보살들은 무수히 많은 붓다를 섬기는 것이며 무수히 많은 붓다 아래에서 그들의 선근을 심는 것과 같을 것이다."

이 말씀에는 금강경을 통해 실낱같은 믿음이라도 일어난다면 전생에 무수한 선근을 심은 것과 같은 공덕을 쌓은 것이라는 의미가 담겨져 있다. 하늘에서 떨어지는 한 방울의 물은 단지 한 방울의 물이 아니다. 끝없는 세월 동안 흐르고 흘러 뭉친 엑기스인 것이다. 그렇다면 전생이 존재해야 한다.

전생이란 문제는 반드시 짚고 나가야 하기 때문에 살펴보기로 한다. 우리들은 전생에 의미를 부여하는 것은 어떤 의미가 있는 것일까라는 것을 스스로 이해함으로서 보다 성숙한 단계로 접어들 수 있다. 만약 전생을 끌어 들여 지금 현재의 불성실한 태도, 태만하고 게으른 행동들로써 비롯된 결과를 묵인하고 합리화시키려는 의도로써 활용한다면 그것은 전혀 가치 없고 무책임한 자기 변명에 지나지 않는다. 순간순간 현재를 살아가면서 배울 수 있는 예지와 지혜를 종결짓는 것이다. 때문에 우리는 과거를 통해 현재를 배우는 것이 아니라 현재를 통해 과거를 이해하는 쪽으로 비중을 두어야 한다. 우리가 순간 순간을 이해하고 인식한다면 과거는 과거의 일로써 끝나 버리고 꼬리에 꼬리를 물고 이어져 왔던 우리의 어리석음이 소멸되는 것이다. 그것이 여래께서 말씀하신 선근을 심는 일이며 수자상이 없다는 것이다. 따라서 아무리 훌륭한 전생을 살았다 해도 전생에 집착한다면 그것은 지나간 꿈을 떠벌리고 다니는 어리석음처럼 우리를 바른 길로 인도하지 못할 것임에 틀림없기 때문이다. 영화를 보면 복선이 있다. 전혀 관계가 없을 듯한 인물을 잠깐 비추고 지나간다. 이러한 부분을 간과하지 않는다면 영화의 스토리를 감 잡을 수 있다. 만약 마음에서 한 오라기 고요한 믿음이라도 일어난다면 그 사람은 어마어마한 선근을 지닌 사람이고 더군다나 실낱같은 마음의 움직임을 알아차린다면 그는 이미 붓다임에 틀림없다.

붓다께서 왕사성 죽림정사에 계실 때 비구들이 식당에 모여 서로 전생의 업에 대해 말하고 있었다. 붓다께서는 천이통으로써 비구들이 하는 이야기를 들으시고 식당으로 가서 말씀하셨다. "비구들아 전생에 관한 일들을 말하지 말라. 그러한 말들은 이치에 도움도 되지 않고 법에 보탬도 되지 않으며 지혜로운 일도 아니고 바른 깨달음도 아니어서 열반으로 향하는데 아무런 이익도 없느니라."

지구상에 존재하는 공식적인 종교의 수는 약 300여 종이라 한다. 비공식적인 것까지 합하면 셀 수 없을 정도로 많은 종교의 시발점은 인간은 결국 죽는다라는 단순한 사실로부터 출발한 것이다. 죽음을 받아들이기가 정말로 어려운 사람들, 즉 엄청난 부와 권력을 양손에 거머쥔 그들은 죽음을 납득하고 받아들이기가 참으로 어려웠다.

수많은 사람들을 자신의 한 마디로 벌벌 떨게 하고 행동 하나 하나가 그대로 법이 되어 버리는 그들로서는 죽음을 이해하기도 어렵고 자신의 모든 업적과 영토를 두고 떠난다는 사실은 참을 수 없는 것이었다.

그래서 자신은 죽어도 영혼은 살아 남을 것이며 살아 남은 영혼 은 다시 이 자리에 나타날 것이라는 관념을 통해 자신을 신격화시 켰다. 자신들은 그런 논리로 죽음을 외면함으로써 자기 합리화와 도피를 허무에 대항하기 위한 수단으로 삼은 것이다.

그러다 보니 서민들이 한 사람 두 사람 모여 예배를 드리고 일 정한 형식의 절차를 밟아 숭배함으로써 종교의 개념이 탄생한 시 발점이 되었다 한다.

따라서 대부분의 종교는 자신은 결코 죽지 않을 것이라는 자아 중심적인 사고에서 출발을 한 것이고 지금도 여전히 종교는 그러 한 속성을 지닌 채, 많은 사람들이 종교를 자신의 문제와 어려움을 직접 대면하고 직시함으로 드러나는 이해력을 고취시키기보다는 죽음과 허무를 도피하는 수단으로 활용되고 있다. 때문에 일부 종 교가 지니는 맹목성을 통찰해 보아야 할 것이다.

"수보리여, 여래는 붓다의 지혜로 그들을 알고 있다. 수보리여, 여래는 붓다의 눈으로 그들을 보고 있다. 수보리여, 여래는 그들을 빠짐없이 알고 있다. 수보리여, 그들은 모두 헤아릴 수 없이 많은 공덕을 쌓고 얻으리라. 왜 그런가. 수보리여, 이 보살들에게는 아상, 인상, 중생상, 수자상이 없기 때문이다. 그들은 법이라는 인식도 없 고 법 아닌 것이라는 인식도 없다."

"수보리여, 여래는 붓다의 지혜로 그들을 알고 있다."

지혜란 분명 지식과는 많은 차이가 있다. 지식은 책이나 경험, 타인의 말 등을 통해 우리들 기억으로 저장되어 있다. 우리가 말하고 듣고 보고 하는 것들이 모두 지식에 속하는 것이다. 말하고 듣는 순간 우리는 기억의 창고에서 기록된 정보를 채택하여 사용한다. 워낙 짧은 순간에 이루어지기 때문에 의식하지 못할 뿐이다. 그러나 영어로 말하거나 들어야 한다면 정보를 채택하는 간격이 상당히 벌어진다. 기억된 것이 없으면 사용할 수가 없다.

우리는 물질에 집착하듯 지식에도 상당한 집착을 보인다. 우리의 사고는 끝없이 자신을 무언가로 채우기 위해 혈안이 된 듯 새로운 정보를 전부 기억해서 저장시키려 한다. 물질을 포기하는 것은 자신이 알고 있는 것을 포기하는 것보다 무척 쉬운 편이다.

우리는 세상을 살아가는 데 있어 편리하고 유용하도록 각종 정보나 경험, 지식 등을 배우고 기억하는데, 우리의 사고는 마치 저장되어 알고 있는 것을 사용하기 위해 살아가고 있다는 착각을 일으킬 정도로 지식을 포기한다거나 알고 있는 것에 대해서 자유롭고자 하는 것은 대단히 어려운 일이다.

하늘에서 물방울이 떨어지면 마음은 재빠르게 비가 온다고 이야기한다. 미국 사람이면 '레인'이라고 할 테고 일본 사람은 '아메'라고 할 것이다. 산에 가서 나무를 봐도 저것은 소나무, 모르는 것을 보면 저건 이름이 뭐지?라는 생각이 순간순간 일어나는 까닭에 우리는 기억과 지식을 벗어나서 제대로 사물과 마주쳐 본 경험이 별로 없다.

때때로 기막히게 멋진 광경이나 풍경 등을 우연히 마주쳤을 때를 빼놓고는 우리의 기억과 지식이 사물을 접하고 만나고 하는 것이다.

우연한 기회에 멋진 광경을 직접 만났을 경우에는, 즉 해가 지면서 노을이 바닷가를 빨갛게 물들인다거나 산이 온통 노랗게 불붙는 듯한 광경을 바라보는 순간 정말 멋지다라는 생각이 들어올 겨를도 없을 때 우리의 가슴은 고동치는 맥박으로 설레이고 환희에 휩싸인다.

그런데 그런 광경도 몇 번 보고 나면 사고가 우리를 점령해 버려 과거의 기억과 비교하기 때문에 더 이상 우리를 환희롭게 하지는 못한다. 즉 사고가 우리를 덮어 버렸기에 우리는 터져 나오는 축복을 누리지 못하는 것이다. 우리의 사고는 이미지와 결론 등으로 축적된 과거의 결과이다.

만일 우리가 사고를 등장하지 못하도록 할 수만 있다면 노을지는 모습을 수백 번 바라본다고 해도 그때마다 새롭고 신비에 가득찰 것이다. 따라서 권태로운 삶을 이끌고 가는 주범은 사고라고 불리는 '생각'이다.

우리는 생각이 있음으로 해서 더욱 신비에 쌓인 것을 찾아내려하고 더욱 자극적인 삶을 살도록 강요받고 있다. 우리가 싫증을 느끼고 권태로움을 느끼는 것도 바로 생각 때문인데, 생각은 자신이 공허하다는 사실을 알고 있기에 지식이나 목적, 주의나 주장 등의 어떤 무엇으로라도 자신을 가득 채우려 한다.

지식과 온갖 정보로 가득 찰수록 우리의 정신은 무겁고 혼미해진다. 컵은 비어 있어야 쓸모가 있는 것처럼 우리는 새롭고 신선한 아침을 맞이하듯 맑고 깨끗한 삶을 살아가고자 하지만 지식에서 자유롭지 못하다면 그러한 바램은 단지 희망 사항에 불과하다.

그렇다면 문제는 지혜는 무엇이고 지식과는 어떤 면에서 다른 것인가, 또한 지혜는 지식처럼 책을 통해서 얻어지거나 습득될 수 있는가 하는 점이다. 지혜는 상황에 맞도록 적절하게 대응하는 슬기로움을 말하며, 많은 학식이 있다거나 학위를 몇 개 가지고 있는 것을 뜻하는 것은 아니다. 지혜롭다는 것과 지식이 많다고 하는 것은 다른 것이다.

어떤 마을에 한 처녀가 있었다. 그 처녀의 아버지가 빚을 많이 져서 빚쟁이한테 독촉을 받다가 급기야는 관가에 갇히게 되었다. 처녀가 사채업자를 찾아가 사정을 하자 오십이 넘은 사채업자는 다음과 같은 조건을 내세웠다. 즉 바닥에 깔린 자갈 중에서 흰 돌과 검은 돌을 양쪽 주머니에 하나씩 넣을 테니 만일 흰 돌을 꺼내면 아버지를 풀어 줄 것이고 검정 돌을 꺼내면 풀어 주는 대신 처녀가 그의 첩이 될 것을 요구했다. 그런데 처녀가 언뜻 보니까 사채업자는 검정 돌을 양쪽 주머니에 넣는 것이었다. 그 순간 처녀는 기지를 발휘하여 주머니에서 돌을 꺼내면서 넘어지는 척하며 꺼낸 돌을 바닥에 떨어뜨렸다. 바닥에는 흰 돌과 검은 돌이 잔뜩 깔려 있어 떨어뜨린 것이 어느 것인지 분간할 수가 없었다. 처녀가 말했다. 떨어뜨려서 정말 죄송합니다. 선생님 주머니의 돌을 보여 주시면 제가 꺼낸 돌을 알 수 있지 않을까요?

우리들의 시선은 너무 한쪽으로만 치우쳐 있는 탓으로 편견과 아집으로 가득 차 있다. 때문에 우리는 반대편을 바라보아야 한다. 우리는 참으로 많은 시간을 상대편의 단점과 약점, 불합리한 사고방식 등을 비난해 왔다.

이제는 반대로 우리들 자신의 단점과 약점, 자기 합리화와 변명, 자신에게조차 진실치 못하고 굴절시키려는 의도 등을 면밀히 주시하고 관찰해야 한다. 이것이 곧 지혜의 시작이고 슬기로움의 문을

68

활짝 여는 것이다.

"수보리여, 여래는 붓다의 눈으로 그들을 보고 있다. 수보리여, 여래는 그들을 빠짐없이 알고 있다."

젊은 수행자가 붓다께 질문하고 있다. 미모의 여성은 예나 지금이나 수행자의 마음을 사로잡고 방해하기는 마찬가지이다.
"젊은 여인으로부터 마음을 빼앗기지 않으려면 어떻게 해야 합니까?"
붓다가 대답한다.
"보지 말아라."
붓다에게는 참으로 간단한 일이다. 다시 수행자가 묻는다.
"어쩔 수 없이 보아야 하는 경우에는 어찌합니까?"
"이야기하지 말아라."
다시 묻는다.
"이야기를 나누어야 하는 상황에서는 어떻게 합니까?"
"만지지 말아라."
그래도 수행자는 다시 묻는다.
"정말로 피치 못할 사정에 의해 만졌을 경우에는 어떻게 합니까?"
그제서야 붓다는 그를 바라보며 말한다.
"깨어 있으라."

욕망이 일어나는 경로는 지각-감각-접촉-욕망의 과정을 거친다. 깨어 있는 의식을 통해 욕망을 통과해 나가는 길을 일러주는 것이다. 감각의 근원지인 눈을 통해 들어온 여러 가지의 감각은 대뇌의 신경계를 자극하며 곧장 욕망으로 연결된다.

우리들은 욕망에서 벗어나고자 한다. 그러나 주의 깊게 살펴본다면 우리가 벗어나고자 하는 것은 욕망이 아니라 욕망이 지나간 후에 몰려드는 좌절과 허탈감, 다시 또 욕망을 찾아 나서는 끝없는 방황, 더 강도 높은 만족과 쾌감을 요구하는 우리들의 감각, 그러한 것을 충족시키지 못했을 경우에 일어나는 불안감, 이러한 순환 과정을 알면서도 벗어나지 못한다는 자신의 우유부단함과 결단 없음 등이다.

만일 욕망이 우리에게 고통 없는 기쁨, 끝없는 쾌락만을 주고 좌절과 폐해를 가져오지 않는다면 욕망을 거부할 사람은 아마 없을 것이다. 욕망은 인간에게 있어 꿈과 희망을 부여하고 삶의 의미를 채색하며 생생하게 보여 주는 커다란 선물이다. 그런데 이러한 속성을 지닌 욕망이 비롯되는 곳이 눈이다.

눈을 통해 거듭 자신이 설정해 놓은 이미지나 이상에 비교하고 대조하면서 욕망이 자리를 잡는 탓에 붓다는 그것을 피해서 가고 보지 말아라 하는 것이다. 불을 끄려면 땔감을 빼 버려야지 땔감을 자꾸 집어넣으면서 불이 꺼지기를 바란다면 그것은 앞뒤가 맞지 않은 행동이다. 때문에 본다고 하는 것은 우리에게 많은 혼란과 고통이 시작되는 최초의 근원지인 셈이다.

그런데 만약 우리가 보는 방법이 잘못되어 혼란과 갈등으로 고통받고 있다면, 역으로 제대로 볼 줄만 안다면 지금까지 우리가 지니고 있는 분열과 갈등을 해소시키고 소멸시키는 원인도 제공받을 수 있다는 얘기도 된다.

그렇다면 붓다의 눈으로 보는 것은 무엇이고 견(見)과 관(觀)은 무엇을 의미하는가. 영화관에 가서 공포 영화를 본다고 할 때 우리는 분명히 겁에 질리고 두려움을 느낀다. 영화 속의 괴물이 뛰쳐나

와 자신을 해치지 못할 것이라는 사실을 아는 데도 두려움은 일어
난다.

또 같이 간 동료는 공포를 느끼기는 해도 정도의 차이가 나타난
다. 그렇다면 두려움은 공통적인 현상이 아니다. 왜 우리는 영화를
통해서 공포를 느끼고 두려움을 느끼는 것인가. 그것은 영화 속의
배우와 자신을 동일화시키기 때문이다.

우리는 영화를 보면서 어느 틈에 배우가 되어 영화 속으로 들어
간 것이다. 즉 이제부터는 더 이상 안전할 수 있는 관객의 입장이
아니므로 괴물로부터 해를 입을 수도 있다는 것을 뜻한다. 공포를
느끼고 두려움을 느끼는 환경이 조성된 것이다.

그런데 마음이 다른 생각을 하고 있으면 배우와 동일화를 시키
지 못하기에 단지 스크린만을 보는 것이고 연결되고 이어진 그림
만을 보게 되는 탓으로 공포심은 일어나지 못한다.

우리는 형상을 바라본다. 사물이나 인물의 외관과 모습을 중시하
고 그 곳에만 주의를 집중하고 있다.

커다란 종이 위에 점을 하나 찍어 이것이 무엇이냐 묻는다면 열
명 중 아홉은 점이라고 대답한다. 그만큼 우리는 제한된 시야를 갖
고 있다. 점이 찍힐 수 있도록 환경을 제공한 종이는 무심결에 지
나쳐 간다. 형상에만 집착할 뿐 배경은 중요시하지 않는 관계로 우
리에게는 그처럼 수많은 희노와 애락이 존재하는 것이다.

영화를 보면서 배경을 바라본다면 배우와의 동일화 현상은 일어
나지 않는다. 따라서 두려움과 공포심은 감소하고 스크린 가장자리
에 뒹구는 나뭇잎이나 조약돌, 우리가 무심코 지나쳐 왔던 부분까
지도 섬세하게 드러나면서 영화를 만든 제작자의 의도까지도 파악
할 수 있는 전체적인 시야를 갖게 된다.

이것은 앞에서 언급한 바 있는 범소유상 개시허망 약견제상 비

상 즉견여래(凡所有相 皆是虛妄 若見諸相 非相 卽見如來), 즉 "무릇 형상이 있는 것은 모두 허망한 것이며 만약 형상을 형상 아닌 것으로 본다면 즉시 여래를 볼 것이다."라는 부분과 일치한다.

이처럼 배경을 봄으로서 우리는 자신이 배우가 되는 동일화 현상을 차단할 수 있고 냉정한 제 3자의 입장에서 모든 것을 관찰할 수 있다. 그렇다고 한다면 우리가 사는 일상생활에서도 우리는 자신이 설정한 이미지의 자신과 동일화시키고 있는 것은 아닌가를 되짚어 보아야 한다.

우리가 지닌 신념, 설정한 이미지, 되어야 할 목표 등 이런 것들과의 동일화를 통해서 우리는 조바심을 내고 빨리 도달해야 한다거나 벗어나야 한다는 등의 목적의식이 있기에 두려움을 느낀다.

따라서 욕망과 공포, 혼란과 분열, 쾌락과 기쁨의 추구 등의 모든 감각들이 욕망과 연결된 방향으로만 가닥을 잡아가는 것이다. 그러므로 붓다의 눈으로 본다는 것은 형상을 보는 것이 아니라 배경을 보는 것이다. 그것은 깨어 있는 의식으로 자신의 생각과 행동 하나 하나를 응시하는 것이다. 이처럼 배경을 보는 눈은 측은하고 안타깝다거나 하는 동일화 현상이 없기 때문에 열반으로 인도되어야 할 중생도 열반으로 인도할 부처도 없이 나는 또 다른 너이고 동시에 너는 또 다른 나일 뿐이다.

"수보리여, 여래는 그들을 빠짐없이 알고 있다. 수보리여, 그들은 모두 헤아릴 수 없이 많은 공덕을 쌓고 얻으리라. 왜 그런가 수보리여, 이 보살들에게는 아상, 인상, 중생상, 수자상이 없기 때문이다. 그들은 법이라는 인식도 없고 법 아닌 것이라는 인식도 없다."

법은 사회적인 통념으로 봐서 교통 신호등처럼 인간들이 이런 것은 지키고 저런 것은 하지 말자라는 상호간의 약속인 동시에 의무이다. 법은 옳다는 것이고 법이 아닌 것은 옳지 않다는 것을 뜻한다.

그러나 그것은 서로간의 입장 차이에 따라서 달라지는 것이다. 개구쟁이 꼬마한테 좋은 일과 나쁜 일에 대하여 선생님이 물었다. 꼬마가 답하길 '엄마가 하지 말라고 하면 좋은 일이고 하라고 하면 나쁜 일입니다.' 착한 사람들이 있게 된 것은 착하지 않은 사람들이 있기에 존재한다. 때문에 법이다 법 아닌 것이다라는 인식은 엄밀하게 따진다면 대상을 누구로 정할 것이냐에 따라 달라진다.

만일 대상이 없다면 존재할 법도 없고 지켜야 할 법도 없다. 나라는 생각, 남이라는 생각이 없다면 그들은 존재하는 법도, 지켜야할 법도, 지키지 말아야 할 법도 없다.

통상적으로 법이란 긍정적이고 옳은 것이며 계율적인 것이고, 법이 아닌 것이란 부정적인 생각이고 옳지 않은 것이며 비계율적인 것이라고 생각한다. 그러나 옳다 그르다라는 관념은 우리가 태어나 성장하면서 부여받은 가정적, 국가적, 종교적인 신념과 지식, 경험 등을 통해 강제적으로 조건 지워지고 형성된 틀이나 잣대를 통과해야만 나타날 수 있다.

만일 틀이나 잣대가 없다면 옳다 그르다는 관념도 없으며, 법이다 법이 아니다라는 인식도 없는 것이다. 따라서 옳다 그르다는 관념이란 우리가 조건 지워진 존재라는 의미이다. 그것은 어떤 일정한 방향을 향하여 특정한 목표를 달성하도록 짐 지워진 것이다.

이처럼 방향과 목표를 가슴에 지닌 한 우리는 결박되어 있는 것이고 따라서 결코 자유도 없다. 추위에 떨고 있는 사람한테 선뜻 외투를 벗어 주었을 때, 옳은 일이라는 생각이나 나중에 어떤 일이 일어날지를 생각하지 않고 행하는 것은 셈으로 요량함이 소멸된 마음으로 행하는 것이며 본 성품에 따라 행동하는 것이다.

육조 혜능대사가 땔나무 장사를 하다가 손님이 금강경 읽는 한 마디에 이치를 통해 버린 "응무소주 이생기심(應無所住 以生其心)"을 의미하는 것이다. 머문 바 없이 그 마음을 내서 쓰라는 것은 다음과 같다. 마음은 두 가지를 구성요건으로 하여 성립된다.

첫째는 비추이는 것과 둘째는 비추임을 받는 것이다. 비유하면 영사기와 스크린 화면을 합쳐야 영상을 나타내듯 우리의 마음 역시도 두 가지의 조건을 충족시켰을 때 비로소 나타난다.

첫째의 비추이는 것이란 감각기관이 밖의 대상을 접하는 것이고, 둘째의 비추임을 받는 것은 첫째인 비추이는 것이 영사기에서 나오는 빛을 스크린이 받아 영상화시키듯 기억과 경험을 통해 저장된 오온이라는 스크린에 비쳐지면 활동 사진처럼 움직이는 생명을 지닌 모습으로 나타나면서 마음이라는 관념을 얻는 것이다.

이처럼 마음은 기억과 경험이 언어화된 개념으로 쌓이면서 시간을 통한 과거와 현재, 미래의 옷을 입고 마치 살아 있는 듯한 움직임을 통하여 자신을 통제하고 심판하면서 '나'라는 확고부동한 신념 속에 자리를 잡는 것이다. 따라서 마음의 대부분은 결국 시간의 한계를 벗어나지 못한다. 지금은 이렇지만 내일은 저렇게 되어야 한다. 과거는 이런 식이어도 지금은 그래선 안 된다. 어떻게 하면 보다 나은 방법으로 남보다 빠른 시간 안에 획득할 수 있을까?

시간을 제외한 나머지는 자기 보호와 자기 보존이라는 틀로써 형성되어 있다. 이것을 불교 용어로는 태어나면서부터 일어나는 번뇌라 하여 구생기(俱生起)라 한다. 구생기란 자신을 보호하기 위한 음식물의 섭취, 안락한 주거 환경 그리고 자기 보존에 필요한 가족과 친구 등의 관계로써 이루어져 있다. 그렇기 때문에 만약 마음속에 잠재되어 있는 언어화된 시간의 개념을 끄집어낸다면 마음은 머물 수 있는 자리를 찾지 못하고 흐르는 냇물처럼 자신의 본성을 따라 머물지 않고 끝없이 흘러갈 것이다.

명상에 들어 있을 때 무수한 언어가 마음을 통과하여 지나감을 알 수 있다. 만일 언어를 떠올리지 않고 기억으로만 나타난다면 명상에 들어 있는 상태를 소란스럽게 할 수는 없으나 언어가 따라 붙으면 계속적으로 다른 것을 불러오면서 명상의 상태는 쉽게 무너져 버리는 것을 알 수 있다. 이처럼 시간의 개념이 언어화되면서 우리는 많은 혼란과 갈등에 쌓이는 것이다.

미켈란젤로가 길을 걷고 있을 때 커다란 대리석이 공사장에 있는 것을 보고 이 대리석을 얻을 수 없냐고 묻자, 주인은 쾌히 승낙을 하면서 처분하지 못해 걱정이었는데 오히려 감사를 하는 것이었다. 미켈란젤로는 그 대리석으로 세상에서 가장 뛰어난 작품인 천사를 조각했다. 기자와의 인터뷰에서 어떻게 저토록 훌륭한 작품을 만들 수 있었느냐고 묻자 미켈란젤로는 대답했다. 길을 가는데 천사가 나를 꺼내 달라고 부탁을 해서 자신은 단지 천사의 몸에 붙어 있던 돌들을 떼어 냈을 뿐이다라고.

우리들이 옳다 그르다라는 관념 없이 생각한다는 것은 실제로 불가능하다. 왜냐하면 그것은 우리의 의지보다 더욱 깊은 심층에 자리 잡은 까닭이다. 우리가 옳다 그르다라는 것을 떨쳐 버리고 제거하고자 한다면 그런 의지는 관념을 더욱 부채질하고 강화시키는 행위에 속한다.

그것은 자기 탐구를 통해서 얻어진 이해력이 아닌 때문이며 타인의 말이나 책을 통해 얻어진 지식, 즉 과거의 경험으로 지금 현재 실존하는 실체를 붙들려고 하는 망상에 불과하기 때문이다.

그러나 진정한 이해력이 드러나는 것은 자신의 사고 뒤에 숨어 생각을 조종하는 또 다른 생각은 무엇인지를 주시하는 것이다.

이러한 생각은 옳은 것이고 저런 생각은 그른 것이다를 판별해 내는 생각을 주시하는 일이며, 이처럼 생각의 배후에 숨은 생각의 전부를 관찰하고 주시하려는 의도는 어디서 나타나는 것인지, 그리고 그러한 의도도 결국은 생각에 속하는 행동은 아닌지를 이해했을 때 옳다 그르다라는 관념은 미켈란젤로가 천사의 몸에 붙은 돌들을 떼어 내듯 떨어져 나가는 것이다.

그때야 비로소 천사가 드러나는 것이다.

"그들에게는 인식도 없고 인식 아닌 것도 없다. 왜 그런가. 수보리여, 이 보살들이 법이라는 인식 또는 법 아닌 것이라는 인식을 갖고 있다면 그로 말미암아 다시 아상, 인상, 중생상, 수자상에 대한 집착이 일어날 것이기 때문이다."

우리는 대개 한 번 읽은 책은 손이 가지를 않고 한 번 들은 얘기는 주의가 기울여지지 않는다. 그것은 나는 이미 알고 있다라는 생각 때문에 나타나는 현상이며, 그러한 현상이 있음으로 해서 우리는 신비스런 모두를 잃어버리고 싫증과 권태를 벗어나고자 끊임없이 새 것을 찾아 여행을 떠난다. 그런 우리를 향해 붓다는 수보리존자를 통한 공격의 고삐를 늦추지 않고 일침을 가하고 있다.

법이라는 인식도 법 아니라는 인식도 없으며 더 나아가 인식도 없고 인식 아닌 것도 없다고 하신 것은, 옳고 그르고 밉고 곱고에 대한 인식이 있다면 아무리 생각을 벗어 던졌다 해도 벗어 던졌다는 생각의 그물에 걸리기 때문에 결국 아상에 대한 집착이 일어나기 때문이라는 말씀이다.

삶은 끝없는 순환의 연속이며 과정의 진행만이 존재한다. 빗방울은 시냇물로, 시냇물은 강으로, 강은 바다로, 태양에 의해 수증기로, 수증기는 구름으로, 구름은 다시 빗방울이 된다. 따라서 우리에게는 휴식도 없으며 완전함도 없으며 결론 지어짐도 없다. 그러나 어쩌면 이런 이유들로 해서 삶은 그토록 신비에 쌓인 것이고 영원히 풀지 못할 수수께끼인 것이다.

그들에게는 인식도 없고 인식 아닌 것도 없다는 것은 확실히 논리적인 말은 아니다. 육조 혜능스님에게 신회라는 젊은 제자가 질문을 하였다.

"스님은 보십니까 안 보십니까?"

"보기도 하고 안 보기도 한다."

신회가 묻기를 "보면 보는 것이고 안 보면 안 보는 것인데 어째서 보기도 하고 안 보기도 한다고 하십니까?"

혜능대사 말씀하길 "내가 보는 것은 내 마음속의 삿된 견해를 보는 것이고 안 본다고 하는 것은 다른 사람들의 결점을 안 보는 것이다."

그것은 본다는 행위 자체에서 자유롭다는 뜻이다. 자유롭다는 것은 내가 본다는 생각이 일어나지 않으며 보는 행위를 통해 자아 중심적인 생각이 일어나지 않는다는 것이다. 그것은 볼 수도 있고 혹 안 볼 수도 있다.

우리는 항상 본다는 생각을 가지고 있으며 따라서 그것은 과거의 테두리로써 본다는 것이며 조건 지워진 틀에 맞추기 위한 작업에 불과하다. 그러므로 우리가 본다는 것은 과거를 보는 것이고 우리의 틀을 보는 것에 다름 아니다.

창문을 통해 바라본 하늘은 네모나다. 때문에 하늘은 네모란 것이다라고 주장하는 것과 같은 의미이며, 그럴 때 우리는 하늘을 보는 것이 아니고 창문을 바라보는 것이다.

　이처럼 계속하여 우리의 시선이 창문에 매어 있다면 그것은 구속되어 있는 것이고, 본다라는 행위와 생각이 존재한다는 것은 우리가 자유롭지 못한 상태에 있다는 것을 나타낸다. 그렇기에 우리는 자유롭게 보기 위해서, 또한 형상과 배경을 동시에 보기 위해서, 창문을 보지 않고 직접 광활하게 펼쳐진 하늘을 보기 위해서, 우리는 본다는 생각 없이 보는 것이 무엇인지를 깨달아야 한다. 단순한 것은 복잡한 것을 초월해서 존재한다. 복잡한 것은 단순으로 가기 위한 과정에 불과하다. 따라서 복잡하게 보는 것은 단순하게 보기 위한 과정에 지나지 않는다.

　단순하게 보는 것은 보는 것이 아니라 보여 지는 것을 말한다. 하늘을 보는 것은 내가 하늘을 본다는 뜻이므로 하늘은 사라지고 내가 그 자리에 들어서 있다. 그러나 하늘이 내게 보여지고 있다면 나는 없다. 이미 하늘과 나는 따로 따로 존재하는 것이 아니라 하늘은 곧 나이고 나는 곧 하늘이다. 눈은 하늘과 내가 합쳐져 하나가 되기 위한 매개체에 불과할 따름이다.

　단순히 사물이 보여지고 있다면 생각이란 존재하지 않으며 배경을 바라보는 것이며 창문을 벗어나 하늘을 보는 것이다. 보는 것이 아니라 보여지는 것이며, 듣는 것이 아니라 들려 오는 것이며, 생각하는 것이 아니라 생각이 스쳐 가는 것이며, 살아가는 것이 아니라 삶이 지나쳐 가는 것이다. 이처럼 사고의 전환이 일어나는 것은 낱낱이 사고 과정을 주시해 가는 직관력에 의해 사물과 사고의 본질을 이해했기 때문이다.

　더 이상 산을 물로 보려 하고 물을 산으로 보려 하는 복잡함은 사라지고 산은 산이고 물은 물이다.

"보살은 법에 집착하지 말아야 하며 법 아닌 것에도 집착하지 말아야 하기 때문이다. 그러므로 여래는 그 숨은 의미를 이렇게 말씀하셨다. 뗏목에 비유되는 법의 가르침을 아는 자는 법마저 버려야 한다. 하물며 법 아닌 것에 있어서랴."

여러 사람들이 뗏목을 머리에 이고 걸어오고 있었다. 그래서 그를 본 사람들은 궁금하여 뗏목을 어째서 머리에 이고 오느냐고 묻자, 그들은 자신들을 건너게 해준 뗏목이 너무 고마워 이렇게 지니고 다닌다는 우화이다. 우리가 혼란과 갈등으로 고민하는 까닭도 모든 원인이 집착하는 마음이 있음으로 하여 일어난다.

집착하는 마음은 좋아하는 것과 싫어하는 것을 구분 짓는 선택이 있음으로 하여 발생하는 것이며, 그런 선택은 좋아하는 것을 갖고 싶어하고 싫은 것은 떨쳐 버리려는 생각을 낳게 한다.

집착한다는 것은 곧 문제를 불러들인다는 것이며, 다시 또 그 문제에서 벗어나고 싶다는 욕구를 일으키면서 문제를 해결해야 한다는 강한 집착으로 이어지며, 집착은 집착의 꼬리를 무는 악순환이 시작된다.

때문에 집착에서 벗어나고자 하는 의도도 결국은 집착의 한 부분이라는 사실을 인식했다면, 다시 말해서 집착에서 벗어나고자 하는 것이 바로 또 다른 집착의 옷으로 갈아입었을 뿐이라는 사실을 인식했다면 집착을 무조건 비판하거나 벗어나려 할 것이 아니라 집착에 관해 아무런 동조나 비난 없이 살펴보아야 한다.

집착이 나타나는 것은 목표를 설정했을 때거나 어딘가 도달해야 한다는 의지가 있을 때이다.

우리의 감각을 자극하는 요소는 더욱 쾌락적이고 자극적으로 되기를 원한다. 어딘가 도달해야 한다는 의지 뒤편에는 도달함으로서

주어지는 찬사와 영광 그리고 이젠 편히 쉬고 싶다는 휴식의 욕망
이 자리 잡고 있다. 그렇다면 휴식은 무엇을 뜻하는가?

우리가 감각적인 쾌락을 요구하는 것도 결국은 편안하고 안락한
휴식을 경험하고 싶은 우리의 욕구에서 비롯된다. 그것은 결국 나
자신이 경험하고 싶다는 뜻이다. 집착의 궁극적인 목표는 바로 나
인 것이며 감각의 쾌락을 유발시키는 원인도 실은 나 자신에 이미
내포된 것이다.

상대나 사물은 단지 나 자신의 만족감을 경험하기 위한 수단에
불과하다. 그러나 실제로 나에게는 내가 추구하고자 하는 모두가
구비되어 있다. 그러한 사실을 알아차리지 못하고 사물과 상대방이
만족감을 전해 주는 것으로 착각함으로 해서 상대에게 집착을 보
인다.

따라서 집착이란 문제 자체를 정확히 파악해 내지 못함으로써
일어나는 어리석음이다.

수단을 수단으로 인식하지 못하고 수단이 목표가 되어 버렸을
때 뗏목을 머리에 이고 다니는 어리석음을 부끄럼 없이 행하게 된
다.

흰 거품을 일으키며 세차게 흘러가는 물살은 참으로 활기차고
약동적인 힘을 느끼게 한다. 그러나 작은 골을 통해 격동적으로 흘
러가는 물살을 피해 나온 냇물이 작은 웅덩이로 몰려들어 정체되
어 있을 때 안정과 휴식을 느낄 수는 있다 하더라도 그들은 머지
않아 썩게 된다. 삶은 끝없는 흐름의 연속이다. 안정과 휴식에의 요
구는 우리를 병들게 하며 정신을 부패케 하는 원천이다. 격동적으
로 흘러가는 물살에 두려움 없이 몸을 던져 그들과 하나가 되어
끝없는 흐름 자체가 되었을 때, 집착은 어디에도 없으며 존재한다
는 것은 끝도 없이 흘러가는 흐름이다.

7. 무득무설분(無得無設分)

얻을 것도 없고 설할 것도 없음

스승께서 물으셨다.

"수보리여, 어떻게 생각하는가. 여래가 가장 옳고 완벽한 깨달음으로 온전히 알고 있는 그 어떤 법이 있다고 생각하는가? 또는 여래가 설한 법이 실제로 있다고 생각하는가?"

수보리가 대답했다. "아닙니다. 스승의 말씀을 제가 이해한 바로는 그런 법은 없습니다. 왜냐하면 여래께서 깨우치시고 가르치셨다고 하는 법은 붙잡을 수도 없고 말로 표현될 수 있는 것도 아니기 때문입니다. 그것은 법도 아니며 법 아닌 것도 아닙니다. 왜냐하면 절대적인 세계가 성스러운 분들을 찬양하기 때문입니다."

"수보리여, 어떻게 생각하느냐. 여래가 아뇩다라삼먁삼보리를 얻었다고 하는가. 여래가 설한 바 법이 있다고 하는가."

수보리가 말씀 드리되, "제가 부처님의 설하신 뜻을 알기에는 아뇩다라삼먁삼보리라고 이름할 만한 결정적인 법이 없으며, 또한 여래가 설하셨다 할 고정된 법도 없습니다. 무슨 까닭인가 하면 여래께서 설하신 법은 취할 수도 없으며 이름할 수도 없으며 법도 아니고 법 아님도 아니기 때문입니다. 모든 성인과 현인은 무위의 절대적인 세계 속에서 이런저런 다양한 모습으로 나타나기 때문입니다."

🪷

여래께서 묻고 있다. "세상에서 제일 가는 가장 옳고 완벽한 깨달음으로 도달할 수 있도록 하는 완전한 법이 존재한다고 생각하느냐?" 그것은 "내가 세상에서 제일 겸손하다고 생각하는데 너는 어떻게 생각하느냐?"라는 물음과 같다.

세상에서 제일이라 주장할 때 이미 겸손한 마음은 사라진다. 겸손한 마음은 자신이 세상에서 제일이라고 자만하지도 않으며 강요하거나 주장하지도 않는다. 우리가 알고 실천하는 법이야말로 세상에서 제일 훌륭한 법이다라고 생각하는 것은 올바른 생각이 아니다.

생각 자체가 이미 자아 중심적으로 동작하고 있는데 세상에서 제일이라면 상대적인 법이 존재해야 하기 때문이다. 두 번째로 훌륭한 법, 세 번째, 네 번째…… 보잘것없이 초라하고 볼품없는 법까지 등장해야 한다.

그렇게 나누고 구분 짓는 것은 바로 자아가 행하는 것이다. 자아는 항상 나와 너, 나의 것 너의 것으로 분별하는 탓으로 욕망과 공포를 만들어 내며, 도달해야 할 목표를 설정함으로써 시간의 개념을 통해 현재를 인식하지 못하도록 우리의 시선을 가로막는다.

우리의 모든 추구가 떨어져 나갈 때 문득 그것은 거기에 있었으며 그것이 진리라고는 상상조차 못했을 뿐이다.

어린아이에게 장난감을 주면 좋아서 갖고 놀다가 그것을 뒤로 감추면 마구 울어댄다. 그러나 그것이 없어진 것은 아니다. 아이는 눈에 보이지 않으니까 없어진 줄로 알고 운다. 그러나 우리는 그것이 없어진 것이 아니고 단지 눈에 보이지 않는다는 사실을 알고

82

있다.

달이 반밖에 보이지 않는다고 반쪽이 사라진 것은 아니다.

어떤 제자가 스님께 깨달음이 무엇이냐고 물었다. 스님은 주먹을 폈다가 다시 쥐었다. 그것은 손가락은 다섯 개지만 주먹을 쥐면 하나가 된다는 가르침이다. 주먹을 쥔다고 손가락이 사라진 것은 아니다. 손가락만 쳐다보니 주먹을 보지 못할 뿐이다.

"또는 여래가 설한 법이 실제로 있다고 생각하는가?"

붓다의 질문이 화살처럼 가슴에 꽂혀 들어온다. 나는 지금 무엇을 하고 있는가? 그리고 우리는 대체 무엇을 하고 있었던 것인가? 우리는 지금 사과 맛을 말로 설명하고, 그러한 설명을 통해 배부르기를 기다리고 있었던 것은 아닌가?

수보리가 대답했다. "아닙니다. 스승의 말씀을 제가 이해한 바로는 그런 법은 없습니다. 왜냐하면 여래께서 깨우치시고 가르치셨다고 하는 법은 붙잡을 수도 없고 말로 표현될 수 있는 것도 아니기 때문입니다. 그것은 법도 아니며 법 아닌 것도 아닙니다. 왜냐하면 절대적인 세계가 성스러운 분들을 찬양하기 때문입니다."

수보리존자는 여래께서 설하신 진리는 붙잡을 수도 없고 말로 표현될 수 있는 것도 아니기 때문입니다라고 대답한다. 진리는 결코 말로는 이해될 수 없으며, 또한 말로 표현되는 것은 진리가 아니란 이야기도 된다.

우리는 많은 부분을 언어에 의지하여 살아간다. 그러나 언어는 실체가 아니고 지식과 경험의 결과이며, 우리가 말하고 듣는 순간 실체는 어느 틈에 저만치 멀어진다. 진리나 참된 실체는 오직 현존하는 것이다. 말로써 표현되기를 바라는 것은 우리의 욕구이고, 그러한 욕구를 통해서 참된 실체를 경험하기란 더더욱 불가능하다.

언어라는 것은 생각을 나타내는 표현 방식이다. 또한 행동하기까지의 과정은 생각이 자리를 잡고 언어로 자신의 주장과 신념을 표현한다. 따라서 말하고 읽는 것은 행동의 간접적인 표현이며 자신의 의견이나 사상을 나타내는 데 더 없이 중요하지만, 진리나 실체에 접근하기 위해서는 때론 불필요하기도 하다. 다시 말하자면 언어는 자기 자신에게로 접근하는 데에 있어서는 전혀 도움이 되지 못하는 까닭이다. 왜냐하면 내가 나를 부를 때 이름은 전혀 쓸모가 없기 때문이다.

그러나 잠이 들면 의식은 어디로 숨고, 꿈은 어떤 경로를 통해 인식하는 것인가? 또 죽는다는 것은 무엇을 의미하고, 우리의 마음은 왜 모든 것에 관심을 가지려 하고 항상 굴곡과 변화를 겪어야만 하며, 생활의 위협 속에서 불안한 나날을 지속해야 하는가? 이 물음에 본질적인 해답을 구하는 원동력을 진리라고 부른다.

우리가 의심을 갖고 추구하는 생명력은 도대체 무엇인가? '이 뭣고, 이 뭣고'를 풀 수 있는 사람은 결국 자신뿐이며, 문제를 만들어 낸 사람도 자신이고, 문제를 해결해야 할 사람도 다름 아닌 자신이다. 이 까닭에 자기 자신을 이해하기 위해 언어를 사용하고 언어에 의존한다는 것은 결국 타인에게 자신을 이해해 주기를 강요하는 것과 같은 의미이다.

우리가 사용하는 언어라는 것은, 일정한 억양과 발음을 사용했을 땐 이러한 의미로 인식해 달라는 상호 간의 약속이 체계화되고 발전되어 온 것이다.

따라서 언어란 자신에게 필요한 것이 아니라 타인이 있음으로 해서 고안된 인간의 발명품이기에, 타인은 없고 나 혼자만 존재한다면 거기에 언어는 전혀 쓸모 없는 도구에 지나지 않는다.

또한 내 이름이라고 알고 있는 것도 다른 사람이 부를 때 필요한 것이지 내가 나를 부를 때는 전혀 가치가 없는 것이다. 이처럼 언어는 우리의 내면으로 향하는 여행에서는 전혀 쓸모가 없다. 그러나 우리는 모든 것을 자신이 알고 있고 인식할 수 있는 범위 내에서만 이해하고 싶어한다. 때문에 음속을 넘어선 제트기가 등장하고 인간의 뇌를 능가하는 컴퓨터가 발명되는 문화적인 업적을 이룩했다 하더라도 여전히 정신적으로는 혼미하고 어리석음과 분노, 질투, 시기심, 탐욕, 갈등은 몇 천년 전이나 다름없는 제자리걸음을 계속해 오고 있다.

논리적으로라면 의학, 과학, 기술의 눈부신 발전을 거듭해 온 인간이기에 당연히 자신들이 겪는 정신적인 불안과 갈등을 넘어서야 한다. 그러나 오히려 몇 천년 전이나 다름없는 퇴보를 하는 원인은 어디에 있는 것인가?

이런 모순은 언어에 집착하고 논리에 얽매어 자신의 기억과 경험에만 의존하기 때문에 비롯된다. 따라서 자신을 이해하고 인식하는 과정에 있어 지식의 위용을 과시하거나 언어의 논리적인 설명은 이미 과녁을 벗어난 것이다. 우리가 전혀 이해하지 못하고 생소한 것을, 이미 알고 있고 경험한 적이 있어 그러한 것들의 결과로서 사용되는 말로 표현하고자 한다면, 그것은 미지의 것을 기지(己知)의 것으로 끌어내리려는 행위이며 여우가 날기 위해 솔개의 날갯짓을 하는 것과 같은 어리석음으로 비유된다.

따라서 내면으로의 여행이 달을 가리키는 손가락에 집착한다면 달은 결코 그 자리에 없다. 손가락이 가리키는 의도를 눈치 챌 만큼의 기민한 주의력과 이해력은 자신의 의도를 파악해 내는 끈기 있고 지속적인 탐구에 의해서만이 가능하며, 일정한 자세로 오랜 시간 고통을 참는다거나 특정한 방식을 따라 호흡함으로서 얻어지는 것은 결코 아니다.

옛날 중국의 마조라는 수행승이 좌선을 하고 있었다. 그런데 어느 날 그의 스승인 남전이 좌선하는 제자 옆에서 벽돌을 갈았다. 마조가 스승에게 어째서 벽돌을 갈고 계시냐고 묻자 거울을 만들기 위함이라고 말했다. 제자는 이상하게 생각하며 다시 물었다. "벽돌을 간다고 거울이 됩니까?" 그러자 스승은 "자네도 좌선으로 부처를 이룰 수 있다고 생각하는데 나라고 벽돌을 갈아 거울을 만들지 못하란 법은 없지 않은가?"

붓다께서 수보리존자에게 구족한 32상을 지닌 사람이라면 그를 여래라 부를 수 있겠느냐고 묻자 수보리존자는 없다고 답하였다. 그러자 여래께서는 다시 말씀하셨다. 그렇다고는 해도 구족한 32상을 쓰지 않는다 하여 그 사람을 여래라 부를 수는 없다. 보리심을 발한 사람은 진리에 있어서 있다와 없다는 상에 붙들리지 않는 까닭이라는 말씀을 하셨다.

마찬가지로 남전과 마조의 대화는 제자가 좌선에만 집착하려는 무지를 일깨우기 위한 스승의 배려이다. 그러나 좌선을 하지 말아야 진리에 들어설 수 있다는 말은 더욱 아니다. 진리를 이해한다는 것은 전혀 알려지지 않은 미지의 것을 이해한다는 것이다. 미지의 것이란 우리가 이미 알고 있는 것들을 통해서는 결코 알아낼 수 없다.

따라서 진리를 이해한다는 것은 우리가 알고 있는 것들을 하나씩 치워 버려야만 드러날 수 있다. 그러한 작업은 지식, 경험, 과거, 신념, 결론, 확신 등으로부터 자유롭고, 그런 자유를 바탕으로 목표를 설정하거나 배움의 끝을 추구하는 일 없이, 내딛는 한 걸음 한 걸음이 바로 목표가 되었을 때 비로소 정상에 다다른 것이다. 내딛는 한 걸음 한 걸음이 목표인 동시에 수단이었다는 것을 이해할 때 비로소 여래께서 설하신 것은 붙잡을 수도 없고 말로 표현될 수 있는 것도 아니란 것의 의미를 이해할 수 있을 것이다.

금강경에서 표현상 혼란을 주는 부분이 있다. 그것은 7장인 무득무설분 중에서 일체성현 개이무위법 이유차별(一切聖賢 皆以無爲法 而有差別)이다. 금강경이 워낙 많다보니 각기 해석을 달리한 금강경들도 많다. 그것은 금강경이 그만큼 중요한 때문이며 비록 방식은 다르지만 전하고자 하는 의도는 같은 것이라 생각한다. 한문을 그대로 번역한다면 다음과 같다.

'모든 성현이 다 무위법으로써 차별을 두었기 때문입니다.'

범어본에서는 '절대적인 세계가 성스러운 분들을 찬양하기 때문입니다'이고, 원문은 "그것은 어째서인가 하면 성자들은 그렇게 드러내고 있기 때문입니다"이다.

그러나 해석하기가 좀 애매 모호하기 때문에 이해를 돕기 위해 앞뒤의 문맥을 살펴 참고로 구체적으로 서술한다면 다음과 같다.

'여래께서 설하신 말씀은 진리도 아니고 진리 아님도 아닙니다. 그것은 언어에 의한 세계, 즉 상대적인 세계에 속한 것이 아니기 때문입니다. 언어가 떨어지면 견해까지도 떨어져 나갑니다. 그러한 침묵의 절대적인 세계 속에서 성인과 현인은 태어나는 것이고 그러한 절대적인 세계, 흔들림 없는 고요 속에서 이런 저런 다양한 모습으로 나타나는 까닭에 그러한 여러 가지 모습을 가지고 법이라 하고 법 아니라 한다면 그것은 올바르지 못한 견해를 지닌 것입니다.'

비록 표현 방식과 해석이 금강경마다 제각각 다르긴 하지만 손가락이 가리키는 달을 보아야 언어에 끄달림 없이 바로 보고 논리의 세계를 벗어날 수 있음을 말하는 것이다. 만약 달을 가리키는 손가락을 달이라 한다면 우리는 달만 잃은 것이 아니라 손가락까지 잃어버리고 더 나아가 밝음과 어둠까지도 잃은 것이다.

체계화된 논리를 통해 우리가 방황하지 않고, 끝없이 펼쳐진 바다의 광활함에 가슴이 환희에 벅차 오르고 굽이쳐 넘실거리는 파도를 보면서 정적과 침묵이 우리를 감싼다고 해도, 바다에 뛰어 들어 우리가 곧 바다이고 바다가 곧 우리가 되지 못한다고 할 때에 여전히 우리는 기체화되지 못한 물에 불과하다. 이제는 오로지 전적인 뛰어듦만이 남아 있다.

어느 누구도 그 무엇도 이를 대신할 수 없다. 우리를 이끌고 이곳까지 인도한 논리의 옷이 젖을까 두려워한다면 뗏목을 머리에 이고 다니는 어리석음을 행하는 것이다. 논리의 옷을 끌어안고 아쉬워 할 필요도 없고 차별과 분별을 헤아려 볼 필요도 없으며 오직 필요한 것은 전적인 뛰어듦 그것뿐이다.

우리가 내면을 끝없이 주시하고 관찰하는 것은 생각을 정복하고 생각을 다스리고 생각에 의해 분열되고 흔들리지 않기 위함이다. 그러나 주시하고 관찰하는 자도 결국은 생각의 일부이다. 그렇기 때문에 우리는 이제 이러한 문제에 다다르게 된다.

이런 생각은 붙들고 있으며, 내게 맞지 않는 저런 생각을 제거하려 한다면 그러한 다스림을 통해서 생각을 정복하고 이젠 정말로 생각에 의해 혼란을 겪지 않는다고는 생각할 수 없다. 왜냐하면 여전히 생각은 존재하고 생각이 존재하는 한 여전히 우리는 생각에 의한 통제를 받을 것이기 때문이다.

주시하고 관찰하는 자도 결국 생각이었다면 그것은 마치 생선을 지키도록 고양이를 불러 온 것이다. 생선을 먹지 못하도록 고양이를 지키는 개를 불러오고 다시 개를 지키는 사자를 불러오고 그래도 의심스러워 개를 잘 지키나 못 지키나 우리는 사자를 감시해야 한다.

이처럼 논리는 다시 논리를 불러들인다. 우리는 논리의 주변을 맴돌 뿐이다. 강물에 뛰어 드는 것이야 첨벙하고 뛰어 들면 되지만 생각에서 자유로워진다는 것은 그것과는 전적으로 다르다. 우리는 또다시 논리를 통해 방법을 제시받고 연습과 훈련을 통해 첨벙하고 뛰어 들고자 한다.

이런 방식으로는 날이 새고 달이 가도 강물 앞에서 왔다 가고 또 왔다 가는 잘못된 반복과 되풀이되는 오류만을 행할 뿐이다.

중국의 어느 선사가 제자에게 물었다. '내가 어항에다 새를 키웠는데 새가 너무 커서 꺼내야겠다. 그런데 어항 입구가 좁아서 꺼낼 수가 없구나. 그렇다고 어항을 깰 수도 없고 새를 토막내서 꺼낼 수도 없고 너라면 어떻게 하겠느냐?'

제자가 대답했다. '어항에 들어갈 때는 새가 작아서 들여보냈지만 이제는 새가 컸으므로 입구로는 나올 수가 없습니다. 새를 어항에서 꺼낼 방법은 없습니다. 방법 없음이 정답입니다.'

제자는 합장하고 물러갔고 선사도 물러갔다. 새는 이제 자유롭다. 자신을 괴롭히던 사람들이 물러감으로써 예전처럼 숨쉬고 맥박으로 고동치면서 어항과 새는 한 묶음이다. 어항이 새고 새가 어항이다. 새는 어항 속에서 비로소 자유로운 것이다.

생각은 이제 훌륭한 벗이지 결코 무찔러 없앨 적이 아니다.

다시 경전으로 들어가서, 한역본에서의 모든 성인과 현인이라 함은 성문, 연각, 보살을 일컫는 말이다. 청정한 성품이 여래의 완전히 청정한 성품과 삼승의 불완전한 청정으로 나누어지는 것은 진리는 평등하여 높고 낮음이 없으나 견해의 얕고 깊음이 있음으로써 벌어지는 차별이다.

참고로, 삼승은 성문, 연각, 보살을 가리키는데 성문은 부처님 말씀을 듣고 배운 현자를 가리키고, 연각은 독각, 독수성 또는 벽지불이라고도 하며 부처님 교화에 의하지 않고 홀로 수행하여 깨달은 성자이다. 보살은 성불하기 위해 수행하는 사람이며 성문, 연각이 소승인데 반하여 보살은 이타행에 중점을 둠으로 대승이다.

그런데 요즘 우리나라에서 대승과 소승에 집착하려는 현상이 나타나는 것 같아 다음과 같이 밝히고자 한다. 소승을 예로 들면 조그만 돛배를 타고 가는 것이고 대승은 커다란 범선을 타고 간다는 식의 사고에 젖어 있다. 그런데 막상 소승의 나라인 스리랑카나 태국 등지를 가보면 부처님의 생활화가 거의 되어 있다. 그들은 자신들이 소승인지 대승인지도 모르고 그런 것에는 관심도 없다.

소승, 대승을 자꾸 논하다 보면 편 가르길 좋아하게 되고 그럼으로써 자기 살을 자꾸 짤라 먹는 어리석음을 행하는 것이다. 정작 소승인 나라에서는 불교를 융성하게 하고 부처님의 법을 받들어 생활화하고 있는데, 클 대(大)자 대승을 쓰는 나라에서 소승의 약점을 자꾸 붙들어 소승의 목적지인 아라한을 짓밟다보면 결국 부처님을 짓밟게 되는 것은 아닐까 한다.

법은 유위법(有爲法)과 무위법(無爲法)으로 나누어지며, 유위법은 일반적인 견해를 지니고 행하는 상대적인 세계이며, 그러한 상대적인 개념을 지닌 이원화의 세계, 즉 차별이 있는 것이다.

무위법은 행한다는 생각 없이 행하는 법, 상대가 떨어져 나간 절대적인 세계이다.

따라서 법도 아니고 법 아닌 것도 아닌 것이 여래가 설하신 법이다. 옳은 것도 아니고 옳지 않은 것도 아니라는 것은 둘이 아니라는 뜻이며, 불이법(不二法)이라 한다. '법은 하나이다'라고 하지 않고 '둘이 아니다'라고 하는 것은 '비록 둘처럼 보이지만 실상은 하나이다'라는 의미이다.

호흡을 들숨과 날숨으로 구분하지만 실제로는 둘이 아니다. 그 까닭은 들이쉬는 숨이 깊어 갈수록 들숨 안에 숨어 있던 날숨이 드러나고, 내쉬는 숨이 깊어 갈수록 날숨에 숨어 있던 들숨이 드러나기 때문이다.

옳은 것과 그른 것은 동전의 양면처럼 서로를 의지해야만 성립될 수 있고 존재할 수 있는 것이다. 옳은 것이 있기에 옳지 않은 것이 있다. 옳은 것을 옳은 것으로만 본다거나 그른 것을 그른 것으로만 본다면 그러한 견해는 주먹과 손가락이 하나라는 사실을 이해하지 못하고 각기 다르다고 주장하는 것과 같다. 그런 피상적인 구분에 의지하여 주장하고 결론 내리고 확신하는 삶은 정체되어 있으며 서서히 죽음으로 가기 위한 삶과 다름없다.

그렇기 때문에 금강경은 악착스럽고 지독하게 우리의 환부를 도려내고 있다.

"여래께서 설하신 그것은 법도 아니고 법 아닌 것도 아닙니다."
라는 수보리존자의 말씀과 같이.

8. 의법출생분(依法出生分)

법에 의하여 출생함

　　스승께서 물으셨다. "수보리여, 어떻게 생각하는가. 어떤 사람이 이 넓은 우주를 채울 수 있는 일곱 보석으로 깨달은 사람들에게 베푼다면 그 사람은 얼마나 많은 공덕을 쌓은 것이 되겠는가?" 수보리가 대답했다. "스승이시여, 참으로 많은 공덕을 쌓은 것입니다. 왜냐하면 스승이시여, 여래가 설한 공덕을 쌓는다는 것은 공덕을 쌓지 않는다고 말씀하시는 것입니다." "또한 수보리여, 어떤 사람이 이 넓은 우주를 채울 수 있는 일곱 보석으로 깨달은 사람들에게 베풀더라도 이 법문에서 네 구절로 이루어진 시 한 편만이라도 뽑아서 다른 사람에게 들려준다면 그 사람은 이루 헤아릴 수 없는 무수한 공덕을 쌓은 것이다. 이것은 어째서인가. 수보리여, 실로 여래, 아라한, 완전히 깨달은 사람들의 바른 깨달음도 그로부터 생긴 것이기 때문이다. 왜냐하면 수보리여, 여래는 깨달은 사람들의 특별한 진리는 깨달은 사람들의 특별한 진리가 아니다라고 가르쳤기 때문이다. 그렇기 때문에 깨달은 사람들에게는 특별한 진리가 있다고 말하는 것이다."

　　"수보리여, 어떻게 생각하느냐. 만약 어떤 사람이 삼천대천 세계에 가득찬 칠보로 보시한다면 이 사람이 얻을 복덕이 얼마나 많겠는가."

92

수보리가 말씀드리되, "매우 많습니다. 세존이시여, 왜냐하면 이 복덕은 곧 복덕성이 아니므로 이 까닭에 여래께서는 복덕이 많다고 말씀하였습니다."

"만약 어떤 사람이 이 경 가운데서 단 사구게만이라도 받아 지녀서 다른 사람을 위하여 설한다면 그 복이 저 앞의 복보다 수승하리니 무슨 까닭인가. 수보리여, 일체의 모든 부처와 모든 부처의 아뇩다라삼먁삼보리법이 모두 이 경으로부터 나왔기 때문이니라. 수보리여, 이른바 불법이라 하는 것도 곧 불법이 아니니라."

❀

"그렇다. 수보리여, 여래는 깨달은 사람들의 특별한 진리는 깨달은 사람들의 특별한 진리가 아니다라고 가르쳤기 때문이다. 그렇기 때문에 깨달은 사람들에게는 특별한 진리가 있다고 말하는 것이다."

특별한 진리나 방법을 통해 깨달음에 도달한 사람들의 깨달음은 독특한 방식, 일정한 형태를 유지하려는 일체의 의존적인 마음으로부터 자유로울 때 실현되는 것이다.

어떤 특정한 방식을 요구하고 고집하는 것은 마음이 소란스럽다는 것이다. 특별한 것이다라고 주장함으로써 갖게 되는 신념은 단지 자신만의 견해이고 편견에 치우친 행위에 속한다. 이런 행위를 통해서 합리화를 꾀하고 가슴으로부터 울려오는 진실의 소리를 외면하게 된다. 그럼으로써 무수한 찬사와 존경에서 얻어지는 만족과 쾌락감을 획득하기 위한 수단으로 자기 완성의 길을 모색하게 되고, 세상에서 가장 옳고 빠르며 완벽한 깨달음에 이르는 길을 추구하는 것이다.

그것은 남보다 빨리 타인을 내려다 볼 수 있는 높고 뛰어난 장소를 차지해야 하고, 가장 안전하고 신속한 지름길을 선택하여 추구하는 바를 손쉽게 획득하기를 원하기 때문이다. 그러나 자신을 이해하지 못하고 의도를 분명하게 파악하지 못한다면 자기의 완성이나 진리의 실현 같은 지극히 순수하며 본질적인 의미를 이해한다는 것은 불가능하다. 왜냐하면 그것은 추호의 거짓도 없는 진실을 기반으로 삼기 때문이다.

따라서 맑은 거울처럼 사실을 사실대로 있는 그대로 비출 때 본성이 드러난다. 자신을 기만하는 것은 자신의 의도를 합리화시키고 변명함으로써 스스로 위로 받으려는 어리석음의 근원이며 무지의 원천이다.

남을 기만하고 속이는 것은 용납할 수 있고 변명할 여지가 있지만 자신에게는 절대로 그럴 수 없다. 자신은 모든 진실을 알고 있으며 사건의 진상과 의도를 분명히 알고 있기 때문이다. 그런데 자신의 내막을 정확하게 규명하거나 규정 짓지 않고 합리화하거나 얼버무려 자신을 위안한다면, 이런 행위는 스스로를 기만하며 이로써 갈등과 분열이 일어난다. 이처럼 모든 혼란은 진실을 알고 있는 자신과 호도하려는 자신과의 투쟁에서 비롯된다. 이렇게 발생하는 투쟁과 저항에는 외부의 어떠한 종용과 특별한 교리, 걸출한 스승도 평정을 찾아 줄 수 없다.

그것은 오직 자신의 내면과 의도를 있는 그대로 관찰하고 주시해야만 이해될 수 있으며, 어딘가로 향하려는 목적지가 없을 때, 그리고 타인의 시선과 세간의 평판으로 인한 구속과 결박감에서 벗어났을 때 자유로울 수 있다.

민첩한 지성만이 사물의 본질을 파악할 수 있다. 자신이 모른다는 사실을 두려움 없이 알았을 때가 지혜이다. 자신이 교만하거나 덕성스럽지 못했음을 아는 것이 바로 덕성이며, 인색함을 느꼈을 때가 보시이고 베푸는 마음이며, 자신의 탐욕스런 마음을 보았을 때 그렇게 바라보는 것이 곧 사랑이며 진실이다. 만일 옳고 그름이 참으로 존재한다면 옳음을 드러내고 그름을 감춰야겠지만, 옳고 그름이 한 모양이라면 두려움 없이 투명하게 바라보아야 한다. 적어도 자신에게만큼은 진실해야 하기 때문이다. 그것이 깨달은 사람들이 지니고 있는 특별한 진리가 아닐까 한다.

이처럼 여과 없이 투명하게 자신을 관찰하고 주시했을 때 드러나는 진실은 모든 사물의 본성과 의미를 파악해 낼 수 있는 이해력으로 나타나며, 자신을 왜곡과 비난 없이 성찰함으로써 자신과 맺고 있는 모든 관계에 대하여 투명하게 인식할 수 있다.

그런 관계를 살펴봄으로써 과거나 미래에 대한 두려움 없이 순간 순간을 대면할 수 있는 것이다. 마음이 흔들어 대는 소란에도 전혀 개의치 않고 초연히 바라보는 정적과 침묵은 어딘가에서 나타난 것도 아니고 어딘가로 향하려 하지 않으며 그 자리에서 그렇게 자리한다.

어느 날 제자가 선사와 산길을 걸어가며 질문을 했다. "어째서 세상에는 부유한 사람과 가난한 사람, 건강한 사람과 병든 사람, 힘 있는 사람과 힘없는 사람들이 있으며 앞으로 어떻게 해야 그들을 도울 수 있겠습니까?" 선사가 말했다. "아니다. 그런 질문을 하기 전에 왜 저 나무는 저토록 키가 크고 이 나무는 이토록 키가 작은가를 먼저 물어 보아야 하지 않겠느냐?" 며칠이 지난 후 선사가 나무를 지고 오는 제자의 도끼를 가리키며 "이것이 뭐냐?"고 묻자, 제자는 합장을 하고 도끼를 들고는 나무 자르는 흉내를 내었다.

'그렇기 때문에 깨달은 사람들에게는 특별한 진리가 있다고 말하는 것이다.'

그렇기 때문에란, 즉 깨달은 사람이란 내가 깨달았다고 주장할 자아도 없고, 이것이 바로 그토록 특별한 진리라고 믿는 그 마음을 여의었기 때문에, 깨달은 사람들에게는 특별한 진리가 있다고 말하는 것이라는 의미이다.

무엇인가를 주장한다는 것은 자신의 믿음이나 신념 등에 대해 동조하고 도모하기를 바라는 욕구가 바탕에 깔려 있다. 그러므로 욕구의 배후에는 혹시 내가 믿고 있는 것이 잘못된 일이 아닐지도 모른다는 불안감이 내재되어 있고, 더불어 주변의 세력을 확장시키고 동조자를 포섭함으로써 불안감을 떨쳐 버리려는 의도가 내포되어 있다.

따라서 믿음이란 불확실하고 불투명한 것을 확실하고 투명한 것으로 전환시키려는 욕망이 작용하는 것이며, 그러한 욕망은 우리가 배우고 탐구하려는 자세를 가로막는 장애물이 되기도 한다.

우리는 실제로 투명한 것들에 대해서는 믿는다는 말을 사용하지 않는다. 예를 들어 밤이 지나면 낮이 오고 하늘에는 달과 별이 존재한다는 사실을 믿는다라고 하는 사람은 아마 없을 것이다. 너무나도 분명한 사실이기에 그것을 주장하거나 믿는 사람이 없고 그저 단순히 알뿐이다.

나는 너를 믿는다라고 말할 때에는 자신의 믿음에 대하여 만에 하나라도 위배되는 행동을 할지 모른다는 불확실한 불안감이 있다는 뜻이다. 따라서 믿음의 심리적인 현상 뒤에는 대가를 보상받아야 한다는 중압감도 포함되어 있다.

이와 같이 믿음이란 주의 깊게 살펴보면 불확실한 것을 확실한 것으로 변화시키려는 생각이 만들어 낸 허구에 불과하다. 그러므로 믿는다는 것은 그렇게 믿음으로써 더 이상 배우고 탐구하며 인식하는 과정이 종료되기를 바란다는 의미가 잠재되어 있기 때문에 간절한 믿음이나 진실한 믿음은 신뢰에 가까울 것이다.

또 믿고 의존하고 매달림으로써 받아들이는 것이 아니라, 배우고 탐구하고 이해함으로써 받아들이는 자세야말로 과거나 미래에 연연하지 않으며 현재에 충실한 삶을 살아가는 것이다. 또 내일로 미루는 일 없이 그때그때 생각과 행동을 마무리해 나간다면 믿음과 꿈으로부터 위로 받으려는 허구나 환상은 떨어져 나간다.

순간순간 흔적을 남기지 않기에 추구하고자 하는 모든 목표로부터 자유로우며, 벗은 신발을 돌아보고 가지런히 놓는 것이 바로 진리이고 그 외에 존재하는 진리가 따로 있지 않음을 이해하기에, 깨달은 사람들에게는 믿고 의지하여 깨달을 만한 특별한 진리가 없음을 알기에, 특별한 진리가 있다고 여래께서 말씀하시는 것이 아닌가 싶다.

9. 일상무상분(一相無相分)

하나의 상도 상이 아님

스승께서 물으셨다. "수보리여, 그대는 어떻게 생각하는가. 흐름을 이긴 자에게 나는 흐름을 이겼다는 생각이 일어나겠는가?" 수보리가 대답했다. "아닙니다. 스승이시여, 실로 그런 일은 없습니다. 왜냐하면 그는 아무 법도 얻은 것이 아니기 때문입니다. 또한 그는 색성향미촉법의 대상을 얻은 것도 아닙니다. 그래서 그를 흐름을 이긴 자라고 부르는 것입니다. 스승이시여, 만약 흐름을 이긴 자에게 나는 흐름을 이겼다라는 생각이 일어난다면 그의 안에는 아상, 인상, 중생상, 수자상에 대한 집착이 일어날 것입니다." 스승께서 물으셨다. "수보리여, 그대는 어떻게 생각하는가. 아라한에게 나는 아라한과를 성취했다는 생각이 일어나겠는가?" 수보리가 대답했다. "아닙니다. 스승이시여, 실로 그런 일은 없습니다. 왜냐하면 아라한이라고 불리는 어떠한 법도 없기 때문입니다. 그래서 그를 아라한이라고 부르는 것입니다. 스승이시여, 여래께서는 저를 두고 평화 속에 거주하는 자 가운데 으뜸 가는 자라고 말씀하셨습니다. 스승이시여, 저는 욕망을 떠난 아라한입니다. 그러나 저에게는 '나는 아라한이며 욕망을 떠난 자이다'라는 생각이 일지 않습니다. 스승이시여, 만일 제가 '나는 아라한과를 성취했다'는 생각을 일으키고 있다면 여래께서는 저를 두고 '훌륭한 집안의 자손인 수보리는 평화 속

에 거주하는 자 가운데 으뜸이며 어디에도 머물지 않는다. 그래
서 그를 평화 속에 거주하는 자라고 부르는 것이다'라고 말씀하
지 않으셨을 것입니다."

"수보리여, 어떻게 생각하느냐. 수다원이 능히 이런 생각을 하
되 내가 수다원의 과를 얻었다 하는가?" 수보리가 말씀드리되,
"아니옵니다. 세존이시여, 무슨 까닭인가 하면 수다원은 성류에
든다고 하지만 들어간 바가 없으니 색성향미촉법에 들어가지 않
으므로 이를 이름하여 수다원이라 합니다." "수보리여, 어떻게
생각하느냐. 사다함이 능히 이런 생각을 하되 내가 사다함의 과
를 얻었다 하는가?" 수보리가 말씀드리되, "아닙니다. 세존이시
여, 무슨 까닭인가 하면 사다함은 이름이 일왕래로되 왕래함이
없으므로 이름이 사다함이라 합니다." "수보리여, 어떻게 생각하
느냐. 아나함이 능히 이런 생각을 하되 내가 아나함과를 얻었다
하는가?" 수보리가 말씀드리되, "아닙니다. 세존이시여, 무슨 까
닭인가 하면 아나함은 이름이 오지 않는다 하오나 실로는 오지
않음이 없으므로 이름을 아나함이라 합니다." "수보리여, 어떻게
생각하느냐. 아라한이 능히 이런 생각을 하되 내가 아라한도를
얻었다 하는가?" 수보리가 말씀드리되, "아닙니다. 세존이시여,
무슨 까닭인가 하면 실로 아라한이라 할 법이 없기 때문입니다.
세존이시여, 만약 아라한이 이런 생각을 하되 내가 아라한도를
얻었다 하면 이는 곧 아상, 인상, 중생상, 수자상에 집착함입니
다. 세존이시여, 부처님께서는 저를 무쟁삼매를 얻은 사람 가운
데서 제일이라 하시니, 이는 욕심을 떠난 제일의 아라한이라고
하심이나 저는 제가 욕심을 떠난 아라한이라고 생각지 않습니
다."

꽃

흐른다는 것은 끝없는 순환의 연속이며 진행하는 과정이다. 우리들은 순환의 연속에서 살아가며 그것은 결코 멈추는 일이 없고, 아무리 노력한다 하더라도 흘러가는 흐름의 끝은 절대로 발견될 수 없다. 산이 봄, 여름, 가을, 겨울 모습을 바꾸며 흘러가고, 유행과 패션도 옛 것이 다시 오고 또 새 것을 찾아가는 과정을 반복하면서 흘러간다. 그래서 우리는 같은 강물에 발을 두 번 담글 수 없다. 발을 다시 담그는 순간 예전의 물은 이미 흘러가고 새로운 물이 자리를 차지하고 있는 것이다.

이처럼 우리는 끝없는 흐름 속에서 살고 있으며, 눈에 보이지는 않지만 모든 것은 조금씩 변화한다. 따라서 수자상이 없다는 것은 형태를 바꿔 가며 목숨을 유지하는 윤회 사상의 중심체, 즉 주체자가 없다는 것이다.

끝없이 흐르는 연속성과 순환성, 계속성으로 윤회는 이루어지며 주체자는 결코 존재하지 않는다. 그러므로 윤회하는 주체자를 추구하는 것은 불가능한 일이고 그것을 찾아 길을 떠나는 순간 잘못된 걸음을 옮기는 것을 인식해야 한다.

제노란 물리학자가 의미심장한 학설을 발표했다. 그것은 우리가 어떤 사물에 다가갈 때 반을 다가가면 반이 남고 거기서 다시 반을 다가가면 또 거기의 반이 남는 것이며 또 그 만큼의 반을 다가선다면 그것은 다시 반을 남기며 존재한다는 내용이다. 이 학설을 제노의 파라독스, 즉 제노의 모순이라 한다.

바퀴를 돌릴 때 바퀴의 바깥쪽은 많은 움직임과 변화가 있다. 그래서 생각한다. 중심의 중심을 찾아 들어가면 어딘가 완전히 정지된 전혀 움직임이 없는 곳을 발견할 수 있으리라. 그러나 중심에

다가서는 내가 있는 한 항상 반은 남아 있게 된다.

많은 혼란과 갈등에 쌓여 있는 우리들은 그것에서 벗어나고자 혼란과 갈등이 완전히 소멸된 중심을 향해 다가간다. 그러나 중심으로 향해 갈수록 변화와 움직임은 거의 정지되어 있는 듯 보이지만, 제노의 학설처럼 중심을 향해 다가서면 반이 남고 또다시 거기서 반을 다가서고 거기서 다시 반을 다가선다고 해도 여전히 반은 항상 남아 있다.

마치 1을 무수히 반으로 나눈다 해도 0에 도달하지는 못하는 것처럼 또 다시 반이 남고 무수히 작은 절반들로 쪼개지고 분해되어도 중심을 만나는 일은 결코 없다. 따라서 바퀴의 중심에 도달하는 일은 일어나지 않으며 완전한 정지를 맞는 순간도 절대로 존재하지 않는다. 그것은 우리가 다가서고 있는 한 계속될 것이고 끝없는 순환과 흐름을 거부하여 계속 앞으로 나아간다고 해도 항상 절반만큼은 우리 앞에 남겨져 있는 것이다.

세상에 변하지 않는 것을 진리라고 한다면 변치 않을 오직 하나뿐인 진리는 '모든 것은 변한다'는 것이다. 그러한 사실을 알며 깊이 이해하고 끝도 없이 흘러가는 흐름과 순환에 몸을 던진다면 흐름은 곧 나이고 내가 곧 흐름 자체가 된다. 이때 저항과 마찰은 어디에도 없으며 끝을 향해 나아가려는 움직임도 없으며 나는 흐름을 이긴 자라는 생각도 없는 것이다.

군대에서 수영을 가르칠 때 물 밖에서 PT체조라 하여 몇 시간씩 고된 훈련을 시켜 몸에서 힘이 완전히 빠져나갈 즈음 물로 들여보내 수영을 가르친다. 논리적으로야 맞는 일이 아니지만 사회에서는 몇 년 동안을 수영장에 다녀도 늘지 않던 수영이 불과 며칠 사이에 습득된다. 몸에 힘이 있을 때 수영이 늘지 않는 것은 물에 저항하려는 생각이 물과 마찰을 일으키기 때문이다. 그러나 몸의 힘을 완전히 뺀 후에 물에 들어가면 축 쳐진 상태로 물과 하나가 되기 때문에 손과 발을 조금만 휘저어도 쉽게 앞으로 나아갈 수 있는 것이다.

우리가 겪는 혼란은 그것에서 벗어나고 싶은 욕구가 혼란과 대립함으로써 발생한다. 문제에 부딪혔을 때 기필코 문제를 해결하겠다는 욕구가 저항을 일으킨다. 이러한 저항은 문제와 마찰을 일으켜 문제를 더욱 증폭시키는 행위이다. 따라서 혼란을 종식시키려는 모든 노력은 불가피하게도 오히려 혼란을 증대시키는 손짓으로 바뀌는 것이다.

이 같은 사실을 직시하고 깊이 이해한다면 우리는 문제 자체에 뛰어 들어 문제가 곧 우리이고 우리가 곧 문제가 되어야 한다. 그러면 문제는 이미 스스로 해답을 지니고 있기에 문제가 될 수 있음도 발견하게 된다. 이것이 곧 무위의 행이고 무위의 법이다.

노련한 피아니스트나 바이올리니스트가 자신의 악기를 연주할 때에는 마치 자신과 악기가 서로 한 몸처럼 어우러진 것과 같다. 그렇지 못하고 연주자와 악기가 따로 나뉘어져 있고 소리에 저항을 한다면 그러한 모습은 상당히 어색하다.

'흐름을 이긴 자'란 실제로 성인의 부류로서 존재하지 않는다. 이긴다는 것은 상대적으로 지는 사람이 있다는 것을 뜻하기 때문이다. 다만, 흐른다는 사실은 빗방울이 시내로 강으로 바다로 수증기로 구름으로 무수한 반복이 거듭 이어져 끝없이 맴도는 것이므로, 그곳엔 승자도 패자도 존재하지 않으며 오직 흐름의 진행만이 있음을 아는 사람을 가리켜 흐름을 이긴 자라고 부른다.

중심으로 다가서려는 우리 자신이 있는 한 우리는 결코 중심을 만날 수도 발견할 수도 없다. 모든 것을 멈추고 몸을 던져 흐름과 하나가 되어 비로소 흐름이 곧 나이고 내가 곧 흐름이 되었을 때, 앞서고 뒤쳐지고 우월하고 열등하고의 문제란 결국 우리의 자아가 만들어 낸 착각이라는 사실을 이해할 수 있다.

서로의 입장만을 내세우고 자신의 입장을 상대가 받아들이기를 강요할 때 저항과 마찰은 불꽃처럼 타오른다. 바퀴의 중심을 향해 다가가는 우리가 있는 한 결코 중심과 만나는 일은 없다. 끝없는 흐름을 이해하고 흐름의 중심을 향해, 정지를 향해 나아가려는 부단한 추구와 노력이 어리석었음을 안다면 저항과 마찰은 어디에도 없다.

이처럼 갈등과 분열이 사라진 에너지는 최고의 직관력을 지니고 있다. 이러한 직관력을 통해 예민한 주의력과 민첩한 지성으로, 이 순간에 벌어지는 일이란 갈등과 분열이 전혀 없는 가장 순수한 형태의 에너지가 우리의 호흡과 맥박을 밀어 올리고 끌어 내리고를 반복하며 순환하는 과정임을 알아차리게 한다.

그런 순환의 진행 속에서는 '나는 흐름을 이겼다'라는 생각도 '내가 곧 흐름이다'라는 생각도 없으며, '어떻게 하면 내가 곧 흐름이 될 수 있을까' 하는 생각도 없다. 마치 봉오리가 터져 나오듯 꽃잎을 활짝 펼치는 에너지만이 무한한 침묵에 휘감겨 존재할 뿐이다.

다음으로 수다원, 사다함, 아나함, 아라한이란 성문 지위의 4등급을 구분한 것이다.

수다원은 처음 성인의 축에 들어간 지위를 일컬으며 흐름을 이겼다는 뜻의 역류(逆流)라고 불린다. 사다함은 구속과 결박에서 벗어났으며 한 번 더 인간 세상에 태어나야 하는 이유로 일왕래(一往來)라고도 한다. 다음으로는 아나함이며 인간 세상으로 다시 돌아오지 않는다는 뜻으로 불환(不還)이라고 한다. 마지막 아라한은 모든 투쟁이 사라진 완전한 성인이라는 뜻으로 무쟁(無爭)이라고 한다. 수다원, 사나함, 아나함은 물이 끓기 시작한 상태이고 아라한은 기체화된 상태를 가리키며 털끝만큼의 차별과 분별이 모두 사라진 것이다.

"스승께서 물으셨다. 수보리여, 그대는 어떻게 생각하는가? 아라한에게 나는 아라한과를 성취했다는 생각이 일어나겠는가?" 수보리가 대답했다. "아닙니다. 스승이시여, 실로 그런 일은 없습니다. 왜냐하면 아라한이라고 불리는 어떠한 법도 없기 때문입니다. 그래서 그를 아라한이라고 부르는 것입니다. 스승이시여, 여래께서는 저를 두고 평화 속에 거주하는 자 가운데 으뜸 가는 자라고 말씀하셨습니다."

성취하고자 하는 생각이 곧 욕망이다. 욕망은 참으로 다양한 모습으로 우리를 환희에 들뜨게 하다가 비통에 잠기게도 한다. 한 손으로는 달구지에서 우주선으로 발전하는 과학기술의 성과를 이룩하며 눈부신 생활의 풍요를 제공하는 원동력으로 살맛 나는 세상을 만드는 업적을 자랑하다가, 또 다른 손으로는 인간들끼리의 살상과 전쟁, 종교간의 끝없는 마찰, 폭력과 반목 등 이루 말할 수 없는 분쟁과 저항을 일으키는 욕망의 두 얼굴은 우리를 당혹케 한다.
우리가 어색하고 자유롭지 못한 것은 욕망 때문이다. 욕망이 있음으로 해서 목표를 설정하게 되고 그와 동시에 부자유를 얻게 되며 구속당하는 것이다.
욕망에 사로잡힌 우리들은, 미친 코끼리에 쫓겨 도망가다 구덩이에 빠졌는데 밑에는 독사가 혀를 날름거리고 있고, 간신히 붙들고 있는 칡넝쿨을 쥐가 열심히 갉아먹고 있는데도 한 방울 한 방울

떨어지는 꿈에 취해 모든 것을 잊은 모습으로 살아간다.

그러나 만일 욕망이 자취를 감춘다면 세상은 실로 아무런 의미도 없고 생기도 사라져 버릴 것은 자명한 일이다. 욕망을 이해하기 전에 먼저 자신이 진정으로 원하는 것, 하고자 하는 일이 무엇인지를 알아야 한다. 자신이 원하는 것을 발견하지 못한 채 욕망은 나쁜 것이라고 단정한다면 그것은 실로 위험스러운 일이다.

왜냐하면 우리의 육체를 구성하는 세포 하나 하나는 집착으로 이루어진 욕망의 덩어리이기 때문이다. 상처가 밖으로 나오면 금방 치유하고 완쾌될 수 있지만, 상처가 안으로 들어가 곪으면 외관상으로 나타나지 않으므로 그것을 발견했을 때는 치료가 어려운 지경에 다다르게 된다.

욕망을 이해함 없이 강압적으로 억누르면 안으로 숨어 들어가 훼방을 놓는 까닭에 우리는 욕망에 매달려 그것과 다투고 씨름을 해야 하는 것이다.

3조 승찬 대사의 저서인 『신심명』에서 '육진불오 환동정각(六塵不惡 環同正覺)'이라고 하였다. 육진이란 감각 기관인 안이비설신의를 통하여 들어온 경계가 우리의 본성을 덮고 미혹하게 하는 것으로, 티끌과 더러움을 뜻하는 진(塵)을 사용하여 색성향미촉법을 육진이라고 한다.

그러나 이 육진을 싫어하지 않으면 그것은 도리어 올바른 깨달음으로 바뀐다는 뜻이다.

사람들이 나쁘다고 하기 때문에 무작정 그것을 나쁜 것이라고 매도하기보다는 왜 나쁜 것이라는 인상을 심어야 했는지를 알아야 한다. 욕망을 이해하고 싶다면 그것을 나쁜 것이라고 일방적으로 비난하기 전에 욕망을 똑바로 주시하고 관찰하여야 한다.

　회피하지 않고 직접 마주 대함으로써 도움과 해악이라는 두 가지의 모습으로 우리를 혼란케 하는 것은 과연 무엇이며, 우리가 진정 원하는 것은 어떤 의미를 지니고 있는지에 관해 성실한 자세로 살펴보아야 한다.

　마치 뱀을 다룰 때 뱀이 내는 작은 소리에도 예민하게 주의를 기울여야 하고, 줄 타는 사람이 막대기 하나에 중심을 잡듯 민감한 '깨어 있음'으로 욕망이 지닌 두 얼굴의 실상을 파악해야 한다. 깊은 주의력을 통하여 편견에 치우침 없이 욕망이라는 무시무시하고 거대한 위력을 지닌 전차의 본질을 알아차려야 한다. 만일 욕망을 이해한다면 우리는 진정한 자유를 느낄 수 있으며, 우리의 삶은 전혀 다른 차원으로 다가설 것이다.

　진리나 참된 실체로 다가가기 위해 무엇보다 요구되는 것은 자유로운 마음이다. 그것은 어디에도 얽매이지 않고 붙들리지 않은 정신을 통해서만이 가능하다. 따라서 자유로운 정신을 소유하기 위해 우리는 반드시 욕망이라는 언덕을 넘어야 하며, 그것을 넘지 않고는 자유의 광활한 평야를 바라볼 수 없다.

　욕망은 맨 처음 법회인유분에서 설명한 바와 같이 지각, 감각, 접촉의 과정을 통하여 우리가 간직했던 이상형과 일치할 때 일어난다. 이처럼 등장한 욕망은 아직 우리에게 해를 입히거나 위협적인 존재는 아니다.

　그러나 우리의 사고가 온갖 상상력을 동원해 그 욕망을 부추긴다. 더욱 자극적인 양상을 드러내도록 활력을 불어넣고 재차 반복적으로 경험하기를 요구하면서, 만일 그렇게 되지 못하면 어떻게 되나 염려하며 공포를 불러들인다.

　공포는 욕망에게 더욱 높은 단계로, 더욱 깊은 경지로 이동할 것을 권유한다. 공포는 가상의 적을 설정하여 파괴당하지 않도록 높은 담과 벽을 쌓아 적들이 절대로 넘보지 못하는 튼튼하고 굳건한 기반을 마련해야 한다고 주장한다.

그렇게 되지 못한 현실과의 괴리감은 간격을 벌려 놓으면서 갈등과 혼란을 야기시키고 고립과 폐쇄로 이어지는 이기심을 조장하고 독단으로 치닫는 해악이 발생하게 되는 것이다.

이와 같이 욕망을 부채질하는 사고는 과거의 기억과 경험에 의존하며 이미 조건 지워졌고 결론 내려진 낡은 생각이다. 고인 물처럼 정체되어 낡고 부패한 사고는 생기가 넘치는 젊고 신선한 사고에까지 오물을 던져 타락시키고 오염시키기 위해 온갖 추악한 행위를 일삼는다.

따라서 우리는 젊고 신선한 사고를 통하여 낡고 부패한 사고를 물리쳐야 한다. 조건 지워진 사고란 더러운 오물을 만질 때 자신도 모르게 어금니를 깨물고 있다거나 또한 차를 타고 가다 급박한 상황에 다다랐을 때 자신도 모르게 발이 브레이크를 밟는 등의 무의식적인 행동을 취하는 것이다.

종교가 다른 사람과의 심리적인 거부감 등이 전부 과거로부터 조건 지워진 사고 때문이다. 즉 제7식이라 불리는 말라식의 모든 부분을 젊고 신선한 사고를 통하여 하나도 남김 없이 주시하고 관찰함으로써 이해될 수 있다.

그때야 비로소 우리는 모든 구속과 결박을 풀어헤친 자유를 느낄 수 있다. 자유로운 마음이란 결코 무엇을 의지하여 탄생되는 것이 아니다. 또한 자유로운 마음을 지니고 싶어하기 이전부터 이미 자유였다는 사실을 반드시 염두에 두어야 하다. 이 두 가지를 충족시켰을 때 피어나는 자유로 인하여 비로소 자신이 진정으로 원하는 것이 무엇인가를 이해할 수 있을 것이다.

"스승이시여, 여래께서는 저를 두고 평화 속에 거주하는 자 가운데 으뜸 가는 자라고 말씀하셨습니다. 스승이시여, 저는 욕망을 떠난 아라한입니다. 그러나 저에게는 나는 아라한이며 욕망을 떠난 자이다라는 생각이 일지 않습니다. 스승이시여, 만일 제가 나는 아라한과를 성취했다는 생각을 일으키고 있다면 여래께서는 저를 두고 훌륭한 집안의 자손인 수보리는 평화 속에 거주하는 자 가운데 으뜸이며 어디에도 머물지 않는다. 그래서 그를 평화 속에 거주하는 자라고 부르는 것이다라고 말씀하지 않으셨을 것입니다."

막 군대에서 제대하고 목욕탕에 갔다. 내가 근무하던 부대에서는 일년에 두 번씩 전라도에서 인천까지 걷는 훈련인 천리 행군을 치렀다. 덕분에 발바닥에 굳은살이 많이 배겨 발을 문지르고 있는데 웬 할아버지가 나를 물끄러미 쳐다보았다. 그리고는 곁으로 다가와 나도 젊을 때에는 자네처럼 발바닥에 굳은살이 많았는데 지금은 이렇게 되었다네 하면서 발바닥을 내보였다. 그래서 한 번 만져 보았더니 허벅지처럼 말랑말랑 하였다. 할아버지는 이내 상념 어린 추억에 잠겨 시무룩한 표정을 지었다. 지나가 버린 청춘을 못내 아쉬워하는 회한의 눈초리는 비통에 잠겼다.

이처럼 과거를 회상하는 마음은 결코 평화로운 마음이 아니다. 과거는 이미 지나 갔으며 저만큼 가버린 버스를 타고 싶어하는 것은 자기 연민에서 비롯된 상념에 불과하다. 과거는 어느 누구라도 다시 돌이킬 수 없다.

또한 미래의 핑크빛 희망이 우리를 기다린다고 해도 미래는 아직 오지 않았으며, 내일은 여전히 거기에 남아 있다. 미래란 단지 과거의 연장선에 불과할 따름이며, 과거란 이미 지나가 버린 한낱 허상이고 환영일 뿐이다.

우리가 미래를 설계하고 예측한다는 것은 과거로부터 빌려 온 지식과 경험에 의존하여야만 가능하다. 전혀 낯설고 생소한 것들은 짐작조차 할 수 없으며 상상조차 불가능하다. 그렇기 때문에 과거와 분리되어 동떨어진 미래는 설계될 수 없다. 미래는 항상 과거를 돌이켜 보고 과거를 보완하고 과거의 잘못을 시정하는 방향으로 움직이는 까닭에 미래에게 있어서 과거란 없어서 안될 조언자이고 보호자이다.

미래와 과거는 서로 얽힌 채 공생하는 불가분의 관계이다. 현재가 만족스럽지 못하기 때문에 과거를 회상하고 추억에 잠기는 것이다. 미래 속에 존재하는 것은 현실에서 만족할 만한 그 무엇을 발견하지 못한 데에 원인이 있다. 미래는 우리에게 꿈과 희망을 주면서도 한편으로는 현실을 도피하도록 권유한다.

이와 같이 과거의 소중한 추억이나 미래의 희망으로 가슴 벅차하더라도 그러한 마음들은 결코 평화로운 마음이 어떤 것인지를 이해할 수 없다. 우리의 시선이 과거나 미래로 향한다면 평화로움의 실현은 불가능한 것이다.

이처럼 연민에 잠겨 과거를 회상하거나 미래의 설계로 꿈에 부풀어 있다는 것은 평화로운 마음과는 거리가 멀다. 평화롭다는 것은 세파의 거칠고 험한 물살이 자신만을 보호하며 피해 간다는 것이 아니다.

그러한 거칠고 험한 물살이 몰려 와도 흔들리지 않으며 당당하게 받아들이려는 자세로부터 비롯된다. 그러한 자세나 마음가짐이란 자신의 주장을 합리화시키거나 의지를 관철시키려는 단호한 태도가 아니라, 항상 배우고 탐구하려는 열의로 가득 찬 자세를 일컫는 것이다.

배움은 무한한 세계이다. 배움의 열의로 가득 찬 사람은 기쁨보다는 아픔이, 쾌락보다는 애환이, 즐거움보다는 시름이 더욱 많은 메시지를 담고 있다는 것을 알고 느낀다.

우리에게 평화를 준다고 해도 그것을 제대로 간직하고 음미하기란 어쩌면 불가능한 일처럼 느껴진다. 그것은 우리의 내면에는 너무나 많은 소음과 소란이 들끓고 있기 때문이다. 우리는 어째서 그처럼 많은 소란과 소음을 내면에 간직하는 것인가, 평화로운 마음을 지니고 싶고 넉넉해지고 싶고 부드러워지고 싶은데 무엇이 우리를 가로막고 있으며, 무엇이 그토록 우리를 소란스럽게 떠들어대도록 만드는 것인가?

우리 내면이 소란한 원인은 '나는 알고 있다'라는 생각 때문이다. 아는 것을 알려야 하고 주장해야 하고 관철시켜야 하고 그럼으로써 인정받아야 한다는 욕구가 우리를 소란스럽게 하는 것이다. 또한 우리가 아무리 소란스럽고 혼란한 곳에 있더라도 흔들림 없는 고요함을 간직한다면 존재하는 바로 이 자리에서 평화는 흘러 넘칠 것이다.

참으로 평화롭고 행복한 사람은 자신이 평화롭다는 사실조차 관심이 없다. 그는 만족을 바라지 않는다. 부드럽고 생기에 넘쳐흐르고 축복에 쌓여 있다. 평화롭다라는 사실을 이야기하지 않아도 그와 함께 있으면 조바심이 사라지고 웃음이 나오고 여유가 생긴다. 그 사람 때문에 주위 사람들이나 주변의 모든 사물은 환한 빛을 띠며 평화로움 속에 함께 젖어 들게 되는 것이다.

그러나 만약 자신이 평화롭다는 사실을 안다면 그러한 사실을 알려야 하고 주장해야 하므로 그의 평화는 잠시 후면 사라질 환영에 불과하다. 즉 나는 안다는 생각은 배우려는 자세를 거부하며 그것은 점점 영역을 넓혀 자신과 주위를 소란케 만드는 근본적인 요인이 된다.

따라서 안다는 것보다 모른다는 것을 아는 것이 더욱 훌륭한 일임에도 불구하고, 우리들은 모른다고 말하기를 두려워한다. 남들의 비웃음과 경멸을 당하지 않을까 하는 수치심으로 어떻게 해서라도 알아야 하며 자신이 알고 있는 바를 알려야 한다.

그래서 내면은 점점 소란스러워지고 마치 논밭에 개구리 한 마리가 울면 다른 개구리들도 울어대듯 삽시간에 혼란과 갈등이 번져 가는 것이다.

달마대사를 마중 나온 양무제가 자신의 공덕이 얼마나 되는가를 묻자, 달마대사는 공덕이 없다고 말했다. 양무제는 이 말에 자존심이 상했다. 그도 그럴 것이 천하를 호령하는 황제에게 그렇게 대답할 수 있는 사람은 없었기 때문이다. 도대체 이 사람은 누구인가 싶어 다시 찾아가 물었다. '도대체 당신은 누구십니까?' 달마대사가 대답하였다. '난 그런 건 모르오.'

달마대사가 황제를 업신여기거나 무시하였기 때문에 그처럼 무성의한 대답을 한 것이 아니다. 달마대사는 자신이 누군지 알고자 하는 생각도, 알아야 할 자신도 사라졌기에 그와 같이 대답한 것이리라.

달마대사가 중국으로 건너왔을 때 사람들은 그에게 물었다. '당신이 죽은 후에는 어디로 가십니까?' 대사는 말했다. '모른다.' 사람들은 고개를 갸우뚱거리며 다시 물었다. '우리가 듣기로 당신은 도사라고 하던데 모르는 것도 있습니까?' 대사는 말했다. '난 지금 살아 있기 때문이다. 지금 살아 있는데 죽어서 갈 곳을 알 필요가 어디 있겠느냐?'

아는 것을 모른다고 할 필요도 없고, 모르는 것을 아는 척 하거나 수치스럽게 생각할 필요는 더더욱 없다. 아는 것은 아는 것이고 모르는 것은 모르는 것이다.

그러나 모르는 것을 모른다고 말할 수 있는 용기는 항상 배우려는 자세, 탐구하려는 마음가짐으로 이끌어 준다. 이런 까닭에 남의 말을 주의 깊게 듣는 태도로 변화시키고, 내면의 소란을 잠재우는 불꽃이 가슴 가득히 피어오르게 한다.

따라서 우리는 모르는 것을 솔직하고 두려움 없이 모른다고 말할 수 있는 용기와, 참으로 알고 있는 것은 모른다는 사실을 항상 가슴에 간직해야 삶이라는 끝없는 배움의 강물에 뛰어들 것이다.

10. 장엄정토분(莊嚴淨土分)

정토를 장엄함

스승께서 물으셨다. "수보리여, 어떻게 생각하는가. 여래가 연등불에게서 배운 어떤 법이 있는가?" 수보리가 대답했다. "그렇지 않습니다. 스승이시여, 아무 것도 배운 게 없습니다." 스승께서 말씀하셨다. "만일 어떤 보살이 나는 조화로운 깨달음의 땅을 이룩하리라 하고 말한다면 그는 잘못된 말을 한 것이다. 왜냐하면 수보리여, 여래는 조화로운 깨달음의 땅 그것은 조화가 아니라고 가르쳤기 때문이다. 그래서 그는 조화로운 깨달음의 땅이라고 말하는 것이다. 그렇기 때문에 수보리여, 보살은 어디에도 머물거나 붙들림 없는 마음을 내지 않으면 안 된다. 어디에고 붙들리는 마음을 내어서는 안 된다. 색성향미촉법에 붙들리는 마음을 내어서는 안 된다. 수보리여, 가령 여기 사람이 하나 있어 그 몸은 틀 잡히고 커서 산의 왕인 수메르산 같다고 한다면 수보리여, 어떻게 생각하는가. 그의 몸은 크다고 하겠는가?" 수보리가 대답했다. "스승이시여, 매우 큽니다. 그것은 왜냐하면 여래는 '큰 몸'이라지만 그런 것이 아니다라고 말씀하셨기 때문입니다. 스승이시여, 그것은 있음도 아니고 없음도 아닙니다. 바로 그렇기 때문에 '큰 몸'이라고 말하는 것입니다."

부처님께서 수보리에게 이르시되, "어떻게 생각하느냐. 여래가

옛적에 연등불 회상에서 법에 얻은 것이 있느냐?" "아닙니다. 세
존이시여, 여래께서는 연등불 회상에서 법에 실로 얻은 것이 없
습니다." "수보리여, 어떻게 생각하느냐. 보살이 불국토를 장엄
하느냐?" "아닙니다. 세존이시여, 왜냐하면 불국토를 장엄한다는
것은 곧 장엄이 아니고 그 이름이 장엄입니다." "이런 까닭으로
수보리여, 모든 보살마하살은 응당 이와 같이 청정한 마음을 낼
지니 응당히 색에 머물러서 마음을 내지 말며 응당 성향미촉법
에 머물러서 마음을 내지 말 것이요, 응당 머문 바 없이 그 마
음을 낼지니라. 수보리여, 비유하건대 어떤 사람이 몸이 큰 수
미산 같다면 어떻게 생각하느냐. 그 몸이 크다고 하겠느냐?" 수
보리가 말씀 드리되, "매우 큽니다. 세존이시여, 왜냐하면 부처
님께서는 몸 아닌 것을 이름하여 큰 몸이라 하셨습니다."

❧

과거 장엄겁 전에 선혜라는 수행자가 설산에 계시는 연등불을
찾아갔다. 당시의 풍습으로는 스승을 참배할 때에는 꽃을 공양하는
것이 관습이었다. 그러나 뒤늦게 도착한 선혜 수행자는 도저히 꽃
을 구할 수가 없었다. 그때 어떤 여인이 꽃을 한 아름 안고 지나갔
다. 선혜 수행자는 여인에게 꽃을 팔라고 간청했으나 한사코 거절
하던 여인이 한 가지 제안을 내놓았다. 그토록 간절히 꽃을 원하니
자신과 세세 생생 부부의 인연을 맺는다면 꽃을 주겠다고 하였다.
선혜 수행자는 자신의 구도에 간섭하지 않겠다는 조건하에 여인과
약조를 하고 꽃을 연등 부처님께 공양할 수 있었다. 선혜 수행자는
연등불이 진흙을 밟지 않도록 자신의 긴 머리칼을 풀어 머리를 조
아리니 연등불은 선혜 수행자에게 '그대는 다음 생에 부처를 이룰
것이니 석가모니라 하리라'라는 수기를 내렸다.

배우려는 것과 배운 것은 실로 엄청난 차이가 있다. 배우려는 것에는 자신은 지금 모른다는 사실이 내포되어 있기 때문에 시선이 현재에 머물러 있고, 배운 것은 이미 배워 알고 있고 기억 속에 저장되어 있는 과거의 일이다.

사실 인간이란 과거를 보존하고 있는 창고일 따름이다. 과거와 미래는 사고가 담당하고 관리하는 영역인 까닭에 필연적으로 배운 것을 사용해야 하고, 광고와 포장을 통해 자신의 우월성을 드러내야 한다.

그렇다면 사고는 어째서 욕망을 반복적으로 경험하기를 요구하면서 우리들로 하여금 감각적인 쾌락을 일삼도록 조장하는 폐단을 불러일으키는 것인가, 무엇 때문에 배운 것을 정체시키고 아만과 편견으로 단장하고 채색시키는 것인가 하는 이 문제를 이해할 수 있다면 우리는 삶의 무거운 짐으로부터 해방될 수 있으며 신선하고 투명한 시선을 갖게 될지도 모른다.

분명히 사고는 배운 것을 그물과 갈퀴로 긁어모아 '나는 알고 있다'라는 생각을 하게 함으로써 내 생각과 같은 사람들을 좋아한다. 그들과 단합하여 벽을 쌓고 상대적으로 내 의견과 주장과 신념이 다른 부류의 사람들과는 갈등하고 대립하게 만든다.

홀로 존재하는 것보다 어떤 단체나 집단에 가입되어 있다는 소속감은 여러 종류의 위협에 함께 대응할 수 있다는 동질성으로 심리적인 안정을 보장한다. 그러나 한편으로는 타인, 다른 단체, 다른 집단과 이질감을 느끼게 되고 넓은 의미의 고립과 폐쇄가 심화된다. 시간이 지날수록 소속감은 구속이 된다.

아무리 우리의 인생을 가치 있고 의미 있다고 규정하여도 삶은 실제로 우리가 실어 준 무게만큼의 값어치가 나가지 않는다. 공원에서 서성대는 노인들이나 부귀와 권세를 누리는 노인이라고 해도 젊음을 다시 찾을 수는 없다.

노인들이 젊은 날 거창한 목표와 보랏빛으로 단장한 꿈을 지녔다 해도 이제는 기억으로만 존재하는 환상에 불과하다. 우리들의 사고는 인생은 결국 아무 것도 남지 않는다는 사실을 인식하고 있다. 그러나 우리는 이러한 사실과의 직접적인 대면을 두려워한다.

그래서 이처럼 명백한 사실을 의도적으로 피하고 자신과는 전혀 상관없는 일로 치부해 버리기 위해서 우리의 사고는 그러한 사실을 은폐하고 숨기는 것이다.

때문에 사고는 욕망을 부추겨 쾌락으로 번지게 하고 주입된 정보와 지식을 내세워 관념의 벽을 쌓음으로써 우리를 고립시킨다. 이와 같은 사실을 이해한다고 해도 사고는 쉽게 모습을 드러내지 않으며 또 다른 길로 우리를 인도한다.

인생은 참으로 허무하다는 생각을 일으키고 믿게 함으로써 우리는 다시 한 번 사고에 의해 우롱 당한다. 왜냐하면 모든 것이 허무하다고 생각하면 그렇게 생각하는 생각조차도 허무한 것이기 때문이다.

그런데 사고는 그러한 허무에서 제외되고 도피하고자 한다. 마치 우리를 허무라는 절벽으로 집어던지고 자신은 구경만 했을 뿐이라며 뒷짐을 지고 딴청을 피우는 것이다. 그런데 실제로 주의 깊게 관찰해서 과거의 기억들을 떠올리면 그것은 움직임이 전혀 없는 낱장의 사진들이다.

영화를 보듯 과거의 기억들이 움직이는 것이 아니라 인상 깊었던 사실들이 사진처럼 하나씩 기록되어 있는 것이다. 따라서 그것은 생명력이 없으며 한낱 사진에 불과한 허구이고 환영이다.

그런데 사고가 사진들을 이어 붙여 마치 영화처럼 움직이게 하는 것이다. 그렇게 단장시키고 생명력을 느끼게 해야만 자신의 기반인 기억과 경험들이 움직이는 실체라고 착각하게 되기 때문이다. 따라서 허무한 것은 우리들의 삶이나 주변의 사물들이 아니라 바로 사고 자신이다. 우리는 죽음을 두려워하는 사고가 완전히 소멸되도록 하기 위하여 철저히 현재에 뿌리를 내려야 한다.

외딴 산골에 노스님과 제자가 살고 있었다. 제자는 진리를 알고 불법을 체험하고 싶었다. 3년 동안 정성껏 나무하고 밥짓고 빨래하고 스님의 수발을 들면서 진리를 가르쳐 주기만을 기다렸다. 그러나 스님은 진리에 대해서는 단 한 마디도 하지 않았다. 지친 제자는 스님을 떠나기로 결심하고 비장한 마음으로 진리에 대해서 물었다. 그러자 스님은 말하였다.

'네가 밥상을 들고 오면 밥을 먹었고 차를 끓여 오면 차를 마셨고 세숫물을 떠오면 세수를 했는데 더 이상 어떻게 불법을 말하겠는가? 난 그 외에 존재하는 진리는 모른다.'

제자는 역시 스님을 떠나야겠다고 결심하고 스님을 원망하면서 길을 나섰다. 제자는 서너 달을 돌아 다녔으나 가슴 한 구석에는 늘 노스님 걱정이 떠나지 않았다. 추운데 불이나 제대로 때시는지, 밥은 잘 챙겨 드시는지 도무지 걱정이 돼서 결국 발걸음을 돌려 스님에게로 향했다. 노스님의 방문을 열고 들어가서 누워 계신 스님을 뵈니, 이처럼 늙고 병약한 분을 내팽개치고 도망간 자신이 부끄러워 눈물을 비오듯 흘렸다.

그러자 스님은 고개를 내밀고는 '이제 그만 내려놓게나!' 하시는 것이었다. 제자는 무슨 말인지 어리둥절해서 무엇을 내려놓느냐고 묻자, 스님은 '그럼, 계속 들고 서 있게나!' 하셨다. 그제야 제자는 비로소 자신이 들고 서 있는 것이 무엇인지를 깨달았다.

방하착(放下着)이란 말이 있다. 그것은 내려놓으란 말이다. 우리는 많은 생각들을 짊어지고 살기 때문에 갈등과 혼란 속에서 고통을 당한다. 간략하게 선의 불꽃을 안고 온 조사의 내력을 살펴보자면 다음과 같다. 석가모니 부처님을 비롯하여 제1조사인 마하가섭존자에서부터 27조사인 반야다라존자까지는 인도에 있었으나 28조사인 달마대사가 중국으로 넘어 왔다. 시기적으로는 대략 B.C 500년경이다. 혜가대사, 승찬대사, 도신대사, 홍인대사, 그리고 33조사인 혜능대사까지 중국 육대조사이다.

선(禪)의 씨앗을 뿌리기 위해 인도에서 중국으로 건너 온 달마대사에게 신광이란 중이 찾아왔다. 면벽을 하고 있는 대사에게 무릎을 꿇고 제자로 받아 줄 것을 간절히 청하였다. 며칠이 지나도록 무심한 대사 앞에서 신광은 자신의 팔을 잘랐다. 비로소 대사는 면벽을 풀고 그를 바라보았다.

신광은 달마대사에게 '마음이 어지러워 평안을 구하고자 찾아 왔습니다'라고 말하였다. 그러자 달마대사는 '그렇다면 내가 그대의 마음을 평안하게 해줄 터이니 불편한 마음을 내어 놓으라'고 말하였다. 신광은 절실하게 자신의 마음을 찾아보았으나 어디에도 없었다. 신광이 이 사실을 말씀드리자 달마대사는 말하였다. '그대의 마음이 없는데 이찌 어지러울 수 있겠는가? 내가 이미 그대의 마음을 평안하게 마쳤느니라.'

이로써 신광은 자신의 어리석음을 깨닫고 중국 선의 2대 조사인 혜가대사가 되었다. 석가모니 부처님으로부터 진리의 등불을 전해받은 제29조사가 탄생된 것이다.

3조 승찬대사는 나이가 들어 고질병인 풍병에 걸려 2조인 혜가대사를 찾아와 자신의 죄를 참회하고 싶다고 하였다. 혜가대사는 '내가 그대를 참회시켜 줄 터이니 죄를 내놓으라'고 말하였다. 그러

118

나 승찬은 아무리 자신의 죄를 찾아보았으나 죄는 어디에도 찾아볼 수 없었다. 이렇게 3조인 승찬대사가 탄생했으며, 승찬대사는 혜가대사의 배려로 승적에 오를 수 있었다.

승찬대사는 깊은 산중에서 모습을 드러내지 않고 지냈으며, 네 구절씩의 짧은 문체로 이루어진 『신심명(信心銘)』을 저술하였다. 신심명은 진리의 문을 두드리는 많은 사람들을 인도하는 등불이 되었다. 승찬대사는 큰 소나무 밑에서 합장하고 선 채로 열반에 들었다고 한다.

어느 날 어린 중이 승찬대사를 찾아왔다. 그리고는 당돌하게 '부디 저를 자유롭게 이끌어 주십시오'라고 하였다. 승찬대사는 '누가 너를 묶어 놓았느냐?' 하고 물었다. '저를 묶은 사람은 아무도 없습니다.' 승찬대사는 '그렇다면 자유롭기를 바랄 필요도 없다'라고 하였고 이렇게 4조인 도신대사가 법통을 이어받게 되었다.

5조 홍인대사는 어려서부터 영특하였다. 도신대사가 황매현이라는 곳으로 가는데 골격이 수려하여 다른 아이들과 사뭇 다른 한 아이에게 물었다. '너의 성이 무엇이냐?' 아이는 대답했다. '성은 있으나 흔한 것은 아닙니다.' '어떤 성인가?' '부처의 성품인 성입니다.' '너의 성품은 어째서 없는가?' '성품이 공하기 때문입니다.' 대사는 그가 법기임을 짐작하고 아이의 부모에게 출가시키기를 권했다. 부모는 전생 인연 때문인지 아무런 난색 없이 아들을 출가시켰다. 대사가 의발을 주고 법을 전하여 5조인 홍인대사가 되었다.

6조 혜능대사는 땔나무 장사를 하며 늙으신 노모와 함께 생계를 이어가고 있었다. 어느 날 손님에게 나무를 갖다 주고 나오다 금강경 읽는 소리를 듣고 본성을 깨달아 중국 선의 6조 혜능대사가 되었다.

혜능대사는 다툼의 실마리가 된다는 홍인대사의 뜻을 따라 조사의 의발을 전하여 법통을 전해 받는 관습을 없앴다.

이처럼 법을 전해 받은 것은 마음을 관찰하고 주시하는 회광반
조(廻光反照)를 통해 자신은 이미 자유롭다는 사실을 이해하는 한
생각으로써 이루어진다. 올바른 행동, 올바른 정신, 남을 배려하는
언어나 사고를 떼어놓고 진리나 법을 구한다면 이는 어리석음을
드러내는 것이다.

그리고 올바른 행동과 정신 등을 획득하려고 노력하는 것도 자
유와 지혜를 가로막는 장애물이라는 사실도 염두에 두어야 한다.
다만 자신의 떳떳치 못한 행동, 삿된 견해, 나만을 위하는 이기심
등을 합리화하지 않고 똑바로 직시하는 것이 올바르고 당당한 것
이다.

승찬대사의 『신심명』에는 '방지자연 체무거주 임성합도 소요절뇌
(放之自然 體無去住 任性合道 逍遙絶惱)'이라는 말이 나온다. 이 말
은 '주어지는 대로 자연스럽게 행동한다면 본체는 가는 것도 머무
는 것도 아니며, 본성에 계합하여 도와 하나됨으로써, 갈등과 혼란
에서 벗어나 축복 속에서 한가롭게 노래한다'는 뜻이다. 다시 말하
자면, 자신에 대해서 올바르게 인식하는 것이 바로 청정한 본성에
계합하는 것이다.

"스승께서 말씀하셨다. 만일 어떤 보살이 나는 조화로운 깨달음
의 땅을 이룩하리라 하고 말한다면 그는 잘못된 말을 한 것이다.
왜냐하면 수보리여, 여래는 조화로운 깨달음의 땅 그것은 조화가
아니라고 가르쳤기 때문이다. 그래서 그는 조화로운 깨달음의 땅이
라고 말하는 것이다."

'조화로운 깨달음의 땅을 이룩하겠다'는 말은 '존재하는 모든 중생을 열반으로 인도하겠다'는 뜻과 같다. 여기서 '조화롭다'의 의미는 낮과 밤이 모여 하루를 이루듯 대립하는 것을 포용하고 이해하는 것이다. 그렇기 때문에 이것은 저것이 아니고, 저것은 이것이 아니라는 사고는 경직되고 조화롭지 못한 것이다.

같은 강물에 발을 두 번 담글 수 없고, 양초를 껐다 켜도 예전의 불꽃이 아니듯 우리는 참으로 다양한 변화 속에서 살아가고 있다. 시시각각으로 바뀌는 우리의 사고도 엄청난 변화를 거듭하며 끝없는 생멸을 통해 움직인다. 따라서 복잡함을 넘어서야 단순함이 있고, 거칠고 딱딱한 것을 넘어서야 섬세하고 부드러움이 있는 것이다.

예전에 소련에서 음속을 돌파하는 제트기를 만들었을 때 알 수 없는 현상이 나타났다. 비행을 하고 나면 유리에 흠집이 생기는 것이었다. 과학자들은 기체와 충돌한 조류들 때문이라고 생각했다. 그래서 더욱 강하고 단단한 재질로 만들었으나 결과는 여전히 마찬가지였다. 원인은 바로 물방울이었다. 구름에 맺힌 물방울이 엄청난 속도로 비행하는 제트기에 충돌하면서 일으키는 현상이었다. 미국의 과학자들은 이 원리를 이용하여 빠른 속도로 물을 쏘아 강철을 절단하는 기계를 발명하였다. 잘라 내기 어려운 곡선을 절단함으로써 금형 산업의 혁신적인 성과를 이룩하였다.

그러나 이 원리는 오래 전부터 존재해 왔다. 바닷가의 둥근 조약돌이나 떨어지는 빗방울로 깊게 패인 돌들은 물의 엄청난 힘을 말한다. 이처럼 물의 강한 힘은 자신의 형태를 고집하지 않는 부드러움에서 비롯된다. 물은 자신을 내세우지 않는다.

컵에 담았을 때 사발의 형태를 고집하려 하거나 사발에 담았을 때 컵의 형태를 보존하려는 노력도 없다. 어떠한 형태를 따라야겠다는 의지도 없이 단순히 컵이 되고 사발이 될 뿐이다. 그것을 만약 이기고 지는 관점에서 바라본다면 스스로 패자가 되기를 간청하는 것과 같다. 또한 스스로 패자가 되기를 원하는 상대를 이긴다는 것은 아무런 의미도 없다. 따라서 아무런 저항과 거부도 없으며 마찰을 일으키지도 않는다.

만일 자신의 형태를 고집하고 주어지는 모습에 대하여 저항한다면 그것은 투쟁이다. 투쟁하는 것은 물이 아니며 부드러움도 아니다. 주어진 본성을 버리고 다르게 변하기를 바란다거나 자신을 왜곡시키려는 것은 문제를 바로 보지 못한 것이다.

틀린 문제에 바른 해답을 기대할 수는 없다. 자기 자신에게만이라도 진실하다면 모두가 등을 돌리고 손가락질하더라도 아무런 상처를 입지 않는다. 즉 두려움은 사라지는 것이다. 있는 그대로의 자신을 알아차리고 자신에게 진실할 때 그러한 이해는 조화를 이루며, 깨달음의 땅은 바로 여기에 존재한다는 사실을 알 수가 있다.

"수보리여, 가령 여기 사람이 하나 있어 그 몸은 틀 잡히고 커서 산의 왕인 수메르산 같다고 한다면 수보리여, 어떻게 생각하는가. 그의 몸은 크다고 하겠느냐?" 수보리는 대답했다. "스승이시여, 매우 큽니다. 그것은 왜냐하면 여래는 '큰 몸'이라지만 그런 것이 아니라고 말씀하셨기 때문입니다. 스승이시여, 그것은 있음도 아니고 없음도 아닙니다. 바로 그렇기 때문에 '큰 몸'이라고 말하는 것입니다."

여래께서 수보리존자에게 다음과 같이 말씀하고 있다. 만일 어떤 사람의 몸이 크다고 한다면 '~보다 크다'라는 수식어가 붙어야 한다. 막연하게 큰 몸이라 한다면 개미보다 크다는 것인지 코끼리보다 크다는 것인지를 알 수 없다.

　상대적인 세계를 벗어난 절대 진리의 세계에서는 크다 작다가 없기 때문에 바로 그런 이유로 해서 진리의 바다에 들어선 사람을 가리켜 "큰 몸"이라고 말하는 것이다.

11. 무위복승분(無爲福承分)

무위복은 훌륭함

스승께서 말씀하셨다. "수보리여, 어떤 남자나 여자가 갠지스 강의 모래알만큼이나 수많은 생에 걸쳐서 가진 것 모두를 베푼다고 하자. 그리고 또 어떤 사람이 이 법문 가운데 단 네 구절로 이루어진 시 한 편만이라도 뽑아서 다른 사람에게 들려준다고 하자. 그때에는 앞사람보다 뒷사람이 더 많은 공덕을 쌓는 것이다. 그는 헤아릴 수 없을 만큼 무수한 공덕을 쌓는 것이다."

"수보리여, 항하에 있는 모래처럼 많은 항하가 또 있다면 어떻게 생각하느냐. 이 모든 항하에 있는 모래가 얼마나 많겠느냐." 수보리가 말씀드리되, "매우 많습니다. 세존이시여, 다만 저 여러 항하만이라도 오히려 무수히 많거늘 하물며 그 모래 수이겠습니까." "수보리여, 내가 이제 진실한 말로 너에게 이르노니 만약 어떤 선남자, 선여인이 칠보로써 저 항하의 모래수와 같은 삼천대천세계에 가득 채워서 보시한다면 얻을 복이 많겠느냐." 수보리가 말씀드리되, "매우 많습니다. 세존이시여." 붓다가 수보리에게 이르시되, "만약 선남자 선여인이 이 경 가운데서 사구게만이라도 받아 지니고 다른 사람을 위하여 설한다면 그 복덕은 앞에서 칠보로 보시한 복덕보다 수승하리라."

이 장은 13장 여법수지분과 같은 맥락이므로 13장에서 설명하기로 하고 인도의 전통적인 우주관을 참고로 살펴보면 다음과 같다. 우주의 중심에는 수미산이 있고 그 주변으로 일곱 개의 산과 여덟 개의 바다가 있다. 이를 칠산팔해라 하며 맨 끝에 철위산이 있다. 철위산으로 둘러싸인 팔해의 마지막 바다에는 동서남북으로 된 커다란 대륙이 있다.

동승신주, 서우화주, 남염부주, 북구주로라 부르는데 오늘날 우리 인류가 살고 있는 곳은 남염부주이다. 남염부주는 4개의 대륙 중에서 가장 살기 어렵고 박복한 곳이며, 북구주로는 가장 유복한 곳이라 한다.

철위산의 가장 밑바닥에서부터 지옥, 아귀의 세계가 있고, 지표면에는 축생, 인간이 살고 있다. 철위산의 중턱으로 올라가면 천상의 제1관문인 사왕천이 있고 이들을 호위하는 8명의 신장이 있으며 이를 팔부신장이라 부른다. 팔부신장은 천, 용, 야차, 아수라, 가루라, 건달바, 긴나라, 마후라가이다.

팔부신장 중 야차는 나찰들과 함께 비사문천왕의 권속으로 북방을 수호한다. 아수라는 싸움을 즐기는 신장으로, 풍지박산 난 장소를 일러 아수라장이라는 말도 여기서 유래되었다 한다. 가루라는 고대 인도의 신화 속에 나오는 용을 잡아먹고 사는 새 중의 왕이다. 건달바는 제석천의 음악을 담당하는 신장이며, 술이나 고기는 먹지 않고 향기만 맡으며 정법을 수호한다. 긴나라는 일정한 형상을 지니지 않는다. 새의 얼굴에 사람 몸, 말의 다리 등 정해진 모습이 없으며, 노래하고 춤추는 신으로 건달바와 함께 음악을 수호한다. 마지막으로 마후라가는 몸은 사람이고, 머리는 뱀이나 용인 신장이다.

　삼계는 욕계, 색계, 무색계를 말한다. 욕계란 육신으로 인해 일어나는 음욕, 재물욕, 명예욕, 식욕, 수면욕 등의 오욕락 때문에 받는다. 지옥, 아귀, 축생, 아수라, 인간, 욕천 등이다. 욕천은 다시 육천으로 나누어지며, 수미산 중턱에 있는 사왕천과 수미산 꼭대기에 있는 도리천, 그리고 천상에 있는 야마천, 도솔천(천중천: 석가모니붓다가 전생에 천주였음. 호명보살), 화락천, 타화자재천 등이 있다.

　색계는 오욕이 사라진 신선의 경지이며 열 여덟 개의 천상이 존재한다. 범천을 시작으로 범중천, 범보천, 대범천, 수행천, 수미천, 수무량천, 수음천, 약정천, 변정천, 청명천, 수묘천, 현묘천, 복덕천, 의순천, 근제천, 쾌견천, 무결애천 등의 18천이 있다.

　무색계는 형색은 사라지고 수상행식만 있으며 4천이 존재한다. 일천은 공무변처, 이천은 식무변처, 삼천은 무소유처, 사천은 비상비비상처이다.

　붓다는 어느 날 제자들에게 천상에 대해 말씀하셨다.

　"인간세상의 50년이라야 사왕천의 하루이다. 사왕천인의 수명은 500년이다. 인간의 100년이 도리천의 하루이고 도리천인의 수명은 1000년이다. 인간의 200년이 염마천의 하루이다. 염마천인의 수명은 2000년이다. 인간의 400년이 도솔천의 하루이다. 도솔천인의 수명은 4000년이다. 인간의 800년이 화락천의 하루이다. 화락천인의 수명은 8000년이다. 인간의 1600년이 타화락천의 하루이다. 타화락천인의 수명은 16000년이다.

　인간이 오계를 지키고, 첫째 노래하고 춤추거나 그것을 구경하지 않고 향수나 꽃다발을 쓰지 않으며, 둘째 높고 화려한 침상을 쓰지 않으며, 셋째 때 아닌 때에는 먹지 않는다는 등의 팔관재계를 지키면 천상에 태어날 수 있다. 도는 마음에서 생기는 것이니 바른 마음을 가지면 도를 얻을 수 있다. 지옥·아귀·축생의 삼악도는 반드시 끊어야 한다. 여래는 이 세상의 나고 죽는 길을 밝히고자 왔다. 사람은 지은 업에 따라 그 대가를 받으므로 계행을 청정히 하지 않으면 괴로움을 벗어날 수 없다. 그러나 계행을 청정히 하면 괴로움을 벗어날 수 있다. 만일 어떤 사람이 악행을 쌓으면 반드시 고통스런 지옥의 과보를 받는다. 사람이 계를 지키지 않으며 마음을 닦지 않고 지혜를 닦지 않아서 받는 과보는 마치 많은 소금을 적은 물에 넣어서 먹지 못하게 되는 것과 같느니라."

다음으로는 무색계의 4천인 공무변처, 무소유처, 식무변처, 비상비비상처 등이 있으며, 천상계는 통틀어 28천이 있고 이를 총괄하여 삼천, 삼계라고 한다. 삼계가 일천 개 모인 것을 소천이라 하고, 소천이 일천 개 모인 것이 중천, 중천이 일천 개 모인 세계를 대천이라 한다. 그러므로 삼천대천세계라 함은 끝없는 세계를 일컫는 말이다. 세계의 세는 과거, 현재, 미래를 가리키며, 계는 동, 서, 남, 북, 중앙, 동남, 동서, 동북, 남서 등의 방위를 지칭하는 말이다.

12. 존중정교분(尊重正教分)

바른 가르침을 존중함

　"또한 수보리여, 이 법문을 다른 사람에게 들려주는 사람이 있는 곳에는 탑묘와도 같은 성스러운 곳이며 그들은 최고의 축복을 갖춘 사람이며 삼계의 스승이라고 일컬어지는 사람이 사는 것이다."

　"그리고 또 수보리여, 어디서나 이 경을 설하되 사구게만이라도 설한다면 마땅히 알라. 이곳은 일체 세간의 천상, 인간, 아수라 등이 다 응당 공양하기를 부처님의 탑묘와 같이 할 것이거늘 어찌 하물며 어떤 사람이 능히 경을 수지하고 독송함이겠는가. 수보리여, 마땅히 알라. 이 사람은 최상이며 제일인 희유한 법을 성취하리라. 만약 이 경전이 있는 곳에는 곧 부처님과 존중할 제자가 계심이 되느니라."

❈

　이 장은 바른 가르침을 존중한다는 장으로써, 이 법문을 다른 사람에게 들려주는 사람이 있는 곳은 탑묘와도 같이 성스럽고 삼계의 스승이신 부처님과 제자들이 계시는 곳이라 했다. 참고로 고타마붓다와 삼처전심으로 표현될 만큼 긴밀한 관계를 유지했던 마하가섭존자에 대하여 전해 오는 이야기를 보면 다음과 같다.

붓다는 직접 찾아가 귀의를 받기도 하셨다. 마하가섭 역시 그런 경우였다.

어느 날 붓다께서는 제자들에게 "오늘 내게 귀의할 사람이 올 것이니, 내가 그를 만나러 가야겠다." 하시면서 마하가섭을 찾아 나셨다. 붓다는 마하가섭에 대하여 "과거 오랜 옛적에 문타갈이란 성왕이 있었는데 높고 맑은 행이 세상을 빛내고 이름이 드높아 도리천의 임금이 기이한 덕을 흠모하여 수레와 말을 보내어 궁궐로 나아가 문타갈왕을 영접하였다. 왕은 하늘 임금이 보내 준 하늘 수레를 타고 홀연히 허공을 날아올랐다. 하늘 임금은 왕을 대접하고 즐겁게 노닐다가 궁중으로 돌아가도록 환송하였다. 그때의 하늘 임금은 지금의 마하가섭이며 문타갈왕은 바로 지금 내 몸이니라. 옛적 하늘 임금은 생사가 있는 삼계의 자리에서 나를 나란히 앉도록 은혜를 베풀었지만 지금 나는 위없는 바르고 참된 법의 자리에서 그를 맞아 나누어 앉음으로써 옛날의 공덕을 갚노라."고 하셨다.

위에서 말한 삼처전심이란 마음에서 마음으로 전하여진 법을 말한다. 첫째는 세존께서 영축산에서 설법하실 때 아무 말 없이 꽃을 들고 계시자 오직 마하가섭존자만이 빙그레 웃었고, 둘째는 사위성 다자탑 앞에서 설법하실 때 마하가섭을 부르시며 자리의 반을 내줄 터이니 앉으라고 권하신 것이며, 셋째는 사라쌍수에서 입멸하신 후 늦게 도착한 가섭존자가 어디가 머리고 발인지를 몰라 속으로 헤아리고 있을 때 관 밖으로 발을 내미신 것이다.

마하가섭은 마가다국의 왕사성 베르베나 동북쪽에 더르타라는 마을에서 대부호의 외아들로 태어났다. 수많은 시종과 노예를 부리던 그의 아버지는 자신의 재산과 노예를 물려 줄 외아들에 대한 사랑이 극진하였다. 아들이 장성하자 마하가섭의 부모는 결혼할 색

시를 물색하느라 이곳 저곳을 돌면서 수소문을 하였으나 정작 마
하가섭은 결혼할 마음이 전혀 없었다.

마하가섭은 한 가지 묘책을 궁리해 내었다. 자신의 친구인 조각
가를 찾아가 돈은 얼마든지 줄 테니 세상에서 가장 아름다운 여인
상을 조각해 줄 것을 부탁했다. 얼마 후 조각가는 정말로 세상에서
찾아보기 힘들 정도로 아름다운 여인상을 조각하여 마하가섭에게
건네주었다. 마하가섭은 조각상을 보면서 이렇게 아름다운 여인을
찾기란 쉽지 않을 테니 부모님도 자신을 빨리 결혼시킬 수는 없으
리라 생각하였다. 마하가섭은 집으로 돌아와 부모님께 조각상을 보
여 주며 이와 똑같은 여인을 찾아 달라고 말씀드렸다.

가섭의 부모는 인간 세상에서 어떻게 이런 여인을 찾아 낼 수
있겠는가 걱정이 앞섰다. 가섭의 어머니는 어느 날 마을 사람과 상
인들을 집으로 불렀다. 그리고 조각상을 보여 주면서 혹시 이렇게
생긴 여인을 보거든 지체없이 알려 달라고 부탁하였다. 조각상과
똑같은 여인을 찾아 주는 사람에게는 엄청난 상금을 지급하겠노라
고 약조를 하였다. 그러던 어느 날 장사꾼으로부터 이웃 마을에 이
와 똑같은 여인이 살고 있다는 소식이 왔다. 어머니는 그 여인을
만나러 먼길을 갔다. 여인을 만나 본 어머니는 조각상과 똑같은 여
인을 보자 놀랐다. 어머니는 조심스럽게 입을 열었다. 혹시 자기 아
들과 결혼할 의사가 없으면 어떻게 하나 하는 마음에 어머니는 자
초지종을 늘어놓았고 이를 들은 여인은 아들을 한번 만나 보겠노
라고 흔쾌히 대답하였다.

마하가섭은 조각상과 똑같은 여인을 보고 믿어지지가 않았다. 그
리고 더 이상 고집을 부린다는 것은 자식된 도리를 벗어나는 것이
라 생각하고 여인과의 결혼을 결심하였다. 그들 부부는 마치 천상
에 살던 사람들처럼 화목하고 사랑이 돈독하였다. 신혼 때 마하가

섭은 부인에게 말하였다. '우리들의 혼사는 어쩔 수 없는 일이라 해도 나는 이미 위대한 진리를 경험하고픈 갈망으로 인간의 번뇌와 고통을 항복 받으리라 결심했으니 자식은 낳지 않는 것이 좋겠소.' 이 말을 들은 부인 역시 마하가섭의 심정을 충분히 이해하고 따라주었다.

아버지가 돌아가시자 마하가섭은 하인들을 불러모았다. 그는 수행자의 길을 떠나기 전, 하인들 각자가 경작하고 있는 땅을 물려줄 터이니 자신들이 맡은 임무를 충실히 하도록 부탁하였다. 마하가섭의 약속을 들은 하인들은 예전보다 더욱 열심히 일을 하여 가세는 더욱 번창하였으나 노모 역시 손자의 모습을 보지 못한 채 세상을 뜨고 말았다.

부모님이 모두 돌아가시자 가섭은 약속을 지키기 위해 하인들에게 땅을 전부 나누어주고 부인에게 헤어질 것을 청했다. 부인은 자신도 바라문 여인들이 수행하는 수도원으로 가리라 결심하고 마하가섭과 함께 수행의 길을 나섰다.

마하가섭은 예전에 마을 사람들로부터 카필라국의 싯달타 태자가 정각을 이루셨다는 소문을 듣고 꼭 찾아 뵙고 귀의하리라 결심하고 있었다. 이윽고 부인과 떨어져 자신의 길을 가야 하는 갈림길에 이르렀다. 굳은 의지로 사랑하는 부인을 뒤로하고 붓다를 향해 발길을 옮겼다.

이미 붓다는 마하가섭이 올 줄 알고 왕사성 죽림정사를 떠나 왕사성 동북쪽에 위치한 나란다라는 마을의 보리수나무 아래서 선정삼매에 들어 있었다. 마하가섭은 삼매에 드신 붓다의 모습을 뵙자 한 눈에 자신이 찾는 붓다인 줄을 알았다. 마하가섭은 머리를 조아려 합장하고 예배하였다. 몸을 땅에 던져 자신을 인도해 줄 것을 간청하고 있는 가섭에게 불법승 삼보에 귀의할 것을 허락하셨고 붓다는·마하가섭과 함께 죽림정사로 돌아 오셨다.

마하가섭은 두타행을 철저히 닦았다. 두타행이란 의식주에 탐착하지 않으며 청정행을 닦아 나가는 수행으로 12종류가 있다. ①재아란야처(마을을 떠나 나무 아래나 바위 위 같은 아란야에서 거처한다), ②상행걸식(탁발하여 공양한다), ③차제걸식(차례대로 빈다), ④수일식법(거듭 먹지 않는다), ⑤절량식(바루에 있는 음식만 먹는다), ⑥중후부득음장(정오 후에는 먹지 않는다), ⑦착폐납의(기워서 입는다), ⑧단삼의(입을 옷 세 벌만 지닌다), ⑨총간주(무덤 곁에 살며 무상을 관한다), ⑩수하지(나무 밑에서 지낸다), ⑪노지좌(바깥에 앉는다), ⑫단좌불와(눕지 않는다) 등이 있다.

13. 여법수지분(如法受持分)

법답게 받아 지님

　수보리가 물었다. "스승이시여, 이 법문을 무엇이라 이름하나이까?" "수보리여, 이 법문은 지혜의 완성, 금강반야바라밀이라 이름짓는다. 왜냐하면 여래에 의해 설해진 지혜의 완성이란, 완성되는 지혜란 지혜의 완성이 아닌 까닭에 지혜의 완성이라 말하는 것이다. 또한 수보리여, 어떻게 생각하는가? 여래를 위대한 인물에게 갖추어진 32상의 특징으로 알아볼 수 있겠는가?" 수보리가 말했다. "스승이시여, 그렇지 않습니다. 여래를 위대한 사람에게 갖추어진 32상의 특징으로 분간할 수 없습니다. 그것은 왜냐하면 여래에 의해 설해진 바와 같이 위대한 인물에게 갖추어진 32상의 특징은 특징이 아니라고 설하신 까닭입니다. 바로 그렇기 때문에 위대한 인물에게 갖추어진 32상의 특징이라고 말하는 것입니다." 스승께서 말씀하셨다. "수보리여, 어떤 남자나 여자가 갠지스 강의 모래알만큼이나 수많은 생에 걸쳐서 가진 것 모두를 포기한다고 하자. 그리고 또 어떤 사람이 이 법문 가운데 단 네 구절로 이루어진 시 한 편만이라도 뽑아 다른 사람에게 들려준다고 하자. 그때에는 앞사람보다 뒷사람이 더 많은 공덕을 쌓는다. 그는 헤아릴 수 없을 만큼 무수한 공덕을 쌓는 것이다."

그 때에 수보리가 부처님께 사뢰었다. 세존이시여, 이 경을 무엇이라 이름하며 저희들이 어떻게 받들어 지니오리까. 부처님께서 수보리에게 이르시되 '이 경은 금강반야바라밀이니 이 이름으로써 너희들은 마땅히 받들어 지닐지니라. 그 까닭이 무엇인가. 수보리야, 부처가 설한 반야바라밀은 곧 반야바라밀이 아니고 그 이름이 반야바라밀이니라. "수보리야, 어떻게 생각하느냐. 여래가 설한 법이 있느냐?" 수보리가 부처님께 사뢰어 말씀드리되 "세존이시여, 여래께서는 설하신 바가 없습니다." "수보리야 어떻게 생각하느냐 삼천대천세계에 있는 미진이 많지 않겠느냐." 수보리가 말씀드리되 "매우 많습니다. 세존이시여." "수보리야, 모든 미진을 여래가 설하되 미진이 아니라 그 이름이 미진이며 여래가 설한 세계도 세계가 아니라 그 이름이 세계니라. 수보리야, 어떻게 생각하느냐. 32상으로써 여래를 볼 수 있겠느냐?" "아닙니다. 세존이시여 32상으로 여래를 볼 수 없습니다. 왜냐하면 여래께서 설하신 32상은 곧 상이 아니고 그 이름이 32상이기 때문입니다." "수보리야, 만약 어떤 선남자 선여인이 항하의 모래 수와 같은 많은 목숨으로 보시했을지라도 만약, 또 어떤 사람이 이 경 가운데 사구게만이라도 받아 지녀서 다른 사람을 위해 설한다면 그 복이 저 복보다 매우 많으니라."

❧

장자가 어느 날 꿈을 꾸고 슬피 울었다. 제자들이 그 연유를 묻자 장자는 이렇게 대답을 했다. "어젯밤 내가 나비가 되는 꿈을 꾸었는데, 내가 나비가 되는 꿈을 꿀 수 있다면 나비도 장자가 되는 꿈을 꾸지 않겠는가? 그렇다면 지금 혹시 나비가 장자가 되는 꿈을 꾸는 것이 아닌가 하여 슬피 우는 것이라네."

우리들은 차츰 꿈에서 깨어날 수는 없다. 꿈을 깨면 곧 잠을 깨는 것이라 그것이 무명인 줄 알면 곧 지혜이다. 그런데도 여전히 혼미한 것은 이 사실을 전적으로 받아들이지 못하는 데 있다. 그래서 붓다는 차츰 꿈에서 깨어나고 싶어하듯 완성되어 가는 지혜는 지혜가 아님을 아는 이것이 바로 지혜인 것이라는 말씀을 하셨다.

붓다께서 '32상을 가지고 여래를 볼 수 있느냐'고 묻자, 수보리존자는 '응당 32상으로써는 여래를 관할 수는 없다'고 답했다. 같은 질문이 26장인 법신비상분에서 재차 등장한다. 있다와 없다, ~이다와 ~아니다라는 상대의 세계를 재확인하려는 뜻인지도 모르나, 있다와 없다에 집착하는 관념에 빠지는 것을 경계하기 위한 말씀인 듯하다.

있다와 없다를 달리 표현하자면 유위행과 무위행이다. 행하는 사람이 있다면 유위행이고, 행하는 자가 없다면 무위행이다. 춥고 배고픈 사람을 보살피면서 받게 될 과보를 생각하는 것은 유위행이고, 춥고 배고픈 사람을 마치 내가 춥고 배고픈 것처럼 느껴 보살피는 것은 무위행이다. 그러나 언어와 관념으로 이것은 유위이고 이것이 무위이다라고 구분 짓는 것은 이미 유위 속에 들어간 무위이다.

있다와 없다, 좋다와 나쁘다, 춥다와 덥다, ~이다와 ~아니다, 크다와 적다라는 상대적인 세계에서 벗어나야 비로소 오온을 제도하고 다스릴 수 있다. 그러나 우리들로서는 부처님 말씀을 이해하기가 쉽지 않다. 지혜란 무지의 반대편에 서 있는 것이 아니다. 지혜조차 연연하지 않고 물리쳐야 바로 지혜인 것이다.

한역 금강경을 접하다 보면 '~이 아니고 그 이름이 ~이다'라는 표현이 자주 등장한다. 바꿔 말하면 '실체로서 존재하는 것이 아니고 단지 ~이라고 이름하는 개념상의 표현에 불과하다'라는 의미이다. 즉 금강경에서 전달하고자 하는 핵심은 언어의 세계에서 벗어나야 비로소 진리의 문에 들어설 수 있다는 것이다. 그러나 옷을 벗으려면 옷을 놓치지 않고 붙잡아야 하는 것처럼 언어의 세계를 벗어나기 위해 언어를 사용하고, 사상의 세계를 뛰어 넘기 위해 사상을 부둥켜안고 가야 한다.

비록 같은 의미를 지닌 여러 개의 비슷한 언어가 존재하더라도 정확하고 올바른 의미를 전달하는 표현은 오직 하나만이 존재하는 것과 같이 사상 역시 그러하다. 사상을 초월할 수 있는 사상은 그 사상이 올바른 사상일 때라야만 가능하다.

붓다와 함께 호흡하면서 붓다의 사상과 견해를 받아들이는 것은 초월적 지혜를 통해 나를 뛰어 넘는 나의 진정한 참주인이 되고자 함이다. 그러나 상대적인 세계에 익숙해진 마음으로 절대적인 세계를 이해한다는 것은 불가능하다. 그것은 마치 그림자를 칼로 베려는 것처럼 어리석은 행위이다. 달리는 배에 표시를 해 놓고 강속에 빠뜨린 칼을 찾는 것과 같다.

먼저 무엇이 상대적인 세계이고, 무엇이 절대적인 세계인가를 알아야 한다. 이 볼펜은 긴가, 짧은가? 좋은가, 나쁜가? 우리는 아무런 답도 할 수 없다. 왜냐하면 긴지 짧은지, 좋은지 나쁜지를 알기 위해서는 항상 다른 볼펜과 비교해야 가능하기 때문이다. 우리들이 항상 다른 볼펜을 바라보고 있었기 때문에 실체를 놓치고 있었던 것이다.

여러분은 행복한가, 불행한가? 머리 속에서 다른 사람을 떠올리지 않는다면 여러분은 행복하지도 불행하지도 않다. 그저 단순히 존재할 뿐이다. 그러나 우리는 상대적인 세계 속에서 살아가고 있기 때문에 불행을 느끼고 비애를 느낀다.

금강경은 비교를 통해서 존재하는 행복과 불행에 흔들리는 작은 마음을 벗어 던지고, 굳건한 금강처럼 예리하고 단단한 지혜의 칼을 휘둘러 어리석은 무명을 잘라 내고 있다. 끝없는 침묵의 무한한 세계 속으로 두려움 없이 걸어가도록 힘을 주는 것이다. 그러기 위해서는 무엇보다 언어와 개념의 상대적인 세계를 벗어나 끝없는 침묵의 절대적인 세계로 들어갈 것을 권유한다. '그것은 ~이 아니라 그 이름이 ~이다'라고 핵심을 알려주면서 말이다.

그러나 침묵에 대하여 주의 깊게 살펴야 한다. 침묵의 세계를 올바르게 이해하지 못한다면 고요한 침묵의 문 앞에서 길을 잃을 것이기 때문이다. 차라리 번뇌가 일어나는 것에 대하여는 깨어 있는 의식으로 살펴 갈 수 있지만 침묵의 길에서는 너무도 쉽게 길을 잃어버리고 놓치게 된다. 그렇기 때문에 종일토록 애써 행하면서도 억울하게 성문, 연각이라는 이승의 견해를 지니게 되고, 지식만을 늘려 아견을 자라게 하여 탐욕의 근본을 돕는다.

이와 같은 예는 종종 일어나는 터라 마음을 밝히는 수행자의 길을 간다면 악한 버릇은 쉽게 끊을 수 있지만 착한 버릇은 의로운 일을 했다는 생각을 항상 마음속에 품고 있는 까닭에 실제로 악을 끊는 것보다 선을 끊는 일이 더욱 어려운 일이다. 그래서 붓다는 수보리존자에게 대승정종분에서 말씀하셨듯 모든 중생을 열반의 세계로 인도했다 하더라도 실은 어느 것 하나 열반으로 인도되지는 않았음을 알라고 말씀하셨다.

붓다는 제자들에게 말씀하기를, 만일 마음속으로 고요한 무한함을 느끼더라도 그것은 실제로 법진(法塵)을 분별하는 그림자에 지나지 않을 뿐이다라고 하셨다. 수행 중에 간혹 완전히 나와 세계가 전부 사라진 듯한 고요함이 일어난다. 그러나 그러한 고요함을 느끼는 것은 그 실체가 있기 때문에 알 수 있는 것인데, 고요함에 침몰되어 버리면 실체를 놓치고 길을 잃게 되는 것이다.

끝까지 지켜보는 자로 남아야 한다. 침묵을 넘어서 계속 지나가면 침묵조차 그 모두를 지켜보는 자가 만들어 낸 허구였음을 안다. 결국 지켜보는 자까지 지켜보는 자가 만든 그림자였고, 허공이 온통 부서져 내려도 식별 활동이 없는 알아차림을 지켜보는 자는 여전히 지켜보는 자로써, 마치 손을 휘저으면 어디서나 바람이 일어나는 것처럼 온 세상 가득히 존재한다. 따라서 침묵을 치워 버린 자리에 침묵이 있다.

한역 금강경에 '이름'이라는 단어가 거의 40번 가까이 등장한다. 아마도 상대적인 세계를 일깨우기 위한 것인 듯한데, 이처럼 이름이라는 언어에 무게를 실어 준 이유가 무엇인지 간파해 내야 한다. 그리고 정확하고 올바른 간파를 하였더라도 마음속에서 간파라고 불리는 것을 찾아보려 해도 분리해 낼 수는 없을 것이다.

마치 하늘을 동쪽과 서쪽으로 이름 붙였다 해도 하늘은 둘로 나누어 질 수 없는 것과 같다. 사람들이 동쪽과 서쪽으로 나누어 부르자는 약속을 한 것일 뿐이듯, 그것은 간파가 아니라 그 이름을 간파라고 부르자는 사람들 사이의 약속이라는 사실도 알아야 하지 않겠는가?

14. 이상적멸분(離相寂滅分)

상을 떠나서 적멸함

　마침내 수보리가 이 가르침에 감동을 받고 눈물을 흘렸다. 그가 눈물을 닦고 나서 스승께 말씀드렸다. "훌륭한 일입니다. 스승이시여, 참으로 경탄할 일입니다. 선서이시여, 여래께서 이 법문을 설하신 것은 얼마나 훌륭한 일입니까? 이 법문을 듣고 제게 지혜가 생겼습니다. 그리고 이것은 실로 인식이 아닙니다. 왜냐하면 깨달은 분들은 모든 인식을 버렸기 때문입니다." 스승께서 말씀하셨다. "그렇다. 수보리여, 이 법문을 듣고 놀라지 않고 겁내지 않고 두려움에 떨지 않는 사람은 더할 나위 없이 훌륭한 사람들인 것이다. 또한 수보리여, 여래에게 있어 인내의 완성은 실은 완성이 아니다. 그것은 왜냐하면 일찍이 가리왕이 나의 두 팔과 두 다리의 살을 도려낼 때에도 나에게는 아상, 인상, 중생상, 수자상이 없었다. 만일 그때 나에게 자아라는 생각이 있었다면 적개심이 일어났을 것이다. 또한 수보리여, 보살은 모든 살아 있는 존재를 위하여 보시를 행해야 한다. 그것은 왜냐하면 수보리여, 이 살아 있는 존재에 대한 인식은 다만 인식아닌 것이기 때문이다. 이와 같이 여래가 살아 있는 존재들이라고 설한 모든 것들은 실제로 하나하나 나누어져 있는 것이 아니다. 여래는 진실대로 말하며 진리를 말하며 있는 그대로를 말할 뿐 다른 것을 말하지 않기 때문이다. 여래는 거짓을 말하지 않는다."

이때에 수보리가 이 경 설하심을 듣고 깊이 그 뜻을 깨달아 눈물을 흘리고 슬피 울면서 부처님께 사뢰었다. "희유하십니다. 세존이시여, 부처님께서 이렇게 심히 깊은 경전을 설하심은 제가 예로부터 얻은 바 혜안으로도 일찍이 이와 같은 경은 얻어듣지 못하였습니다. 세존이시여, 만약 어떤 사람이 이 경을 얻어듣고 신심이 청정하면 곧 실상을 내리니, 마땅히 이 사람은 제일 희유한 공덕을 성취한 사람임을 알겠습니다. 세존이시여, 이 실상이란 곧 이 상이 아님이니 이 까닭에 여래께서 실상이라고 말씀하셨습니다. 세존이시여, 제가 지금 이와 같은 경전을 얻어듣고 믿어 알고 받아 지니기는 족히 어렵지 않거니와 만약 오는 세상 후 오백세에 그 어떤 중생이 이 경을 얻어듣고서 믿어 알고 받아 지닌다면, 이 사람은 제일 희유함이 되겠습니다. 왜냐하면 이 사람은 아상이 없으며, 인상이 없으며, 중생상이 없으며, 수자상도 없기 때문입니다. 까닭이 무엇인가 하면 아상은 곧 이 상이 아니며 인상, 중생상, 수자상도 곧 이 상이 아닙니다. 왜냐하면 일체 모든 상을 떠난 것을 이름하여 모든 부처님이라 하기 때문입니다." 부처님께서 수보리에게 이르시되, "그렇다. 그렇다. 만약 또 어떤 사람이 이 경을 듣고 놀라지 않고 겁내지 않으며 두려워하지도 않으면 마땅히 알라. 이 사람은 심히 희유함이 되느니라. 무슨 까닭인가. 수보리여, 여래가 설한 제일 바라밀이 제일 바라밀이 아닐새 그 이름이 제일 바라밀이니라. 수보리여, 인욕바라밀도 여래가 설하되 인욕바라밀이 아니고 그 이름이 인욕바라밀이니라. 어찌된 까닭인가. 수보리여, 내가 옛적 가리왕에게 신체를 낱낱이 베일 때에 나는 그때에 아상이 없었고 인상이 없었으며 중생상도 없었고 수자상도 없었느니라. 왜냐하면 내가 옛적에 마디마디 사지를 베일 때에 만약 아상, 인상, 중생상, 수자상이 있었으면 응당 성내고 원망함을 내었으리라. 수보리여, 또 과거 오백세 동안에 인욕선인이었던 일을 생각하니 그때의 세상에서도 아상이 없었으며 인상도 없었고 중생상도 없었고 수자상도 없었느니라. 그러므로 수보리여, 보살은 응당 일체상을 떠나서 아뇩다라삼먁삼보리심을 낼지니 응당 색에 머물러서 마음을 내지 말며, 응당 성, 향, 미, 촉, 법에 머물러서도 마음을 내지 말고 응당 머문 바 없는 그 마음을 낼지니라. 만약 마음에 머묾이 있으면 곧 머묾 아님이 되느니라. 그러므로 붓다가 말하기를 보살은 마땅히 마음을 색에 머물지 말고 보시하라 하느니라. 수보리여, 보살은 일체 중생을 이익하기 위하여 응당 이와 같이 보시하느니 여래가 설한 일체의 모든 상은 곧 이 상이 아니며 또한 일체의 중생이라고 설함도 곧 중생이 아니니라. 수보리여, 여래는 참다운 말을 하는 자이며, 실다운 말을 하는 자며, 사실과 같이 말하는 자며, 거짓이 아닌 말을 하는 자며, 다른 말을 하지 않는 자니라. 수보리여, 여래가 얻은 바 법인 이 법은 실다움도 없고 헛됨도 없느니라. 수보리여, 만약 보살이 마음을 머물러서 보시하면 마치 사람이 어두운 곳에 들어가매 아무 것도 보이는 바가 없는 것과 같고 만약 보살이 마음을 법에 머물지 않고 보시하면 마치 사람이 눈도 있고 햇빛도 밝게 비쳐서 여러 가지 사물을 보는 것과 같느니라. 수보리여, 오는 세상에서 만약 어떤 선남자 선여인이 능히 이 경을 받아 지니고 읽고 외우면 여래가 부처의 지혜로써 이 사람을 다 알며 이 사람을 다 보아서 모두가 한량없고 끝없는 공덕을 성취하게 되리라."

붓다는 성도하신 후 법륜을 굴리고자 함께 공부하던 5명의 도반을 찾았다. 그들은 붓다를 멀리서 보고 쳐다보지도 말고 이야기를 하지 말자고 서로 약속을 했다. 왜냐하면 그들은 붓다가 수행의 길을 포기하고 수드라 계급의 천한 여인이 주는 음식을 먹은 타락한 사람이라고 생각했기 때문이다. 그러나 다섯 도반은 붓다의 위신력에 자신들도 모르게 머리를 숙이고 법을 청했다. 붓다는 5명 중 한 분인 카운디냐에게 말씀하셨다.

"과거 오랜 옛적에 가리왕이라는 왕이 있었다. 여러 기녀들을 데리고 산으로 놀러 갔는데 왕은 매우 고단하여 잠이 들었다. 여러 기녀들은 꽃을 따다가 나무 밑에 앉아 있는 한 수행자를 보고 다가가 설법을 청하였다. 그는 기녀들에게 경전의 법을 말해 주었다. 왕은 잠에서 깨어 기녀들이 낯선 사내와 함께 있는 것을 발견하고는 질투심이 끓어올라 칼을 꺼내 수행자의 팔과 다리를 베었다. 그러나 수행자는 조금도 동요하는 기색이 없었다. 왕은 오히려 두려운 생각이 들어 자신의 허물을 뉘우치고 사죄하였다. 왕은 공손히 땅에 머리를 숙이면서 용서를 구하고, 만약 그대가 참된 정각을 이루면 먼저 자기를 제도해 주기 원한다고 하였다. 그 수행자는 그러겠노라고 대답하였다. 그때의 인욕선인이 바로 지금 나의 몸이요, 가리왕은 바로 카운디냐이다."

붓다께서는 5명의 도반에게 고집멸도 사성제와 팔정도, 12연기법을 설해 주셨다. 붓다의 법을 들은 다섯 비구는 번뇌가 다하고 법의 눈을 얻어 아라한이 되었다. 이것이 녹야원에서 설한 최초의 설법이다. 녹야원은 왕사성의 동북쪽에 위치하며 베나레스시의 북쪽인 사르나드의 유적이다.

"마침내 수보리가 이 가르침에 감동을 받고 눈물을 흘렸다. 그가 눈물을 닦고 나서 스승께 말씀드렸다. 훌륭한 일입니다. 스승이시여, 참으로 경탄할 일입니다. 선서이시여, 여래께서 이 법문을 설하신 것은 얼마나 훌륭한 일입니까? 이 법문을 듣고 제게 지혜가 생겼습니다. 그리고 이것은 실로 인식이 아닙니다. 왜냐하면 깨달은 분들은 모든 인식을 버렸기 때문입니다. 스승께서 말씀하셨다. 그렇다. 수보리여, 이 법문을 듣고 놀라지 않고 겁내지 않고 두려움에 떨지 않는 사람은 더할 나위 없이 훌륭한 사람들인 것이다."

수보리존자가 감동을 받고 눈물을 흘리고 있다. 이처럼 자연스런 일도 우리에게는 어느 틈에 체면을 중시하며 남의 앞에서 운다는 것은 쑥스럽고 부끄러운 일이 되었다. 우리에게 자연스러움이란 하나의 표상이고 상징에 불과하여 마치 액자 속의 그림처럼 감상할 수 있을 뿐이지, 그것을 실천할 수 있는 방법도 행동도 떠오르지 않는다.

항상 타인을 의식하는 절제 속에서 살아 왔기 때문에 우리는 어쩌면 자신의 삶을 살고 있는 것이 아니라 철저히 타인의 삶을 살아가고 있는지도 모른다. 상대의 입장을 이해하고 배려하는 것에 머물지 않고 타인을 너무 의식하는 삶은 자연스러움을 도려낸다.

또한 맹목적인 희생과 봉사는 우리를 결국 회한과 좌절로 인도한다. 우리들이 얼마나 형식적인 절차를 중시하고 겉치레에 의존해 왔는가는 스스로 깨우쳐야 할 숙제이다. 부당하고 불필요한 절차는 과감히 개혁하고 두려움 없이 이룩해 나가야 한다.

우리의 몸은 스스로 생존을 위해 부여받은 임무를 훌륭하게 수행한다. 몸은 우리의 생각으로 동작되는 것이 아니라, 제각각 해야 할 일을 하고 맡은 바 책임을 다한다. 그런데도 생각이 간섭하고 억압을 함으로써 현실에 적응하지 못하고 도태되고 삶의 무게는 우리를 점점 힘겹게 누르고 있다.

우리가 어떤 방식과 경로를 통해 움직이더라도 우리에게 선택되어진 것은 그것이 바로 정답이며, 세상에 존재하는 사물은 그 모습 그대로가 정답이다. 카드를 앞에 놓고 이것을 고를까 저것을 고를까 고심하는 것도 정답이며, 쉽게 고르든 어렵게 고르든 상관없이 집어든 것은 결국 정답이다. 주변의 사물도 정답이고 우리의 선택도 정답이며 있는 그대로 모두가 정답이라면 우리도 역시 정답인 것이다.

그렇다면 모든 것이 정답이며 진리인 세상을 살면서 무엇 때문에 어려운 선택과 갈등을 겪으며 혼란과 분열로 고통받으면서 살아야 하는가? 혹시 누군가 등을 떠밀면서 어렵고 힘든 것이 정답이라고 외치는 사람이 있는가? 정답을 떠나 틀린 답을 추구하는 것은 우리 자신의 책임이며 우리의 무지로부터 비롯된 방황인 것이다.

선택하면 할수록 선택은 갈등을 불러오면서 우리를 혼란스럽게 만든다. 육체는 제 나름대로의 신경 세포를 지니고 무수한 세월 동안 세상을 살아가는 지혜를 터득했다. 그럼에도 불구하고 우리의 생각은 끝없이 간섭하고 통제해 온다. 현실에 위축되고 주눅이 든 자신을 비하한다. 동경의 대상을 찾아 매달리듯 의존하고 자신을 이끌고 인도해 줄 스승과 교리를 찾아 헤매는 것이다.

우리는 자신을 바라보면서 온갖 지식, 신념, 기억, 재물 및 소유물들로 자신을 치장하고 싶어하는 욕구가 뜻하는 것은 과연 무엇인지 냉엄하고 주의 깊게 살펴보아야 한다.

　시선을 자신에게로 향하지 못한 채 진리를 찾아 나선다면 우리는 슬픈 운명에 몸을 맡기는 것이다. 운명이라는 말 속에는 이해해서 받아들이는 것이 아닌 마지못해서 받아들인다는 느낌이 있다. 왜냐하면 자신이 참으로 원하는 일을 한다면 운명적이라는 말은 사용하지 않을 것이기 때문이다. 어쩔 수 없다는 말 속에는 마음 한 구석에 자리잡은 저항이 마찰을 일으키기 위해 칼을 갈고 있다. 기회를 틈타 복수하려는 원망과 분노가 자리잡고 있는 것이다.

　붓다께서는 어느 날 춘다라는 가난한 사람이 정성껏 준비한 음식으로 제자들과 함께 공양을 하셨다. 붓다는 식사 중에 독성분이 든 버섯이 있는 것을 알고 제자들에게는 먹지 말라 하시고는 정작 붓다 자신은 아무렇지도 않게 잡수셨다. 그 결과로 붓다는 심한 배탈이 나셨다. 그러자 제자들은 분노하여 식사를 제공한 사람에게 분풀이를 하려 하였다. 그러나 붓다는 제자들을 만류하면서 그 사람은 오히려 나의 부모와 같은 사람이라고 말하였다. 제자들은 그것이 무슨 말인지를 몰라 어리둥절하였다. 붓다는 말씀하길 "부모님만이 생명을 줄 수 있는 것처럼 생명을 앗아가는 사람도 역시 부모와 같다. 그러므로 너희들은 정성껏 음식을 준비한 그를 부처님의 부모처럼 공경하여야 한다." 하시며 열반에 드시게 된다.

　이처럼 오는 것은 오고 가는 것은 가야 한다. 오고 가는 것에 마음 쓰지 말고 그러한 것에 상처를 받거나 기쁨에 들뜨지 않아야 한다. 삶이란 자연스럽게 지나쳐 가는 것이란 사실을 알고 이해할 때 존재한다는 것은 이미 축복이다.

　"또한 수보리여, 여래에게 있어 인내의 완성은 실은 완성이 아니다. 그것은 왜냐하면 일찍이 가리왕이 나의 두 팔과 두 다리의 살을 도려낼 때에도 나에게는 아상, 인상, 중생상, 수자상이 없었다. 만일 그때 나에게 자아라는 생각이 있었다면 적개심이 일어났을 것이다."

'인내의 완성은 실은 완성이 아니다.' 인내는 참고 견딘다는 뜻이다. 엄청난 희생을 감수하며 인내한다 하더라도 그것이 결국 완성된 모습, 즉 진리의 구현은 아니라는 의미이다.

거래라는 말이 있다. 그것은 '가고 온다' 또는 '주고 받는다'라는 뜻이며, 온 만큼 가고 간 만큼 오고, 준 만큼 받고 받은 만큼 주는 것이다. 이것이 정해진 도리이고 세상이 존속하는 원리이다. 마치 양팔 저울로 무게를 잰 것과 같이 남지도 않고 모자라지도 않는다. 세상은 실제로 이러한 이치를 통해 흔적을 남기지 않고 움직여 가고 있으며, 우리도 역시 그 원리에 입각해서 삶을 영위해 간다.

이런 원리와 기준을 벗어난 부당한 대우와 대접을 받았다고 생각하면 심한 모멸감과 수치심이 일어난다. 그것은 우리를 억울하게 만들고 억울함은 분노와 질투를 일으켜 화산처럼 폭발해 버린다. 이렇듯 대가가 생각보다 적고 보잘것없으면 억울해 하고, 생각보다 많으면 고마움을 느낄 것이다. 하지만 자신이 행한 일의 대가가 정확히 노력과 비례한다면 부당하다고 생각지 않을 것이다. 따라서 분노심, 질투심 등을 느끼는 일도 없으며 참고 견뎌야 할 일도 일어나지 않는다.

우리는 보통 억울한 감정은 분노와 거친 행동, 험한 욕설 등을 통해 표현하고, 고마운 감정은 인사말로 나타낸다. 억울함과 고마움이란 정확하고 올바른 거래를 벗어났다는 점에 있어서는 같은 의미이다. 그렇다면 억울한 감정이 생길 때 분노를 참는 것처럼 고마운 감정 역시도 억누르고 참아야 하는 게 아니겠는가?

억울함을 참고 견디는 것은 고마움을 참고 견디는 것보다 오히려 쉽다. 억울함은 눈 한번 찔끔 감고 어금니 깨물면서 안 보거나 못 들은 것이라고 넘어갈 수 있다. 하지만 고마움의 인사나 행동을 참는다면 모처럼 찾아 온 천재일우의 기회를 놓치거나 자신의 무례함 때문에 또 다른 도움을 받지 못할 것이라는 우려를 하게 된다. 이러한 염려 때문에 형식적이나마 감사를 표시해야 한다. 만약 억울함을 참으려 해도 못 참는다면 고마움을 표현하고자 하는 그 마음도 역시 참아 보아야 한다.

우리는 양팔 저울에 올려진 물건이 아니라 우리가 바로 양팔 저울이다. 따라서 억울함과 부당함은 이미 없다. 부당한 대우와 부적절한 처사인가를 헤아려 보고 무게를 재는 행위는 전혀 불필요한 행동이다. 왜냐하면 우리를 통과하고 지나가는 사건들은 벌써 그들 스스로가 측정과 측량을 끝마친 상태이기 때문이다.

이처럼 이미 종결지은 상태를 다시 끌어 들여 심판하고 억울함과 부당함을 느낀다면 그것은 자신을 인식하지 못한 무지이며, 순환 과정을 이해하지 못하고 편견에 치우친 어리석음의 결과이다. 이처럼 문제를 올바르게 인식하는 것에서 해답을 찾을 수 있으며, 우리 자신을 올바르게 인식하고 이해했을 때 참고 견뎌야 할 분노는 어디에도 없다.

따라서 여래가 말씀하신 바와 같이 인내의 완성은 실은 완성이 아니다. 가리왕이 두 팔과 두 다리의 살을 도려내었다고 해도 이와 같은 깊은 이해가 있음으로 하여 분노는 어디에도 없으며 적개심은 존재하지 않는다는 의미일 것이다.

『신심명』에 '불식현지 도로염정(不識玄旨 徒勞念靜)'이라고 하였다. '세상 만사가 인연 따라 일어나고 쓰러지는 깊고 현묘한 이치를

모르고 마음이 평화롭기를 바란다면 그것은 헛수고일 뿐이다'라는
뜻이다. 우리가 우리 자신을 올바르게 이해하고 인식할 때 세상의
물결에 흔들리지 않는 마음을 지니게 된다.

분노를 방해하거나 거부하려는 생각 없이 관찰한다면, 즉 험한
욕설을 내뱉으며 떠들어대는 입, 부서져라 깨물고 있는 어금니, 부
들부들 떨리는 손, 핏발처럼 곤두서는 신경 근육, 마비되고 경직되
어 바짝바짝 타 들어가는 혀 등의 모든 움직임을 놓치지 않고 분
노를 방해하지 않으면 저항과 마찰을 일으키지 않음으로써 분노는
더 이상의 분노를 불러오지 못하고 사라지고 만다.

붓다가 어느 마을을 지나갈 때 붓다를 반대하고 비난하던 사람
이 다가와 욕하고 험담을 늘어놓기 시작했다. 묵묵히 듣고 있던 붓
다는 그 사람에게 물었다. "만일 선물을 주려 했을 때 받지 않겠다
고 사양한다면 그 선물은 누구의 것인가?" 하고 묻자, 그 사람은
"당연히 가져 간 사람의 소유가 되겠지요."라고 말하였다. 붓다는
"그와 마찬가지로 당신이 내게 선사한 비난과 욕설은 받아들이는
내가 없다면 선물은 이제 누구의 것이 되겠는가?"

어색함과 부자연스러움을 감추려는 행동은 그 또한 어색하고 부
자연스럽다. 어색한 느낌을 솔직하고 올바르게 받아 들여야 어색함
이 사라지고 자연스러움이 나타난다. 분노를 인식하고 억압과 통제
없이 분노가 나이고 내가 곧 분노라는 사실을 안다면 분노자를 만
들지 않는다.

이와 같은 행동으로 분노를 다른 여타의 감정들과 마찬가지로
자연스럽게 머물다 지나가게 한다면, 통제하거나 복종하기를 강요
하지 않고 일어나는 분노를 주시하고 관찰한다면 자연스럽게 분노

와 하나가 된다. 이제 분노는 자신의 응석을 받아 줄 사람이 없다
는 사실을 알아차린 아이처럼 조용히 머물고 지나갈 것이다

분노가 나이고 내가 곧 분노가 되는 것이 바로 무위의 행이다.
분노자를 만들지 않는다는 것은 곧 '약견제상 비상(若見諸相 非相)'
의 의미이고, 과거의 인연된 선입견 없이 본다는 것이다. 또한 신심
명의 '육진불오 환동정각(六塵不惡 還同正覺)'이 가리키는 의미이다.

이 장의 제목은 이상적멸분(離相寂滅分)으로서 '상을 떠나면 고
요하고 적막하다'는 뜻이다. 그러므로 거꾸로 형상에 집착하면 할수
록 혼란과 갈등을 맞게 되는 것이다.

어떤 수행승이 육조 혜능대사를 찾아와 물었다. "소승은 오랫동
안 산중에 있으면서 스승께 법을 물었으나 여전히 미혹을 떨치지
못했습니다. 원컨대 대사께서 제 의심을 풀어 주십시오." 혜능대사
는 "그 동안 어떻게 배웠는지 말해 보라."고 하였다. 수행승은 "스
승께 무엇이 저의 본심이고 본성품인지 묻자, 스승은 말하길 자네
가 허공을 볼 때 한 물건도 볼 수 없는 것이 청정한 본 성품이고
한 물건도 알 수 없는 것이 여래지견이라고 하였습니다." 그 말을
듣고 혜능대사는 다음과 같이 말씀하였다. "네가 알지 못한 건 너
의 스승이 본다는 것과 안다는 견해가 있기 때문이다. 마땅히 자신
의 그릇된 생각을 살핀다면 신령한 빛이 드러나리라." 이 말씀을
듣고 불현듯 수행승은 마음이 활연히 밝아 왔다.

백장선사가 제자와 함께 논길을 걷다가 들오리 떼가 하늘로 날
아가는 것을 보았다. 선사가 제자에게 물었다. "들오리는 어디로 갔
느냐?" 제자가 대답하였다. "날아갔습니다." 그러자 선사는 제자의

코를 힘껏 잡아 비틀었다. 깜짝 놀란 제자가 코를 움켜쥐며 비명을
지르자 선사는 "아직 안 날아가고 거기 있구먼!" 하였다.

들오리를 보고 하늘로 날아갔다는 사실을 알고 기억하는 마음은
들오리를 껴안고 있는 기억과 집착이다. 그렇다면 들오리는 여전히
마음속에 머물고 있는 것이다.

사실 선사들의 화두를 논하는 자체가 어리석음이다. 왜냐하면 아
무리 정확한 답을 했더라도 우리가 그 시절에 당사자가 될 수 없
으므로 답을 찾는 순간부터 잘못된 걸음을 옮기는 것이다. 그렇기
때문에 옛 선사들의 언행과 행적을 분석하는 것은 수학 문제 풀듯
정답을 찾으려는 것이 아니라 이해를 돕기 위해 부득불 사용하는
것이며, 이런 것이 언어의 한계라는 것을 이해하기 바란다.

우리가 모습과 이름을 기억하고 형상에 매달리는 한 항상 과거
속에서 존재하는 것이고, 순간 순간을 놓치고 지나치는 것이다. 장
미를 볼 때는 빛이 있어야 한다. 칠흑 같은 어둠 속에 있다면 우리
의 눈은 전혀 쓸모가 없다. 빛과 장미가 있음으로 해서 눈은 비로
소 동작을 하는 것이다. 즉 장미라는 대상과 접촉함으로써 눈은 자
신의 역할을 수행하게 된다.

무수한 사물들과 마주치고 대면함으로써 눈이 본다라는 착각을
한다. 맹인은 손을 더듬어 사물의 형태를 기억한다. 그것은 곧 손이
눈의 역할을 대신하는 것이다. 따라서 우리가 장미를 볼 때 눈은
단지 장미를 인식하기 위해 필요한 매개체이다. 눈은 맹인이 장미
를 인식하기 위해 사용하는 손과 마찬가지이다. 눈은 장미와 장미
를 인식하는 나를 이어주는 통로이며, 눈에 의하여 장미가 보여지
는 것이다.

이런 상황에서 우리가 과거에 보았던 장미를 기억한다거나 이름

을 떠올리지 않은 채 오로지 현재의 장미를 바라본다면 그 순간에는 오직 장미만이 존재하는 것이다. 장미가 곧 나이고 내가 곧 장미이다. 여기엔 장미와 장미를 보는 나라는 간격이 없다. 내가 곧 장미 그 자체인 것이다.

이처럼 아무리 하찮은 것이라도 보여지는 것이 보는 자가 되고, 보는 자가 보여진 것이 될 때 간격이 없어져서 소홀함은 사라지고 사랑이 드러난다. 이것이 전체적으로 보는 것이고 형상에 의존하지 않는 것이고 보는 것과 아는 것에 집착하지 않는 것이다.

비눗물을 불면 많은 방울이 나타난다. 아무리 그들이 제각각 자신을 고집하고 다른 방울보다 크다는 주장을 내세우더라도 그들은 모두 같은 재질이며 한 뿌리이다.

우리가 흔히 사용하는 '괜찮다'라는 말은 '관계치 않다'라는 말이 어원이다. 관계를 짓지 않고 자신과는 상관없는 일이라고 치부해 버림으로써 아무런 상처도 입지 않고 살아갈 수 있다 하더라도 이것은 결국 스스로가 자신의 발을 묶어 고립시키는 것이다. 왜냐하면 세상은 관계로 형성되었고 관계로 움직이고 존재하는 까닭이다.

또한 우리가 세상을 지배하려고 하면, 세상은 지배하려고 하는 우리를 지배할 것이다. 그것은 곧 지배해야겠다는 생각에 의해 지배당하는 것이다. 누군가를 지배하려는 노력과 투쟁은 지배할 대상과의 저항과 마찰로 인하여 우리들 자신이 지배해야겠다는 생각에 의해 먼저 올가미에 걸려드는 결과를 가져온다. 지배할 욕구가 존재하는 것은 아상, 인상, 중생상, 수자상을 만드는 자아 중심적인 사고이다.

자신이 거리낄 것도 없고 당당하며 그 어떤 것도 지배할 생각을 갖고 있지 않다면 세상도 역시 그를 지배하지 않을 것이다.

세상은 여전히 신비롭고 환희에 찬 것이다. 세상이 어떻게 다가

오는가는 세상을 어떻게 맞이하는가에 달려 있다. 그것은 곧 일체
유심조(一切唯心造), 즉 모든 것은 우리의 마음이 만들어 낸 것이
다.

우리가 세상과 싸우고 투쟁하는 것은 실제로 자신의 그림자와
투쟁하는 것이다. 지배하거나 지배당하지 않으려고 휘두르는 칼은
결국 자신의 그림자를 향해 휘두른다. 투쟁 자체가 어리석고 무모
한 일이란 것을 깨닫는 것은 자신과 그림자가 하나란 사실을 이해
했을 때뿐이다.

그림자는 자신의 움직임을 따라 움직인다. 우리는 그림자를 보면
서 자신의 행동을 이해할 수 있다. 그러나 이 양자를 별개의 것으
로 보아 그림자는 그림자고 나는 나다라는 생각이 계속 존재한다
면 여전히 지배하려는 욕구는 계속될 것이고 투쟁과 마찰은 끝없
이 우리의 주위를 맴돌 것이다.

여래는 살아 있는 존재들은 실제로 하나하나 제각각 나뉘어져
있는 것이 아니다라고 말씀하셨다. 세상은 관계로 이루어진 것이고
우리는 무수한 관계를 통해서 존재하며 관계 맺어진 모든 것은 내
행동을 따라 움직이는 그림자이다.

이론과 논리를 벗어 던지고 그림자를 보면서 자신의 행동을 파
악하고 인식한다면 그것은 곧 자신과 그림자가 하나라는 사실을
알아차린 것이다. 자신의 허물을 살피고 행동의 뒷마무리를 흔적
없이 완결 지으면서 불꽃처럼 살아간다면, 장미를 보고 장미가 되
고 타인을 보고 타인이 되어, 마음이 머물 틈을 주지 않고 순간순
간 보여지는 사물과 하나가 된다면 그것은 곧 사랑이고 지혜이다.

152

15. 지경공덕분(持經功德分)

경을 지니는 공덕

"또한 수보리여, 이 법문은 불가사의하고 비교해 볼 수도 없
다. 여래는 이 법문을 가장 뛰어난 길로 향하는 사람들을 위해
설했다. 보살은 이 법문을 기억하여 외우고 이해하여 다른 사람
에게 들려주어야 한다. 여래는 깨달은 눈으로 이러한 사람들을
보고 있다. 이들은 모두 헤아릴 수 없는 공덕을 쌓았던 것이다.
왜냐하면 이 법문은 믿음이 열등한 사람은 볼 수도 들을 수도
없는 때문이다. 아상, 인상, 중생상, 수자상이 있는 사람은 들을
수 없으며, 보살의 길로 들어선다는 맹세를 세우지 않는 사람들
은 이 법문을 듣거나 기억하거나 이해할 수 없기 때문이다."

"수보리여, 만약 어떤 선남자 선여인이 아침에 항하의 모래수
와 같은 몸으로 보시하고 낮에 다시 항하의 모래수와 같은 몸으
로 보시하며, 다시 저녁에도 또한 항하의 모래수와 같은 몸으로
보시하여, 이와 같이 무량한 백천만억겁 동안을 몸으로써 보시
하더라도 만약 어떤 사람이 이 경전을 듣고 믿는 마음이 거슬리
지 않으면 그 복이 저 몸을 보시한 복보다 수승하리니 어찌 하
물며 경을 받아 지니며 읽고 외워서 남을 위해 해설해 줌이겠는
가. 수보리여, 요약해서 말할진대 이 경은 생각할 수 없고 말할
수도 없는 끝없는 공덕이 있느니라. 여래는 대승을 발심한 자를

위하여 이 경을 설하며 최상승의 발심한 자를 위하여 이 경을 설하느니라. 만약 어떤 사람이 이 경을 받아 지니고 읽고 외우며 널리 사람들을 위하여 설한다면 여래는 이 사람을 모두 알며 이 사람을 보나니 이 사람은 헤아릴 수 없고 말할 수 없으며 끝이 없고 생각할 수 없는 공덕을 모두 성취하게 되리라. 이런 사람은 곧 여래의 아뇩다라삼먁삼보리를 짊어짐이 되느니라. 무슨 까닭인가. 수보리여, 만약 작은 법을 좋아하는 자는 아견, 인견, 중생견, 수자견에 집착하게 되므로 곧 이 경을 능히 받아 듣고 읽고 외우며 남을 위해서 해설하지 못하느니라. 수보리여, 어느 곳이든지 만약 이 경이 있는 곳이면 일체 세간의 천상과 인간과 아수라 등이 응당 공양하게 되리니 마땅히 알라. 이곳은 탑이 됨이라. 모두가 공경히 예배하고 돌면서 여러 가지 꽃과 향으로써 그곳에 흩으리라."

🪷

이 장은 경을 받아 지니고 읽고 외우는 공덕에 대하여 말씀하신 것이다. 금강경은 말로는 헤아릴 수도 없고 짐작할 수 없는 무량한 공덕이 있는 경전이다.

만약 금강경을 듣고 두려움이 나지 않거나 조금이라도 이해가 된다면 무수히 많은 선근을 심은 것이다. 법에는 빠르고 늦음이 없으나 사람에 따라 지어 놓은 선근이 다르기 때문에 상근기·하근기가 있고, 최상승도 있다. 여래께서 이 경을 설하심은 최상승 근기인 대승의 사람과 발심한 중생을 위한 것이다.

이번 장에서는 앞장에서 붓다가 성도하신 후 5명의 도반을 찾아 사성제와 팔정도, 십이연기법을 설명해 주신 부분에 대하여 알아보고자 한다.

우리들이 삶의 만족을 추구함에 있어 세 가지를 분명하게 이해
해야 한다.

첫째는 대상을 통한 기쁨과 즐거움이고, 둘째는 바라지 않는 결
과에 대한 위험이나 불만족이다. 셋째는 자유와 해방이다. 예를 들
면 어떤 대상에게 마음이 끌리게 되었을 때 첫째인 기쁨과 만족을
얻게 된다. 그러나 시간이 지날수록 대상을 통해 얻어지던 만족감
은 늘 그러하지 않음을 알게 된다. 또한 대상을 통해 얻어지던 만
족감을 상실할 때 그러한 즐거움을 잃어버리게 되면 이성을 잃게
되고 혼란에 빠진다. 이것이 둘째의 해로운 것이고 불만족이며 환
상의 위험한 측면이다. 다음으로 대상을 집착하지 않고 완전히 초
연하다고 할 때 대상을 통해 얻어지던 만족감은 대상이 전해 준
것이 아니라 자신이 이미 그러한 만족감을 지니고 있으며 대상은
단지 매개체로 작용한 것이라는 사실을 알아차린다. 그것은 셋째인
자유이며 해방이다.

따라서 고(苦)는 고통과 슬픔뿐만 아니라 삶의 즐거움에 대해서
도 항상 잠재되어 있다. 그렇기 때문에 마음은 물질에 반대되는 종
류의 정신이 아니라고 명확하게 이해가 되어져야 한다.

마음이란 단지 눈이나 귀 같은 감각 능력이나 감각 기관의 하나
일 따름이다. 마음은 다른 어떤 기관과 마찬가지로 조절하고 발달
시킬 수 있다.

사상과 관념은 육체적 경험에 의존하며 그 조건에 따른다. 장님
으로 태어난 사람은 색깔에 대한 관념을 갖지 못한다. 사상과 관념
은 육체적 경험에 의하여 만들어 졌기 때문에 그 조건을 따르고
마음이 수용한다. 장님이 색깔에 대한 관념을 만들지 못하는 것처
럼 마음은 눈이나 귀와 같은 감각 능력의 기관 중의 하나인 것이
다. 만일 마음이 감각 기관과는 별개라고 생각한다면 장님 역시도

색깔에 대한 관념이 만들어 졌어야 할 것이다.

좋고 나쁜 것을 막론하고 마음먹은 행위를 붓다는 업이라 불렀다. 의도가 있기 때문에 몸과 말과 마음으로 행위를 한다. "마음먹기"는 정신이 구상한 것, 정신이 활동하여 선과 악 또는 선도 악도 아닌 무기의 행동 영역 안에 있도록 마음에 지시를 내리는 것이다.

그러나 감각이나 지각은 마음먹은 행위가 아니다. 그것들은 업의 효과를 만들어 내지 않는다. 붓다는 이렇게 말했다. 눈이 본 것, 귀로 들은 것에 매달려 집착하는 것이 악마의 갈고리다. 현명한 사람이라고 좋고 나쁜 것을 모르는 것이 아니다. 실은 어리석은 사람보다 더 잘 깨달아 안다. 그러나 보고 들은 것에 대한 집착을 일으키지 않기 때문에 그의 마음은 항상 평화롭다.

① 고통에 대하여

붓다는 고에 대하여 삶의 행복한 느낌까지도 고라고 규정하였다. 왜냐하면 변화하는 것은 모두가 고에 속하는 까닭이다. 우리가 존재니 개인이니 나라고 부르는 것은 늘 변화하는 육체적 정신적 힘이나 에너지의 결합체일 따름이다. 그것을 붓다는 집착하려고 하는 오온이라고 부른다. 즉 오온 자체가 고인 것이다.

오온은 색수상행식이며, 사대 원소인 지수화풍으로 이루어진 우리의 감각 기관인 안이비설신의를 육근이라 한다. 육근에 대응하는 외부 세계의 대상을 육진 또는 육경이라 하며 색성향미촉법이다. 육근을 감각 작용이라고 했을 때 오온은 지각 작용이다. 색온은 육체나 어떤 물건의 형상을 분별하는 지각 작용이다. 수온은 색온을 통해 인식된 형상을 대했을 때의 일어나는 느낌의 지각 작용이며, 상온은 느낌을 통해 기억되는 지각 작용이며, 행온은 지각되어진 작용을 통해 일어나는 반응의 지각 작용이며, 식온은 그런 일련의 반응들이 집적되어 나타나는 지각 작용이다.

오온 중에 다섯 번째인 식온은 다음과 같다. 안식을 예로 들자면 안식(眼識)은 눈을 근거로 하고 형상을 대상으로 한다. 의식은 마음을 근거로 하고 사상과 관념을 대상으로 한다. 식은 대상을 식별하지 않고 일종의 알아차림만이 존재하는 상태이다. 즉 대상이 있음만을 알아차릴 뿐이다. 예를 들면 눈이 빛깔과 접촉할 때 시각적인 식이 일어나서 다만 빛깔이 있음을 알아차리지만 그것이 푸르다고는 식별하지 않는다. 이 단계에서는 식별 활동이 없다. 그것이 푸르다고 식별하는 것은 지각의 모임인 상온이다. 따라서 육근의 작용은 기억의 모임인 상온에 머물고 있다. 또한 느낌의 모임인 수온은 감각이 받아들인 육진에 대하여 좋고 나쁨의 꼬리표를 달아 놓는다. 우리들이 사물을 받아들일 때에는 이처럼 오온이 모두 사용된다.

우리들이 일상적으로 알고 있는 마음 또는 생각이라 불리는 정신은 실제로 육근이 육진을 대함으로써 일어나는 그림자일 뿐이다. 만일 이것을 내 마음이라고 알고 있다면 진리를 향한 모든 노력은 마치 그림자를 떨치기 위해 빨리 뛰려는 사람과 같다.

세상은 끊임없는 흐름으로서 있고, 따라서 늘 그러한 것은 없다. 일련의 결과로서 하나가 사라지면 다음에 올 것의 조건을 만든다. 그것들은 불변의 실체가 없다. 어떤 물질을 "진정한 나"라고 부를 수 없으며 그렇기 때문에 물질의 하나인 어떤 의식을 진정 "나"라고 부를 수는 없다. 그러나 이들 다섯 가지 오온들이 결합하여 함께 작업하면 우리는 "나"라는 관념을 얻는다. 하지만 이는 정신이 형성한 거짓된 관념에 불과할 뿐이다. 이것이 바로 자아 관념이며 고(苦)인 것이다. 그래서 붓다가 말하길 '고통이 존재하더라도 고통 받는 사람은 찾아볼 수 없고 행위가 있지만 행위자는 찾아볼 수 없다'라고 하였다.

생명은 움직임과 다른 것이 아니라 움직임 자체이다. 마찬가지로 사고의 배후에서 생각하고 있는 것은 없다. 사고 그 자체가 생각하는 것이다. 만약 사고를 제거하고 나면 사고자는 찾아볼 수 없다.

인간은 사실 고를 제거하기 위하여 안간힘을 쓰며 전 생애를 소비한다. 그러나 바로 그런 노력이 오히려 고를 증가시킬 뿐이다. 고는 자연스러운 것으로 이해되어질 때 살아 있음의 대가라는 것을 알아차릴 것이다. 괴로움에 못 견뎌 하거나 화를 내어서는 그것을 오히려 제거하지 못한다.

필요한 것은 고에 대한 문제를 직접적으로 마주 대함으로써 이해해야 한다. 그것이 어떻게 생겨났는가를 이해하고 나서 어떻게 고를 제거하는가를 인내와 결단으로 기꺼이 실천해 가야 할 것이다. 그러나 반야심경에서 붓다는 무고집멸도라고 하였다. 고는 본래 없는 것이고(無苦) 그래서 고통의 원인도 없고(無集) 고통의 없어짐도 없고(無滅) 고통을 없애는 길(無道) 또한 없다고 말씀하였다. 그림자를 자꾸 떼어버리려 도망치다 보면 결국 벼랑 끝에 선다. 왜냐하면 이 세상의 온갖 상들은 그것을 인정하는 순간 달라붙어 구속을 만드는 못된 습성을 지녔기 때문이다. 따라서 선과 악, 기쁨과 고통 등이 찾아왔을 때 '이것은 이미 전부터 알려진 일이다'라고 생각하면서 무게를 실어 주지 말고 지나쳐 가야 한다.

② 집착에 대하여

집착은 크게 세 가지로 구분되며 쾌락, 존재, 소멸의 집착이 있다. 그것들은 결국 모든 형태의 괴로움을 불러일으키는 욕구와 열망을 통해 탐욕으로 번져 나간다. 그러나 그러한 탐욕은 자신의 목숨을 사랑하기 때문에 보호하고 확장시키고자 나타나는 필연적인 결과일 뿐이다.

붓다가 말씀하길 "세상은 궁핍한 것인데도 갈망하고들 있다. 그래서 목마름의 노예가 된다."

모든 생명체는 존재하기 위한 끝없는 투쟁의 노력을 기울인다. 생겨나려 하고 존재해 있으려 하며 더욱 쌓아 두려는 의지인 욕망으로 정의된다. 이것이 고통을 일으키는 원인이다. 여기서 우리는 고통이 생겨나는 원인이 열망과 욕구에 있음을 알 수 있다. 즉 열망이 고통인 것이며 우리들이 기뻐하고 우리들에게 쾌락을 제공한 것들로 인하여 고통받고 있음을 주의 깊게 살펴보아야 한다. 그렇기에 고통을 멸한다는 것은 결국 기쁨과 쾌락에의 추구 또한 소멸되어져야 한다는 사실을 의미한다.

생겨나는 성질이 있는 것은 어떤 것이라도 그치는 성질이 있는 것처럼 갈망, 의도, 업은 이롭거나 해롭거나 간에 그 효과를 내는 힘을 갖고 있다. 즉 좋은 방향이든 나쁜 방향이든 계속되게 하는 힘을 갖고 있다. 따라서 업은 상대적이며 계속되는 순환 속에 있다. 그러나 붓다는 행위를 하더라도 업을 쌓지 않는다. 붓다는 거짓된 자아 관념에서 벗어났기 때문이다. 계속되려 하고 생성하려 하는 목마름에서 벗어났으며 다른 모든 더러움과 오염에서 벗어났다. 그에겐 다시 태어남이 없다. 모든 의도적 행위는 항상 결과를 가져온다. 좋은 행위는 좋은 결과를 나쁜 행위는 나쁜 결과를 낸다.

그것은 선과 악을 심판하는 어느 누구의 보상이나 처벌로서가 아니라 그 자체의 성질과 법칙일 따름이다. 그래서 죽고 난 다음의 삶에서도 의도적 행위의 결과가 나타나는 것이다. 육신이 소멸되어 사라져도 존재하려 하고 지속하려 하며 생성하려 하는 의지와 마음먹기, 욕구, 갈망 등은 모든 생명들을 움직이게 하며 세상을 움직이게 하는 에너지이다. 그래서 육신의 기능은 멸한다 해도 이 에너

지는 멈추지 않고 계속 다른 형태로 자신을 드러내어 윤회의 고리
를 이루는 것이다.

　이제 또 다른 의문이 일어난다. 그렇다면 자아나 영혼같이 영원
하고 변함없는 실체가 있기 때문에 우리들은 또 다른 생을 영위하
고 내생을 기약할 수 있는 것이 아닌가? 그러나 붓다는 영원한 실
체라고 불리는 아트만을 전면으로 부정하였다.

　과연 나의 생을 이어 가는 무엇인가가 없을 수 있겠는가? 전생
에 내가 지은 업을 금생에 받는다면 무엇이 짓고 무엇이 받을 수
있는가? 그것을 나라고 할 수 없다면 죽은 뒤에 다시 태어날 수
있는 그것을 무엇이라 이름짓겠는가? 사람들은 대단한 혼란에 빠
졌다. 붓다는 단견과 상견에 대해 전적으로 부정적인 입장을 취했
다. 그것은 과연 무슨 이유에서이겠는가?

　27장 무단무멸분에서 다시 논하겠지만, 단견이라는 것은 우리들
이 삶을 마감하고 난 뒤엔 아무 것도 존재하지 않는다는 것이다.
물론 이 견해에 동조하지 않는 사람은 많다. 그러나 상견이라는, 내
생으로 이어져 나가는 삶조차 실체인 자아가 없다는 데에 대한 붓
다의 사상에 많은 사람들이 이의를 제기했다. 어떻게 내가 없을 수
있는가? 끝없이 몸을 받고 윤회를 하고 있음을 아는 사람들에게
그것은 커다란 도전이었고 엄청난 변혁이었다.

　그러나 실제로 단견과 상견에 대한 견해를 집착하고 있다는 것
은 자신의 의지를 반영하고 있을 뿐이다. 상견에 대한 반대적인 입
장을 가진 사람들은 자신의 삶이 불만스럽고 고통스런 경험을 지
니고 있었을 것이다. 어떻게 이처럼 힘든 삶을 또 이어가야 할 것
인가. 반면에 상견에 대하여 긍정적인 입장을 가진 사람들은 삶이
항상 부족하고 아쉬운 사람들이 대부분이었을 것이다.

　어떻게 아직도 할 일이 산처럼 쌓였는데 끝내야 하는가? 그들은

삶을 통해 많은 쾌락과 만족감을 지니고 있다. 손에 놓기 싫을 만치 위안을 주던 재산과 가족들 평생에 걸쳐 일구어 놓은 업적과 공로들 때문에 단견과 상견에 대하여 집착하고 있음은 결국 나라고 하는 상에 붙들려 주위를 맴돈다.

그것이 옳고 그름을 떠나 아상에 집착한다는 것은 잘못된 문제를 풀기 위해 고민하는 것이다. 12연기에서 밝힌 바와 같이 무명 때문에 인간이 늙음과 죽음을 맞이하는데, 무엇을 가리켜 무명이라 하는지 조차 알지 못한다면 그것은 병명을 알 수 없는 환자를 치료하는 것과 같다. 무명이 행을 일으키는 것이다. 무명 때문에 행이 일어난다는 이야기는 단견이든 상견이든, 단상이 아니든 무엇인가를 주장한다면 결국 행을 일으키고 있는 것이다.

행이란 움직임 또는 현상이라고 한다. 우리들이 영화를 보면서 웃고 우는 것은 영화 속의 인물이 실제가 아니라 해도 실제처럼 움직이고 있는 까닭이다. 그렇기 때문에 우리들이 영화 속의 인물과 동일화를 시키기 때문에 필름뿐인 영상을 통해 마음이 요동치는 것이다. 그러나 느린 속도로 필름을 돌린다면 낱장의 사진으로 움직이는 영상에 불과하다는 사실을 알아차린다.

그때 모든 동일화의 현상은 사라질 것이다. 슬퍼하지도 않겠지만 기쁨도 없다. 모든 움직임은 정지된 모습의 나열일 뿐이다. 거기에 기쁨과 슬픔은 존재하지도 않고 나와 너도 구별할 필요가 없다. 촛불이 타는 것을 자세히 관찰한다면 초의 심지가 타 들어가고 있다. 윗부분의 심지가 타 없어지면서 아래 심지로 불이 붙어 간다. 때문에 엄밀히 말하면 초는 꺼지고 피어나고 꺼지고 피어나면서 타 들어가는 것이다.

마치 나무가 겨울에 잎을 떨구고 봄에 잎을 피우기를 거듭하는 것과 같음에도 워낙 짧은 순간에 옮겨 붙는 탓으로 우리들이 그것을 미처 발견하지 못하는 것이다. 이와 마찬가지로 우리들의 육체역시도 매순간 세포들이 죽고 새로운 세포가 살아나면서 끝없이 변화를 계속해 가고 있다.

끊임없이 계속되는 생멸 변화 속에 존재하는 것이기 때문에, 즉 나라고 부를 만한 자아는 계속 사라지는 까닭에 영원한 나란 결국 어디에도 존재하지 않는 것이다. 움직임 속에 움직이지 않음이 존재한다.

그럼에도 불구하고 중생들은 자신이 행한다고 생각하는 무명에 사로잡혀 있는 것이다. 그래서 좋다 싫다는 분별을 취함으로써 좋은 것은 끌어 모으고 싫은 것을 놓아 버리고 싶은 집착의 단계를 맞아야 하는 것이다.

육조 혜능대사가 오조 홍인대사로부터 깨달음의 증표인 의발을 전수 받고 15년간을 산 속에서 은거하다가 문득 법을 펼 때가 왔음을 알고 법성사라는 절에 들렀다. 깃발이 나부끼는 모양을 보고 대중 스님들이 말하길, 바람이 움직이는 것이다, 아니다 깃발이 움직이는 것이다 하면서 의론이 끊어지지 않는 것을 보고 혜능대사는 다음과 같이 말했다.

"바람이 움직이는 것도 아니고 깃발이 움직이는 것도 아니며 그대들 마음이 움직이는 것이다."

마음을 주의 깊게 관찰해 보면 일어나고 꺼지는 과정을 무수히 반복하고 있음을 알게 된다. 지금은 곧 죽을 것만 같은 실의에 빠졌다가도 잠시 후엔 그런 일이 언제 있었냐는 듯 기쁨에 차기도 하고, 터질 것 같은 환희에 부풀었다가 극심한 좌절과 허탈감에 빠지는 경우를 셀 수도 없을 만치 경험했을 것이다.

그처럼 많은 변화와 거듭되는 마음의 조화는 파도처럼 일어나고 잠기는 반복 곡선을 그리며 움직이고 있다. 그래서 마음을 생멸심이라고 한다. 붓다께서 말씀하시길 생멸심을 자신의 마음이라 알고 수행한다면 일어날 때엔 그렇다 해도 멸할 때에는 무엇으로 무생법인을 닦아 증득할 수 있느냐고 하였다.

③ 멸에 대하여

반야심경에서 관자재보살은 오온이 모두 공함을 비추어 봄으로써 모든 고통을 여읠 수 있다고 하였다.

고를 멸하려 하고 없어져야 할 폐품으로 취급하는 한 여전히 고의 범주에서 맴돌 것이다. 무명이란 사대를 잘못 알아 내 몸이라 하고, 육진의 그림자를 내 마음이라고 알고 있는 탓에 피어난 허공 꽃과 같다. 그러나 지수화풍의 사대 역시 업을 따라 발현하는 성품이라 실체가 없다.

지수화풍을 살펴본다면 다음과 같다.

지대의 성품이란 큰 것은 땅덩어리고 작은 것은 티끌이다. 티끌의 가장 최소 단위를 극미진이라 하고, 극미진을 일곱 조각으로 쪼개면 린허진이 되는데, 린허진을 쪼개면 허공이 되어 버린다.

현재의 과학에서는 자신의 특성을 잃지 않는 미립자의 상태를 원자라고 하는데, 원자의 중심으로 원자핵이 있고 주위에 원소 기호 만큼의 전자가 존재하고 있어서 전자를 가장 작은 단위로 규정하고 있다가 다시 전자를 구성하는 입자가 있음을 발견하였다.

그것을 쿼크라고 하는데, 어쩌면 쿼크를 구성하는 입자가 존재할지도 모르나 현재로선 쿼크가 가장 낮은 단위이므로 전자를 극미진에 해당한다고 보고 쿼크를 린허진에 해당된다고 생각할 때, 붓다는 린허진을 쪼개면 바로 허공이 되므로 허공이 티끌을 만들어낸 것임을 알 수 있다고 하였다. 그러나 쪼개어 허공이 된 린허진을 합한다면 티끌이 되지는 않는다. 그것은 마치 타버려 재가 된

나무의 재를 아무리 합쳐도 나무가 될 수 없듯 허공과 허공을 아
무리 합쳐도 티끌을 만들어 내지는 못할 것이다. 지대의 성품도 이
와 같아 법계에 주변하여 있다가 업을 따라 발현하는 것이라 비록
눈으로 보고 손으로 만질 수 있다 하더라도 지대의 본성품 자체는
공하기 때문에 있다 없다 할 것이 아니다.

　수대의 성품이란 여러 인연을 따라 물이 생기는 탓이라 비록 마
시고 씻고 하지만 수가 이루어지는 것은 자동차의 유리를 통해 더
운 공기와 찬 공기가 만나면 물방울이 맺히게 되는 것과 같다. 물
이 유리를 좇아 생기는 것도 아니고 더운 공기와 찬 공기를 물이
라 할 수 없듯 수대의 성품 또한 자체가 없다.

　화대의 성품은 성냥을 황에 마찰시킬 때 불이 일어나지만 성냥
과 황과 공기의 요소 중 어느 하나라도 빠지면 불은 생겨나지 못
한다, 따라서 화대의 성품은 자체가 없고 여러 인연을 기탁하여 불
이 생겨나는 것이라 불의 성품 또한 자체라 할 만한 것이 없다.

　풍대의 성품도 역시 마찬가지로 바람의 소재가 있는 곳이 없다.
손을 휘저으면 바람이 일고 옷을 펄럭여도 바람이 일어난다. 손과
옷에 바람을 감춰 둔 곳이 있어서 바람이 일어난다면 바람의 성품
이 자체가 있다 하겠지만 풍대의 성품 역시 여러 인연을 의지하여
생기는 것이다. 이처럼 업을 따라 발현하기에 지수화풍의 사대를
가리켜 이것이 사대의 자체이다라고 할 것이 없다.

　그와 같은 자체가 없는 사대를 의지하여 생겨난 우리의 몸을 실
재라 하고, 이미 자체가 없는 육신을 따라 생겨난 감각에 의존하여
일으킨 육진의 그림자를 내 마음이라 알고 있기에 뒤바뀐 망상이
잠시도 가만있지 못하고 일어나고 꺼지며 생과 멸을 끝없이 일으
키고 있다. 이러한 사실을 바로 알 때, 오온이 공함을 비추어 보았
을 때 멸한다거나 멸하지 않을 만한 성품은 존재한 적도 없었고

존재하지 않은 적도 없어 스스로 일으킨 일체 망상의 불이 꺼지는 것이다.

④ 도에 대하여
금강경의 32장인 응화비진분에는 다음과 같은 구절이 있다.

"현상계란 별이나 눈의 환영, 등불, 덧없는 것, 이슬, 물거품, 꿈, 번갯불, 구름 같은 그런 것으로 보아야 하리라."

"일체의 함이 있는 법은 꿈과 같고 환상과 같고 물거품과 같고 그림자 같으며 이슬과 같고 또한 번개와도 같으니 응당 이와 같이 관할지니라."

붓다는 다음과 같이 말씀하였다. 꿈을 깬 사람이 꿈속에 있던 물건을 찾는다면 실로 어리석은 일이 아닌가? 일체 만법은 꿈과 같고 물거품과 같고 허깨비와 같다. 환인 줄 알면 곧 여의어지는 것이라 방편을 지을 필요가 없고 여의면 곧 깨닫는지라 점차 또한 없다. 세상은 열반만이 가득하여 고요하고 적정하다. 물 속의 물고기가 공연히 목말라 물을 구하려 한다.

16. 능정업장분(能淨業障分)

능히 업장을 깨끗이 함

"그러나 수보리여, 어떤 사람이 이 법문을 읽고 외우며 다른 사람에게 설하여 주더라도 심하게 욕을 보거나 불화를 당하는 수가 있을지도 모른다. 그것은 어째서인가. 이런 사람들은 전생에 지은 업보로 인해 현생에서 욕을 당하는 것으로 전생의 부정한 행위를 갚고 깨달은 사람들의 깨달음을 얻게 될 것이기 때문이다."

"다시 수보리여, 선남자 선여인이 이 경을 받아 지니며 읽고 외우더라도 만약 남에게 업신여김을 당하면, 이 사람은 전생에 지은 죄업으로 응당 악도에 떨어질 것이로되, 금생의 사람들이 업신여김으로써 전생의 죄업이 모두 소멸되고 마땅히 아뇩다라삼먁삼보리를 얻으리라. 수보리여, 내가 과거 아승지겁을 생각하니 연등불을 뵙기 전에도 8백4천만억 나유타의 여러 붓다를 만나서 모두 다 공양하고 받들어 섬겼으며 헛되이 지냄이 없었노라. 만약 또 어떤 사람이 앞으로 오는 말세에 능히 이 경을 받아 지니고 읽고 외우면 그 얻는 공덕은 내가 여러 부처님께 공양한 공덕으로는 백분의 일도 미치지 못하며 천만억분과 내지 산수와 비유로도 미칠 수 없느니라. 수보리여, 만약 선남자 선여인이 앞으로 오는 말세에 이 경을 받아 지니며 읽고 외워서 얻는 공덕을 내가 다 갖추어 말한다면, 혹 어떤 사람은 듣고 마음이 몹시 산란하여 의심하고 믿지 않으리라. 수보리여, 마땅히 알아라. 이 경은 뜻도 가히 생각할 수 없으며 과보도 또한 생각할 수 없느니라."

✿

이 장은 금강경을 수지 독송하여 업장을 소멸한다는 것이다. 아승지겁이란 셀 수 없이 오랜 세월을 일컫는 것이고, 나유타란 무수히 많은 수를 나타내는 것이다. 겁은 범어로 칼파(kalpa)이며 비유로는 겨자겁과 반석겁이 있다.

겨자겁이란 사방 십 리의 성안에 씨앗 중에서 가장 작은 씨인 겨자씨를 가득 채워 놓고 3년마다 한 번씩 한 알을 꺼내서 성안이 텅 비기까지의 기간을 말한다. 반석겁이란 사방 십 리 되는 커다란 바위 위로 3년에 한 번씩 선녀가 내려와 얇은 옷으로 스치고 지나가 바위가 전부 닳아 없어지는 기간을 말하니 셀 수도 없고 짐작할 수 없는 오랜 시간을 나타낸다.

금강경을 수지하고 독송하는 공덕이란 헤아릴 수 없이 많은 겁 동안을 석가모니 부처님이 과거 부처님들을 공양하고 받들어 섬긴 공덕보다 크다고 하였으니 가히 짐작할 수 없을 정도이다.

더군다나 금강경을 수지 독송하고 있는데 만약 남들이 자신을 업신여기거나 불화를 당한다면 자신이 살아오면서 지은 모든 전생의 죄업을 소멸하고 깨달음을 얻은 사람과 같은 깨달음을 얻을 것이라 한다. 이제 세상은 그 어느 것도 우리를 상처받게 할 수 없음을 금강경을 통하여 알 수 있다. 참으로 대단한 공덕을 지닌 경전이 아닐 수 없다.

부처님 당시에 마하남이라는 거부 장자가 있었다. 그는 큰부자이면서도 인색하기 짝이 없어 시레기 국과 싸라기 밥에 떨어진 헌옷 등으로 생활하였고, 수행자나 불쌍한 사람에게 베풀지 않기 위해 항상 문을 걸어 잠그고 살았다.

그러다가 그자 죽자 그에게는 아들도 없고 친척도 없었기 때문에 그의 재산을 왕가의 재산으로 정리하기 위해 파사익왕은 먼지를 가득 쓴 채 피로한 기색으로 세존께 문안드렸다.

부처님이 묻기를 "대왕이여, 어디서 오기에 먼지를 쓰고 피로해 보이는가?" "성안의 거부장자인 마하남이 죽었으나 아들과 친척이 없어 그의 재산을 정리하여 왕가에 넣느라 먼지를 쓰고 피로하게 되었나이다." 부처님이 말씀하셨다. "대왕이여, 마하남은 전생에 타카라시키라는 벽지불을 만나 한 끼의 밥을 베풀었소. 그러나 순수한 마음으로 베풀지도 않았고 주고 나서는 공연히 주었다고 후회하였소. 그는 전생에 밥 한 그릇 베푼 공덕으로 7번이나 천상에 태어났고 7번이나 사위성 안의 좋은 집에 태어나 부귀를 누렸소. 그러나 공경하는 마음으로 베풀지 않았고 주고서도 후회하였기 때문에 태어나는 곳곳마다 부자가 되더라도 항상 추한 옷을 입고 추한 음식을 먹게 되었소. 그는 친척 형을 죽이고 재물을 빼앗았기 때문에 그 죄로 긴 세월동안 지옥 고통을 겪었으며 사위성 안의 부자로 7번 사람 몸을 받았으나 남은 죄값으로 아들이 없고 죽은 다음엔 재산을 모두 왕가에 몰수당한 것이오. 그는 인색했기 때문에 결국 지옥에 떨어질 것이오. 만일 사람이 죄와 복을 지으면 그것은 지은 자의 것이니, 그림자가 형체를 따르듯이 언제나 지은 자가 가지고 다녀 낳거나 죽거나 버리지 못하게 되오. 마치 사람이 적은 양식을 가지고 먼길을 떠나면 배고픔을 당하듯 살아서 공덕을 닦지 않은 사람은 반드시 악도의 고통을 겪을 것이오."

공덕은 과보는 이와 같아, 마하남이라는 인색한 장자가 전생에 벽지불에게 단 한 끼의 밥을 제공함으로 해서 일곱 번이나 천상에 태어나고 일곱 번이나 좋은 집에 태어나 부귀를 누릴 수 있다는 것이다.

어느 날 이교도인 바라문이 세존께 여쭈었다. "제가 듣기로 오직 부처에게 보시하거나 부처의 제자에게 보시해야지 다른 사람에게 보시한다면 과보를 받지 못한다고 들었사온데 이 말이 사실입니까? 아니면 부처님을 비방하려고 한 소리입니까?"라고 묻자, 붓다께서는 "그릇 씻은 물을 땅에 버리는 것도 개미나 초목을 위해 보시하는 것이 되거늘 하물며 사람에게 보시하는 공덕을 말해 무엇하겠느냐? 나는 다만 계행을 청정히 지키는 사람에게 보시하는 것이 계를 범하는 사람에게 보시하는 것과는 같다고 말하지 않는다."라고 말씀하셨다.

이처럼 똑같은 보시를 행하더라도 과보는 엄청나게 달라지는 것을 알 수 있다.

부처님 당시에 다음과 같은 일이 있었다. 인도에서는 여름철에 비가 많이 내려 비구들이 그 기간 동안 안거를 하는데 그 지방은 먹을 것이 풍족치 못한 곳이라 안거가 끝난 후 붓다는 제자들의 건강과 수행상태를 일일이 살펴보곤 하셨다. 그런데 몇 명의 비구들은 다른 비구들에 비해 혈색도 좋고 상당히 건강해 진 것을 아시고 안거를 어떻게 보냈느냐고 묻자 그 비구들은 다음과 같이 말하는 것이었다. 우리는 사람들에게 저 비구는 마땅히 사람들의 공양을 받을 만한 아라한이라고 추켜세워 신도들로부터 공양을 받아 안거를 무사히 마쳤다는 것이었다.

이 이야기를 들은 세존께서는 만약 아라한이 아니면서도 아라한이라고 말하여 세간 사람들의 공양을 받는다면 이는 무간지옥에 들어가는 죄를 범하는 것이라며 엄히 경책하셨다.

또한 제자들에게 말씀하시길, "너희들은 어떻게 생각하는가? 활활 타오르는 큰불을 끌어안는 것과 아름다운 아가씨나 여인네의 부드러운 손발을 안는 것과 어느 편이 좋다고 생각하는가? 또한 빨갛게 달아 불똥을 뿜는 쇠젓가락을 입에 넣는 것과 신심 있는 신도가 공양한 음식을 받는 것과 어느 편이 낫다고 생각하는가? 제자들이여, 계를 파하고 법을 범하며 마음은 썩고 애욕에 넘친 출가자는 차라리 타오르는 큰불을 끌어안거나 빨갛게 달군 쇠젓가락을 입에 넣는 것이 더욱 낫다. 왜냐하면 앞의 경우는 죽거나 죽을 만큼의 고통은 받을지언정 지옥에 떨어지는 일은 없으나 나중에 경우는 영겁의 고통에 빠지는 지옥의 인이 되기 때문이다." 이 말을 들은 제자들 중에 60여 명은 수행하는 것을 버리고 환속하였다.

세상에는 네 종류의 사람이 있다. 몸은 편하지만 마음은 편치 못한 사람이 있고, 마음은 편하지만 몸은 편치 못한 사람이 있고, 몸도 마음도 편안한 사람이 있고, 몸도 마음도 불편한 사람이 있다. 첫 번째는 복을 많이 지은 범부들이며, 재물에 궁색함은 없으나 지옥, 아귀, 축생의 삼악도를 벗어나지는 못했다. 그래서 몸은 편해도 마음은 불편하다. 두 번째는 공덕을 닦지 않은 아라한이다. 그들은 삼악도를 벗어날 수는 있지만 먹고 사는 것을 걸식해야 한다. 그래서 마음은 편하지만 몸은 편하지 않다. 세 번째 공덕을 많이 쌓은 아라한은 궁색하지도 않을 뿐더러 삼악도를 벗어난다. 그래서 몸도 마음도 모두 편안하다. 네 번째는 복을 닦지 않은 범부로서 재물도 궁색하고 삼악도를 벗어나지도 못한다. 그래서 몸도 마음도 편치 못한 것이다. 그러므로 수행자는 항상 진리를 닦음과 동시에 복과 공덕을 쌓는 데 게을리 하지 않아야 하는 것이다.

17. 구경무아분(究境無我分)

끝까지 내가 없음

"수보리여, 여래는 진여의 다른 이름인 것이다. 수보리여, 보
살이 무아의 법을 통달한 자이면 여래는 이를 참다운 보살이라
이름하느니라. 여래란 태어남이 없는 존재의 다른 이름인 것이
다. 그것은 어째서인가. 태어남이 없는 것이 최고의 진리인 까
닭이다. 또한 수보리여, 만일 누군가 여래가 올바른 깨달음을
실제로 깨달았다고 말한다면 그는 그릇된 말을 하는 것이다. 그
는 진실이 아닌 것에 집착하여 여래를 잘못 설명하는 것이다.
그것은 어째서인가. 수보리여, 여래가 더 없이 바른 깨달음을
실제로 깨달은 아무 것도 없기 때문이다. 여래가 실제로 깨달아
보인 법에는 진실도 없고 허망도 없다. 그래서 여래는 모든 것
은 깨달은 사람의 법이라고 말하는 것이며 또한 수보리여, 모든
것이란 실은 법이 아니라고 여래가 설하기 때문에 모든 것이라
말하는 것이다."

"수보리여, 여래는 진여의 다른 이름인 것이다. 수보리여, 보
살이 무아의 법을 통달한 자이면 여래는 이를 참다운 보살이라
이름하느니라." 그때 수보리가 부처님께 사뢰었다. "세존이시여,
선남자 선여인이 아뇩다라삼먁삼보리심을 발하였으니, 어떻게
마땅히 머물며 어떻게 그 마음을 항복받으리까." 부처님께서 수

보리에게 이르시되, "만약 선남자 선여인이 아뇩다라삼먁삼보리
심을 발하였으면 마땅히 이와 같은 마음을 낼지니 내가 응당 일
체 중생을 멸도하리라. 일체 중생을 멸도하고 나서는 한 중생도
멸도함이 없느니라. 무슨 까닭인가. 수보리여, 만약 보살이 아
상, 인상, 중생상, 수자상이 있으면 곧 보살이 아니니라. 그 까
닭이 무엇인가 하면 수보리여, 실로 법이 있어서 아뇩다라삼먁
삼보리심을 발한 것이 아니니라. 수보리여 어떻게 생각하느냐.
여래가 연등불 처소에서 법이 있어 아뇩다라삼먁삼보리를 얻었
느냐?" "아닙니다. 세존이시여, 제가 붓다가 설하신 뜻을 이해하
기에는 붓다가 연등불 처소에서 법이 있어 아뇩다라삼먁삼보리
를 얻은 것이 아닙니다." "수보리여, 실로 법이 있어서 여래가
아뇩다라삼먁삼보리를 얻음이 아니니라. 수보리여, 만약 법이
있어서 여래가 아뇩다라삼먁삼보리를 얻었음인대 연등불이 곧
나에게 수기를 주면서 '너는 내세에 마땅히 부처를 이루리니 호
를 석가모니라 하라'고 하시지 않았으려니와 실로 법이 있어서
아뇩다라삼먁삼보리를 얻은 것이 아니므로 이 까닭에 연등불이
나에게 수기를 주시면서 말씀하시되 '너는 내세에 마땅히 부처를
이루리니 호를 석가모니라 하리라'고 하시니라. 무슨 까닭인가
하면 여래라 함은 곧 모든 법이 여여하다는 뜻이니라. 만약 어
떤 사람이 말하길 여래가 아뇩다라삼먁삼보리를 얻었다고 하면
수보리여, 실로 법이 있어서 붓다가 아뇩다라삼먁삼보리를 얻음
이 아니니라. 수보리여, 여래가 얻은 바 아뇩다라삼먁삼보리는,
이 가운데는 실다움도 없고 헛됨도 없느니라. 그러므로 여래가
설하되 '일체법이 다 불법이라' 하시니 수보리여, 말한 바 일체
법이 아님일새 그러므로 일체법이라 이름하느니라. 수보리여,
비유하건대 사람의 몸이 장대함과 같느니라." 수보리가 말씀드리

되, "세존이시여, 여래께서 설한 사람 몸의 장대함도 곧 큰몸이 아니고 그 이름이 큰몸입니다." "수보리여, 보살도 또한 이와 같아서 만약 이런 말을 하되 내가 마땅히 한량없는 중생을 멸도하리라 한다면 곧 보살이라 이름할 수 없음이니 무슨 까닭인가. 수보리여, 실로 법이 있어서 보살이라 이름하지 않느니라. 그러므로 붓다가 설하되 일체법은 아도 없고 인도 없고 중생도 없고 수자도 없다 하느니라. 수보리여, 만약 보살이 이런 말을 하되 '내가 마땅히 불국토를 장엄하리라' 한다면 이는 보살이라 이름할 수 없음이니 무슨 까닭인가. 여래가 설한 불국토를 장엄한다는 것은 곧 장엄이 아니고 그 이름이 장엄이니라. 수보리여, 보살이 무아의 법을 통달한 자이면 여래는 이를 참다운 보살이라 이름하느니라."

꧁

"수보리여, 여래는 진여의 다른 이름인 것이다. 수보리여, 보살이 무아의 법을 통달한 자이면 여래는 이를 참다운 보살이라 이름하느니라."

여래라고 함은 진여(眞如) 또는 여여(如如)라고 하며 타타가타 (tathagata)라고 한다. 즉 '그렇게 왔다 그렇게 간다'라는 뜻이며, 흔적을 남기지 않고 살다가 바람처럼 사라진 사람들, 열반의 피안으로 떠나간 사람을 일컫는다.

원각경에서 붓다는 보안보살에게 '참다운 보살은 법에 얽매이지도 않고 법에서 벗어나기를 구하지도 않으며 나고 죽는 것을 싫어하지도 않으며 열반을 좋아하지도 않으며 계행 갖는 것을 공경하지도 않으며 계를 파하는 것도 미워하지 않고 오래 공부한 이를 소중히 여기지도 않고 처음 공부한 이를 깔보지도 않나니, 왜냐하면 온갖 것이 모두 원각(원만한 깨달음)이기 때문이니라. 이를테면 안광이 앞을 비춤에 그 빛은 원만하여 사랑도 미움도 없는 것과 같으니 그것은 광명 자체는 둘이 아니어서 사랑과 미움이 없기 때문이라'고 말씀하였다.

우리가 본다는 것은 빛이 있어서 인식할 뿐인데, 마음이 본다는 생각을 일으켜서 차별과 분별이 나타난다. 따라서 본다는 생각 없이 단순히 본다면 마음이 멸하여 본 마음의 청정이 드러나고 마음이 청정하므로 보이는 경계가 차별을 일으키지 않는다. 보이는 경계가 청정하므로 눈이 청정하고 안식이 청정해짐으로써 느낌이 청정해지고 색성향미촉법이 청정해지는 것이므로 세상은 본래 있는 그대로 청정하다.

세상의 본 모습 그대로가 원만한 깨달음을 나타내고 있는 여여한 것이다. 이처럼 우리가 청정 각해에 들어가는 것은 목숨을 내던질 정도로 어렵고 힘든 일이 아니라 보고 듣는 성품을 어떻게 활용하느냐에 달린 것이다. 그저 눈에 보이는 것은 전부 갖고 싶어하는 탐욕을 일으키고, 들리는 소리마다 쫓아다니면서 잘 잘못을 따진다면 목숨을 천번 만번 내던진다고 원각을 성취할 수 있겠는가? 만일 목숨을 던짐으로써 원각을 성취한다면 불만 보면 목숨을 거는 나방들이 먼저 깨달음을 얻을 것이다.

레일을 따라 달리는 열차처럼 삶은 자신의 규율과 궤적을 남기며 지금까지 흘러 온 것과 같이 앞으로도 줄기차게 흘러갈 것이다. 삶은 자신의 필요에 의하여 우리를 세상으로 이끌어 온 것이고 우리들은 실제로 삶에 대해 아무런 권한도 권리도 지니고 있지 않다. 탄생, 죽음, 호흡, 맥박도 우리의 관리 영역 밖에서 존재하는 것이고, 산다는 것은 우리의 권한 밖에서 펼쳐지는 풍경이다.

우리가 할 수 있는 일이란 삶이 이끄는 대로 단지 자신을 비워
두는 것뿐이다. 목표를 지니지 않은 구름은 온갖 형상을 만들고 지
우면서 자유롭고 한가롭게 높이 떠다닌다. 그래서인지 구름의 모습
은 참으로 아름답다.

구경무아분은 끝까지 내가 없다는 것이다. 진리의 길에서 끝을
발견한다면 머물러야 하기에 잘못된 발견이다. 갈 수 없는 마지막
까지 내가 없다는 생각에서 더 여의고 여의어야 한다. 어쩌면 끝을
발견하는 순간이 시작일지도 모른다. 거기서부터 새로운 시작이 있
음을 알아야 한다. 수행자는 어느 곳이건 머물 수 없음을 알고 더
나아갈 수 없는 곳까지 지나쳐 가야 하기 때문이다. 그렇기 때문에
붓다께서 설하신 능엄경 중에서 말씀하신 55위의 수행의 차례를
밝히고자 한다.

붓다께서 마지막 부분에 밝힌 바와 같이 55위 역시 실제가 아닌
환술 같은 것이지만, 환으로써 환을 물리쳐야 하는 우리로서는 결
코 간과할 수 없는 부분이라 소개하는 것이니 참고 삼아서 살펴보
기로 한다.

일체 중생이 삼매에 들려면 먼저 계율을 깨끗하게 지녀야 한다.
음행과 살생을 끊지 않고서는 삼계에서 벗어날 수 없는 것이니 음
욕이 독사와 같고 원수와 같은 줄로 여기며 몸과 마음을 단속하여
움직이지 않게 하고 일어나지 말게 하여야 한다.

이 계율이 이루어지면 이 세상에서 서로 낳고 서로 죽이는 일이
없어질 것이요, 훔치는 일을 하지 아니하면 묵은 빚을 갚지 아니할
것이다.

이렇게 청정하게 계율을 가지는 사람은 마음에 음탐이 없어져서

밖으로 육진에 끌리는 일이 적을 것이며, 육진에 끌리지 아니하므로 근본 성품으로 돌아갈 것이다. 앞엣 것을 반연치 아니함으로 육진이 짝할 것이 없어지고, 밖으로 흘러가던 것을 돌리어 하나인 성품에 합하면 육근의 작용이 일어나지 아니할 것이다.

그리하여 시방 국토가 밝고 깨끗함이 마치 수정 속에 밝은 달을 달아 놓은 듯하며, 몸과 마음이 상쾌하여 묘하고 뚜렷하고 평등하여 크게 편안함을 얻게 되면 온갖 부처님의 비밀하고 묘한 이치가 모두 이 가운데 나타날 것이다.

① 십신(十信)

선남자가 욕심과 애정이 말라 버리고 근과 앞엣 것이 짝하지 아니하므로 지금에 남아 있는 이 몸이 다시는 나지 않게 되며, 고집하던 마음이 훤칠하게 밝아져서 순전한 지혜뿐이며 지혜의 체성이 밝고 뚜렷하여 시방 세계가 환하게 맑아서 마른 지혜만 있게 되는 것을 건혜지(乾慧地)라 한다.

그러나 이 시기는 욕애의 습기가 처음 말랐기 때문에 여래의 법으로 흐르는 물과는 어울리지 못하니 이 마음으로써 가운데로 점점 들어가면 뚜렷하고 미묘한 것이 비로소 열리고 온갖 허망한 생각은 아주 없어져서 중도의 이치가 순전하고 참된 것을 신심주(信心住)라 한다.

참된 신심이 분명하여지면 지나간 세상 오는 세상 수없는 겁 동안에 몸을 버리고 몸을 받는 온갖 습기가 모두 앞에 나타나며, 이 사람이 온통으로 기억하여 하나도 잊어버리지 않는 것을 염심주(念心住)라 한다.

묘하고 참된 정기가 변화하는 힘을 내어 예전 습기가 한결같이 깨끗하고 밝아지며, 이 정미롭고 밝은 것으로써 참되고 깨끗한 데

176

로 나아가는 것을 정진심(精進心)이라 한다.

정미로운 마음이 앞에 나타나서 순전한 지혜뿐인 것을 혜심주(慧心住)라 한다.

지혜의 밝음을 그냥 유지하여 두루하고 고요하거든 고요하고 묘한 것이 항상 엉기어 있는 것을 정심주(定心住)라 한다.

정심의 빛이 밝아지고 밝은 성품이 깊이 들어갔거든 그대로 나아가기만 하고 물러나지 않는 것을 불퇴심(不退心)이라 한다.

마음으로 정진하는 것이 편안하여 보전하여 가지고 잃어버리지 아니하여 시방 여래의 기분과 서로 어울리는 것을 호법심(護法心)이라 한다.

각의 밝고 묘한 지혜의 힘으로써 부처님의 자비한 광명을 돌이켜 부처님을 향하여 편안히 머무는 것이 마치 두 거울의 밝은 빛이 서로 대함에 그 가운데서 묘한 그림자가 거듭거듭 서로 비치는 것과 같은 것을 회향심(廻向心)이라 한다.

마음 빛이 가만히 회향하여 부처님을 항상 마주 대함과 같아 위없는 묘하고 깨끗함을 얻고는 하염없는 도에 편안히 머물러 있는 것을 계심주(戒心住)라 한다.

계심에 머물러 있어 자재하여 지고 시방으로 다니되 소원대로 가게 되는 것을 원심주(願心住)라 한다.

② 십주(十住)

이 선남자가 진여의 방편으로 이와 같은 열 가지 마음을 내었거든 마음의 정기가 빛을 내어 열 가지 작용을 걷어 들여 한마음을 원만하게 이루는 것을 발심주(發心住)라 한다.

마음 가운데서 밝음을 내는 것이 마치 깨끗한 수정 속에 순금을 담은 것 같아서 앞의 묘한 마음으로 다져서 지극히 깨끗한 지정(至

情)을 닦는 것을 치지주(治地住)라 한다.

마음과 지정이 서로 알아서 함께 밝아지고 시방으로 다니되 조금도 거리낌이 없는 것을 수행주(修行住)라 한다.

수행하는 것이 부처님과 같아서 부처님의 기분을 받는 것이 마치 중음신이 부모될 이를 구할 적에 그윽한 기별이 가만히 통하는 듯이 여래의 종성에 들어가는 것을 생귀주(生貴住)라 한다.

불도의 태(胎) 속에 노닐면서 부처님의 지혜를 받아 불자 되는 것이 마치 태 속에서 자라는 아기가 사람의 모양을 갖춘 것 같은 것을 방편구족주(方便具足住)라 한다.

용모가 부처님과 같고 마음도 같은 것을 정심주(正心住)라 한다.

몸과 마음이 함께 이루어져서 날마다 점점 자라는 것을 불퇴주(不退住)라 한다.

십심의 영특한 모양을 한꺼번에 갖추는 것을 동진주(童眞住)라 한다.

형상이 이루어져서 태에서 나와 친히 부처님의 아들 되는 것을 법왕자주(法王子住)라 한다.

어른이 되었다고 표시하되 마치 임금이 나라 정사를 태자에게 맡기며 찰제리왕이 세자가 자라 관정식을 하는 것 같이함을 관정주(灌頂住)라 한다.

③ 십행(十行)

이 선남자가 부처님의 아들이 되고는 여래의 한량없는 묘한 공덕을 갖추어 시방으로 다니면서 수순하는 것을 환희행(歡喜行)이라 한다.

온갖 중생들을 잘 이익케 하는 것을 요익행(饒益行)이라 한다.

제가 깨닫고 남을 깨닫게 하는 일에 조금도 거슬리지 않는 것을

178

무진한행(無瞋恨行)이라 한다.

여러 종류들을 다 벗어나게 하되 오는 세상의 끝까지 하여 삼세가 평등하고 시방에 통달하는 것을 무진행(無盡行)이라 한다.

온갖 것이 합하여 같아지는 여러 가지 법문에 잘못되지 않는 것을 이치란행(離癡亂行)이라 한다.

같은 가운데 여러 가지 다른 것을 나타내고 낱낱이 다른 데서 제각기 같음을 보는 것을 선현행(善現行)이라 한다.

이리하여 시방 허공에 티끌을 채우고 낱낱 티끌 속에 시방 세계를 나타내어 티끌을 나타내거나 세계를 나타내는데 서로 거리끼지 아니함을 무착행(無著行)이라 한다.

온갖 것이 앞에 나타나되 모두 제일바라밀다인 것을 존중행(尊重行)이라 한다.

이렇게 원융하여져서 시방 부처님의 규모를 이루는 것을 선법행(善法行)이라 한다.

낱낱 것이 모두 청정하여 누가 없어지고 한결같이 참되고 하염이 없어 본래 그러한 성품인 것을 진실행(眞實行)이라 한다.

④ 십회향(十廻向)

이 선남자가 중생을 제도하되 제도한다는 상이 없어졌고 하염없는 마음을 돌이켜 열반길로 향하는 것을 온갖 중생을 제도하면서도 중생이라는 상을 여읜 이중생상회향(離衆生相廻向)이라 한다.

부술 것을 모두 부수고 여러 가지 여읠 것을 멀리 여읜 것을 불괴회향(不壞廻向)이라 한다.

본각이 고요하고 맑아 깨달은 것이 부처님의 깨달음과 같은 것을 등일체불회향(等一切佛廻向)이라 한다.

정미롭고 밝은 빛을 내어 경지가 부처님 경지와 같은 것을 지일체처회향(至一切處廻向)이라 한다.

세계와 여래가 서로서로 들어가되 걸림이 없는 것을 무진공덕장회향(無盡功德藏廻向)이라 한다.

부처님 경지와 같은 데서 경지 속마다 제각기 청정한 인을 내고 인을 의지하여 빛을 드러내어서 열반길을 취하는 것을 수순평등선근회향(隨順平等善根廻向)이라 한다.

진정한 선근이 이루어졌거든 시방 중생이 모두 나의 본 성품이며 성품이 원융하게 성취하면서도 중생을 잃지 않는 것을 수순등관일체중생회향(隨順等觀一切衆生廻向)이라 한다.

온갖 법에 머물면서도 온갖 상을 여의어서 머무는 것이나 여의는 것이나 두 가지에 모두 집착하지 않는 것을 진여상회향(眞如相廻向)이라 한다.

참으로 같은 이치를 얻어서 시방에 거리낌이 없는 것을 무박해탈회향(無縛解脫廻向)이라 한다.

성품인 공덕이 원만하게 성취되어 법계의 한량이 없어진 것을 법계무량회향(法界無量廻向)이라 한다.

⑤ 사가행(四加行)

부처님의 각으로써 내 마음을 삼았으나 날듯 날듯 하면서도 나지 않는 것이 마치 나무를 비벼 불을 낼 적에 나무를 태울 듯이 하는 것을 난지(煖地)라 한다.

또 자기의 마음으로 붓다가 밟으시던 바를 이루었으나 의지한 듯 하면서도 의지한 것 아닌 것이 마치 높은 산에 올라가서 몸은 허공에 들어갔으나 아래는 조금 걸림이 있는 것을 정지(頂地)라 한다.

마음과 붓다가 둘이 같아서 중도를 얻은 것이 마치 일을 참는 사람이 품어 두는 것도 아니오 내어버리는 것도 아닌 것 같은 것을 인지(忍地)라 한다.

셈으로 요량하는 것이 소멸하여져서 아득한 중도나 깨달은 중도나 둘에 지목할 바 없는 것을 세제일지(世第一地)라 한다.

⑥ 십지(十地)

이 선남자가 큰 보리를 잘 통달하되 깨달음이 여래와 융통하여져서 부처님의 경계가 극진한 것을 환희지(歡喜地)라 한다.

다른 성품이 같게 되고 같은 성품까지 없어진 것을 이구지(離垢地)라 한다.

깨끗한 것이 지극하여 밝은 빛이 나는 것을 발광지(發光地)라 한다.

밝은 것이 지극하여 각이 원만한 것을 염혜지(焰慧地)라 한다.

일체의 같다 다르다 하는 것이 소멸해 이기기 어려운 지혜를 난승지(難勝地)라 한다.

하염없는 진여의 성품이 밝고 깨끗하게 드러나는 것을 현전지(現前地)라 한다.

진여의 끝까지 다한 것을 원행지(遠行地)라 한다.

한결같이 진여의 마음뿐인 것을 부동지(不動地)라 한다.

진여의 작용을 내는 것을 선혜지(善慧地)라 한다.

이 보살들이 이제부터는 닦는 공부를 마치고 공덕이 원만하였으므로 여기까지를 수습하는 자리라 한다. 자비한 그늘과 묘한 구름이 열반 바다에 덮인 것을 법운지(法雲地)라 한다.

이와 같이 여래는 생사를 초월하여 흐르는 것을 거슬러 올라오고, 이 보살은 흐름을 따라 내려가서 서로 만나 각의 경계선에 들어가 어울린 것을 등각(等覺)이라 한다.

　이처럼 건혜지로부터 등각까지 이르러서는 이 각이 비로소 금강심 가운데 초건혜지를 얻나니, 이렇게 홑으로 겹으로 열두 번을 거듭거듭 하여야 비로소 묘각이 극진하여 위없는 무상도를 이룬다. 그러나 이 여러 가지 지위는 모두 환술 같은 꿈이나 허공꽃처럼 실제로 존재하는 것은 아니지만, 열 가지로 비유하는 금강같이 관찰하는 삼매 가운데서 여래의 위빠사나로써 깨끗하게 닦아 증하여 차례 차례로 깊이 들어가는 것이다. 이것들은 모두 세 가지 차례로 닦아 나아가는 것으로 말미암아 55위의 참된 보리 길을 성취한 것이니 이렇게 보는 것은 올바른 관이라 하고 다르게 보는 것은 잘못된 관이라 한다.

18. 일체동관분(一體同觀分)

한 몸으로 동일하게 봄

　스승께서 물으셨다. "수보리여, 어떻게 생각하는가. 여래에게는 육안, 천안, 혜안, 법안, 불안이 있는가?" 수보리가 말했다. "그렇습니다. 스승이시여, 여래에게는 육안, 천안, 혜안, 법안, 불안이 있습니다." 스승께서 말씀하셨다. "수보리여, 무수히 많은 세계에 살아 있는 것들의 수없이 많은 마음의 흐름을 여래는 알고 있다. 그것은 어째서인가. 수보리여, 마음의 흐름이란 이름이 마음의 흐름일 뿐 마음의 흐름이 아니다라고 여래는 설하고 있기 때문이다. 바로 그렇기 때문에 마음의 흐름이라고 말하는 것이다. 그것은 어째서인가. 수보리여, 과거의 마음은 붙잡을 수 없고 미래의 마음도 붙잡을 수 없고 현재의 마음도 붙잡을 수 없기 때문이다."

　"수보리여, 어떻게 생각하느냐. 여래가 육안이 있느냐?" "그렇습니다. 세존이시여, 여래는 육안이 있습니다." "수보리여, 어떻게 생각하느냐. 여래가 천안이 있느냐?" "그렇습니다. 세존이시여, 여래는 천안이 있습니다." "수보리여, 어떻게 생각하느냐. 여래가 혜안이 있느냐?" "그렇습니다. 세존이시여, 여래는 혜안이 있습니다." "수보리여, 어떻게 생각하느냐. 여래가 법안이 있느냐?" "그렇습니다. 세존이시여, 여래는 법안이 있습니다." "수보리여, 어떻게 생각하느냐. 여래가 불안이 있느냐?" "그렇습니다. 세존이시여, 여래는 불안이 있습니다." "수보리여, 어떻게 생각하는가. 저 항하 가운데 있는 모래를 여래가 설한 적이 있느냐?" "그렇습니다. 세존이시여, 여래께서는 그 모래를 말씀하셨습니다." "수보리여, 어떻게 생각하느냐. 저 한 항하에 있는 모래수와 같이 이렇게 많은 항하가 있고 이 모든 항하에 있는 바 모래수만큼의 불세계가 있다면 이는 얼마나 많음이 되겠느냐?" "심히 많습니다. 세존이시여." 부처님께서 수보리에게 이르시되, "저 국토 가운데 있는 중생의 가지가지 종류의 마음을 여래가 다 아느니라. 까닭이 무엇인가 하면 모든 중생의 마음은 마음이 아니므로 이를 마음이라 이름한다고 여래는 말하는 것이다. 수보리여, 왜냐하면 과거의 마음도 찾을 수 없고 현재의 마음도 구할 수 없으며 미래의 마음도 얻을 수 없음이니라."

꽃

여래께서 수보리존자에게 묻는다. 여래는 육안을 가지고 있느냐? 천안을 가지고 있느냐? 혜안을 가지고 있느냐? 법안을 가지고 있느냐? 불안을 가지고 있느냐?

견(見)과 관(觀)은 '본다'라는 의미가 있다. 견은 표면에 드러나는 경계를 바라본다는 말이고, 관이란 꿰뚫어 본다는 의미를 내포하고 있다. 좌측에서 우측으로 움직이는 시계추를 관(觀)하면 실제로는 어느 쪽으로도 움직여 가지 않는다.

왜냐하면 시계추가 오른쪽으로 움직여 가기 위해선 왼쪽으로 힘차게 달려야 하고, 결국 오른쪽으로 가는 힘과 왼쪽으로 가려는 힘을 합한 수치는 언제나 제로이기 때문이다. 낮과 밤도 이와 마찬가지로 밤이 깊어질수록 낮이 가까이 오고 있는 것이다.

이런 사실을 깊이 이해한다면 우리는 표면상으로 드러나는 행복과 불행에 흔들림 없는 고요함을 지닐 수 있는 것이다. 실제론 언제나 제로이기 때문이다. 천지동근(天地同根)이라는 말과 같이 하늘과 땅도 다 같은 뿌리이다.

여래는 다섯 가지 눈에 대해 말씀하셨다. 사물의 경계를 바라보는 육안과 과거의 기억과 경험의 이미지를 벗어버리고 순수한 진여본성을 있는 그대로 바라보는 천안, 시계추를 꿰뚫고 바라보듯 차별의 현상계에 흔들리지 않는 공, 무생, 무멸의 혜안, 그리고 진리의 깊은 뜻을 통달하여 진리에도 집착하지 않으며 중생을 제도하는 법안, 그리고 너, 나의 구분조차 없어서 제도할 중생도 없음을 보는 불안이 있다.

이 장의 제목처럼 부처의 눈으로 바라보는 세계는 일체가 다 같은 것이다. 여기에서 중생의 마음은 마음이 아니기에 마음이라고 이름하는 것이다라는 한역본 식의 접근 방식이 등장한다. 즉 마음을 마음이라고 이름 붙이지 않는다면 마음이 있다고 추측할 아무런 실체도 우리들 내면에는 없는 것인데 단지 마음이라는 언어 때문에 마음이 존재한다는 착각을 일으키고 있을 뿐이다. 그러한 착각 때문에 우리의 생각은 항상 전도된 망상만을 불러오는 것이다. 여래께서는 능엄경에서 다음과 같은 말씀을 하셨다.

"비유컨대 마치 거문고나 비파에 묘한 소리가 있지만은 미묘한 손가락이 아니면 마침내 소리를 타 낼 수 없는 것과 같이 너희들 중생도 역시 그러하여 보배로운 참 마음이 제각기 원만하여 있지만 내가 손가락을 짚으면 바다에 하늘과 구름이 비치듯 분명하게 드러나고 너희는 잠깐만 마음을 들어도 번뇌 망상부터 먼저 일어나니 그것은 위없는 보리를 부지런히 구하지 않고 소승법을 좋아하여 조그만 것을 얻고서 만족하게 여기는 탓이니라."

벽돌을 갈아 거울을 만들겠다던 스승에게 마조는 그제서야 자신의 어리석음을 깨닫고 묻는다. 어떻게 수행하여야 부처를 이룰 수 있습니까?

남전은 다시 묻는다. 마차가 가지 않으면 말을 때려? 수레를 때려?

비유로써 말하자면 우리들은 손을 움직여 그림자를 만든다. 그래서 손이라는 실상과 그림자인 허상이 나타난다. 실상과 허상의 구분은 손을 움직이면 그림자를 바꿀 수 있지만 그림자를 바꾼다고 손이 움직여지지는 않는다.

우리는 몸과 마음이 존재함으로 해서 나라는 관념을 얻는다. 분명히 몸은 실상이고 마음은 허상이지만 우리들의 뒤바뀐 생각으로 말미암아 몸이 허상이 되었고 마음이 실상이 되었다. 몸을 바꾼다고 마음까지 바뀌지는 않기 때문이다. 그러나 마음을 바꾸면 몸이 바뀐다. 신맛을 생각하면 입에 침이 돌고 분노하면 어금니가 깨물어지고 어른을 만나면 인사를 하게 되는 등의 움직임은 마음을 따라 바뀌는 것이다. 즉 몸은 마음의 그림자이고 마음을 따라 움직이는 끄나풀에 불과하다. 마음은 곧 오온의 작용이다. 그렇기 때문에 오온이 모두 공함을 알 때야 비로소 전도된 망상을 벗어나 모든 고통이 소멸되는 것이다.

마음이 머물게 되면 자연히 몸은 끄나풀이 되고 그림자가 되지만 이러한 사실을 심사숙고하여 마음이 머물지 않는 응무소주 이생기심하게 되면 몸은 마음의 부림을 받지 않고 스스로 움직인다. 진정한 나가 되는 것이고 주인된 삶을 사는 것이다. 그래서 금강경

전체를 훑어보아도 어떤 자세로 앉고 누워야 하며 호흡은 몇 번에 나누어 해야 하며 잠은 얼마 동안 자야 하는지에 대한 언급이 없다. 오히려 조금 뒤인 29장에 들어가서는 여래가 가고 오고 앉고 서고 눕는다고 말하는 사람이 있다면 그는 내 가르침의 뜻을 하나도 이해하지 못한 것이라고 한다. 오직 말을 채찍으로 내려칠 뿐이다. 그러면 수레는 따라 오기 마련이다.

만일 여태껏 수레를 때리고 있었다면 지금부터는 말을 때려야 하리라. 붓다는 말하길 범부는 들은 것이 없어 나를 나라고만 알아 집착한다. 그래서 육신에 묶여 탐욕을 행하게 되고 욕심의 갈증을 벗어나지 못한다고 하였다. 우리들은 모쪼록 망상의 근본을 마음으로 사무쳐 통달하여 주인된 삶을 살아야 한다.

2500년 전 이른 아침, 정적과 침묵이 감도는 사위성에서 붓다는 무슨 의도로, 무엇을 전달하고자 금강경을 말씀하신 것인지를 진지하게 탐구하면서 우리의 어리석음과 무지가 어떻게 생겨났으며 그것은 과연 제거될 수 있을 것인가 하는 문제를 다시 한번 고찰해 보고자 한다.

우리 모두에게는 무명, 무지, 어리석음을 벗어나거나 제거하고 싶은 욕망이 있다. 여기서 제일 먼저 이해해야 할 것은 '왜 우리는 그런 욕망을 갖게 되었나?' 하는 것과 '그런 욕망, 무명과 무지로부터 해방되려고 부단히 노력하는 실체는 과연 무엇일까?' 하는 것이다.

만일 어떤 사람이 이곳을 방문하고 싶다고 전화로 위치를 물어봤을 때 이곳의 위치를 가르쳐 주기 전에 먼저 그 사람이 있는 곳을 알아야만 정확한 약도를 가르쳐 줄 수 있는 것처럼 우리들은 먼저 우리가 있는 곳을 알아야만 한다. 이처럼 자신을 먼저 이해하는 것이 지혜의 시작이다.

"중생의 가지가지 종류의 마음을 여래가 다 아느니라. 까닭이 무
엇인가 하면 모든 중생의 마음은 마음이 아니므로 이를 마음이라
이름한다고 여래는 말하는 것이다. 수보리여, 왜냐하면 과거의 마음
도 찾을 수 없고 현재의 마음도 구할 수 없으며 미래의 마음도 얻
을 수 없음이니라."

'과거심불가득 현재심불가득 미래심불가득'이란 말이 나온다. 진
리의 세계에는 너도 없고 나도 없다고 한다. 나타난 그대로가 진리
이고 법인 것이다.

부족하고 어리석은 사람이든, 완벽하고 충족하여 결함 없는 사람
이든 간에 그들은 실제로 같은 모습을 지닌 동일체인 중생이다. 붓
다는 이미 그들 자체이다.

우리들은 다음과 같은 세 가지의 성품이 있다. 변계소집성(遍計
所執性), 의타기성(依他起性), 원성실성(圓成實性)이다.

변계소집성이란 새끼줄을 보고 뱀인 줄 알아 번뇌 망상을 일으
키는 것이다. 이처럼 우리들은 자라 온 환경과 살아온 조건에 의하
여 주관적인 색안경을 끼고 바라보기에 사물을 나타난 그대로 보
지 못하며, 자신의 기억에 의거한 과거 이미지로 해석하여 분별하
는 것이다.

의타기성이란 행하거나 맞이하는 모든 것은 인연의 결합일 뿐
실재하는 성품은 없다는 것이다. 옷은 옷의 성품이 따로 있지 않다.
가느다란 실을 짜서 천을 만들고 그 천으로 만든 것이 옷일 뿐, 실
이란 자체의 성품도 실제론 없다. 인연이 다하면 흩어질 결합에 의
한 것이고, 성품이 고상하다거나 흉악하다는 것도 실제로 존재하지

않는다. 자신의 교육과 환경에 영향을 받고 변계소집성의 결합으로 이루어진 성품인 것이다.

원성실성이란 차별이 없는 평등한 진여자성을 가리킨다. 변계소집성과 의타기성이 유위이고 무상한 것임에 반하여, 원성실성은 상주 불변하고 무위인 것이다. 즉 중생들이 삼라만상을 실재하는 것으로 알고 집착하면 변계소집성이 되고, 일체법이 인연의 결합으로 이루어진 의타기성인 줄 알아 진실로 돌아가면 원성실성이 된다. 그래서 진여 법계는 너와 나라는 구분이 존재하지 않는다. 또한 진여까지도 이미 사라져 없는 것이다. 일체가 하나이며 하나조차 존재한 적이 없기 때문이다. 나라는 개체는 이미 사라지고 상대하는 자체가 바로 상대이기 때문에 너는 바로 나이다.

일체동관분은 바로 일체를 한 몸으로 동일하게 본다는 것이다.

어떤 스님이 금강경을 참으로 열심히 배워서 자신은 어느 누구한테라도 금강경에 대해서는 자신 있게 말할 수 있다고 자부하면서 금강경을 들고 길을 나섰다. 한낮이 되어서 어느 마을 어귀에 들어서자 떡을 파는 노파가 있기에 떡을 달라고 하자, 노파는 스님이 들고 있는 것이 무엇이냐고 물었다. 금강경이라고 하자 노파는 대뜸 이렇게 물었다. '금강경에 지나간 마음도 얻을 수 없고 현재의 마음도 얻을 수 없고 미래의 마음도 얻을 수 없다고 하는데 스님은 떡을 먹으려는 마음은 과거의 마음, 현재에 마음, 미래의 마음 중에서 어떤 마음에 점을 찍으시겠습니까?' 그러자 스님은 금강경에 대해서만큼은 누구에게라도 지지 않을 수 있다고 자부하던 마음을 부끄럽게 여겼다. 눈앞이 캄캄해진 스님은 노파에게 '이 동네에는 큰스님이 계시는 것 같은데 어디에 계시는가?' 하고 묻자, 노파는 곧 큰스님 계신 절을 가르쳐 주었다는 일화가 전해져 온다.

　금강경의 아상, 인상, 중생상, 수자상이 없다는 것을 잘 알고 있
고 의미를 완전히 파악하고 있다는 생각과 어느 누구도 나만큼은
알지 못할 것이란 생각을 갖고 있다면, 그것은 금강경을 한 줄도
읽지 않은 것이고 한 번도 쳐다보지 않은 것과 같다.

　노파는 그런 생각으로 읽은 금강경이라면 떡을 먹고 배가 부르
려는 생각과 조금도 다를 바가 없지 않느냐, 그렇다면 떡을 먹으려
는 생각은 과거의 생각인가, 현재의 생각인가, 미래의 생각인가를
묻는 것이다. 여기에서 우리가 사용하는 점심이란 단어가 유래되었
다고 한다.

　과거 마음이든 현재 마음이든 미래 마음이든 그것이 내 마음이
다라고 점을 찍으려는 순간의 마음이 곧 아상이다. 이것이 과거이
고 현재이고 미래의 마음이라는 분별이 일어난다면 그것은 순간을
살지 못하는 것이고 인식하는 마음은 현재의 마음도 아니다. 왜냐
하면 생각은 현재라는 생각도 없는 것이고 이것이 현재이지 않은
가를 반문할 때 이미 순간을 벗어나 과거로 추락하기 때문이다.

　진리란 언어로는 길이 끊어졌으며 시간을 통해서 얻어질 수 없
다. 만약 시간을 통해 진리가 얻어질 수 있다면 몇 십 년씩 독방에
서 감옥살이를 한 사람들이 먼저 진리를 얻었을 것이다.

　따라서 진리는 과거에도 현재에도 미래에도 있는 것이 아니며,
논리와 이론으로 표현할 수 없다. 표현하려는 의도부터가 잘못된
출발이고 과거, 현재, 미래를 헤아림은 이미 과녁을 벗어난 것이다.
따라서 얻을 수 있는 마음이란 법이 아니며, 마음은 어떤 마음이든
지 자아 중심적이고 몽환(夢幻)과 공화(空華)이다.

　나와 너를 구분 짓고 분별함으로써 생기는 집착은 하늘의 달과
강물에 비친 달이 실상은 하나란 사실을 알지 못함으로써 드러나
는 무지이다. 이러한 분별과 망상이 사라짐으로 해서 일체가 하나

이고, 너와 내가 한 몸이라는 실상을 이해하게 되고 나중에는 모두
가 하나라는 그 하나까지도 사라지는 것이다. 깨친 마음이 곧 불성
이고 깨치지 못한 마음은 곧 중생심이며, 중생심은 어떻게 그처럼
낱낱이 내 마음을 알 수 있을까 가늠하고 헤아려 보는 것이다.

19. 법계통화분(法界通化分)

법계를 전부 교화함

"수보리여, 어떻게 생각하는가. 어떤 사람이 이 넓은 우주를 일곱 보석으로 채워 여래에게 베푼다면 그는 얼마나 많은 복덕을 쌓은 것이 되겠는가?" 수보리가 말했다. "스승이시여, 무수히 많은 복덕을 쌓았습니다." 스승께서 말씀하셨다. "그렇다 수보리여, 그 사람은 무수히 많은 복덕을 쌓은 것이다. 그러나 수보리여, 공덕을 쌓는다는 것은 쌓는 것이 아니다. 그렇기 때문에 공덕을 쌓는다고 말하는 것이다. 수보리여, 만일 공덕을 쌓는 것이 있다면 여래는 공덕을 쌓는다고 설하지 않았을 것이다."

"수보리여, 어떻게 생각하느냐. 만약 어떤 사람이 삼천대천세계에 가득 찬 칠보로써 보시에 쓴다면 이 사람은 이 인연으로 복을 얻음이 많겠느냐." "그렇습니다. 세존이시여, 그 사람은 이 인연으로 복을 얻음이 매우 많겠습니다." "수보리여, 만약 복덕이 실다움이 있을진대 여래가 복덕을 얻음이 많다고 말하지 않으련만 복덕이 없으므로 여래가 복덕을 얻음이 많다고 말하느니라."

❧

경전 곳곳에 스승이라는 말이 자주 등장하는데, 스님도 스승님의 준말이라고 한다. 스승의 의미는 각종 지식과 정보를 가르쳐 주고 세상을 살아가는 데 필요한 모든 활동과 역량을 주입시켜 뒤떨어지지 않고 도태되지 않도록 자신이 가진 모든 경험과 기억을 통해 교육시키는 사람이다.

그러나 진정한 의미의 스승은 자신의 경험과 기억과 정보를 주입시켜 주는 것이 아니라, 자꾸 외부로만 향하는 시선을 자신의 내부로 향하도록 이끌어 주는 사람이라 할 수 있다. 그러므로 우리들이 자신의 혼란과 갈등을 종식시키고 싶은 욕구에서 이 스승에서 저 스승으로, 이 교리에서 저 교리로 움직인다면 그것은 잘못된 일이다.

자신의 혼란과 갈등은, 자기 자신을 이해하지 못하는 무지에서부터 비롯된다. 그러한 사실을 외면하고 다른 사람의 경험과 기억에 의존하여 자신을 이해하기 바라는 것은 다른 사람의 눈을 통해 사물을 바라보는 것과 같아 결국은 다른 사람을 보는 일이다. 자신을 보는 것과는 하등 상관이 없는 일이 된다.

우리들은 각자가 살아 온 환경이 다르고 주어진 여건과 정해진 조건들이 제각각 다르다. 그러므로 그에게 옳은 일이 내게도 꼭 옳지만은 않다. 장님이 코끼리를 만지고 서로 자기가 만진 부위가 코끼리라고 고집하는 것처럼 결국 갈등과 혼란에서 벗어나려고 선택한 그 행동이 더 큰 혼란을 초래하는 결과를 빚는다.

그렇다면 진정한 스승은 외부에 존재하는 그 무엇이 아니고 어쩌면 우리 자신의 내면에 이미 존재하고 있는 것은 아닐까 한다. 만약 그렇다면 분열과 갈등을 끝내고자 추구하는 모든 노력은 전부 부질없는 것이며 불필요한 것이리라. 그러나 우리는 그러한 추구와 노력을 멈추겠다라고 생각하면서 어느 틈엔가 멈추고야 말겠다는 또 다른 추구를 계속해 나가는 것이다.

창문을 통해 불어오는 산들바람처럼 스승은 우리들에게 나타난다. 우리가 이런 진리 또는 저런 스승을 선택한다 해도 우리의 초대와는 아무런 상관없이 별개로 움직이는 것이다. 단지 우리가 할 수 있는 일이란 닫힌 창문을 열듯 마음을 여는 것뿐이다.

그때 내가 마음을 열지 못했기 때문에 상대방도 마음을 닫고 있었음을 알 것이다.

또한 이 장에서 여래는 복덕과 공덕에 대하여 말씀하고 있다. 중국선의 오조 홍인대사는 어느 날 대중들을 모아 놓고 말씀하였다.

"세간 사람들은 생사일이 가장 큰 것인데 너희들은 종일토록 다만 복전만 구하고 생사고해에서 벗어날 생각은 없구나! 만약 자성을 미혹하였다면 복을 가지고 어떻게 생사를 벗어날 수 있겠느냐?"

그것이 복덕과 공덕의 차이이다. 복덕과 공덕은 차이는 숫자로써 비교될 성질이 아니다. 그렇기 때문에 복덕과 공덕을 동시에 쌓아야 한다. 복덕은 쌓여질 수 있지만 공덕은 절대로 쌓여질 수 없다. 왜냐하면 내가 없는 무아의 경지에서 이루어지는 까닭이다.

그때 세상이 뻥 뚫려 법계가 전부 교화되는 순간이다.

20. 이색이상분(離色離相分)

 "수보리여, 어떻게 생각하는가. 여래를 위대한 신체를 완성하고 있는 자로 보아야 하겠는가?" 수보리가 말했다. "스승이시여, 그렇지 않습니다. 여래를 위대한 신체를 완성하고 있는 사람으로 보아서는 안됩니다. 그것은 왜냐하면 위대한 신체를 완성하고 있다는 것은 실은 갖추고 있지 않는 것이라고 여래께서 말씀하셨기 때문입니다." "수보리여, 어떻게 생각하는가. 여래를 특징을 갖춘 존재로 보아야 하겠는가?" 수보리가 말했다. "스승이시여, 그렇지 않습니다. 여래를 특징을 갖춘 존재로 보아서는 안됩니다. 그것은 어째서인가 하면 특징을 갖추고 있다고 여래가 설하신 것은 실로 아무런 특징도 없는 것이 여래의 특징이라고 말씀하셨기 때문입니다."

 "수보리여, 어떻게 생각하느냐. 부처를 가히 구족한 색신으로서 볼 수 있겠느냐?" "아닙니다. 세존이시여, 여래를 마땅히 구족한 색신으로서 볼 수 없습니다. 왜냐하면 여래께서 설하신 색신은 곧 구족한 색신이 아니고 그 이름이 구족한 색신입니다." "수보리여, 어떻게 생각하느냐. 여래를 모든 상이 구족한 것으로서 보겠느냐?" "아닙니다. 세존이시여, 여래를 모든 상이 구족한 것으로서 볼 수 없습니다. 왜냐하면 여래께서 설하신 모든 상이 곧 구족이 아니고 그 이름이 모든 상의 구족함입니다."

🪷

이 장은 이색이상분으로써 색과 상을 떠나 근본으로 돌아가는 것이다. 여래에게 오안이 있는 것처럼, 우리들도 깊은 이해를 지니고 주의 깊게 사물을 바라보면 이를 안목이 있다고 말한다. 그와 같은 안목을 지니는 것은 붓다께서 깨달으신 십이연기법에 대하여 주의 깊은 성찰이 있어야 한다. 그때 비로소 특징을 지니려 하고 위대한 신체를 갖추고자 하는 마음의 거품으로부터 자유로울 수 있다.

붓다는 이 언덕, 즉 우리들이 살고 있는 모든 것에 의문을 제기했다. 그 중에서도 '왜 인간은 늙고 병들어 죽어야만 하는 것인가? 하는 의문이 가장 컸다. 그래서 태어난 것이 불교의 핵심이라고 할 수 있는 십이연기법이다.

이것이 있음으로 해서 저것이 있다는 논리의 십이연기법은 참으로 단순하지만, 이것과 저것을 따로 구분해서 이것을 통해 저것을 알아차리지 못하고 저것을 통해 이것을 알 수 없는 우리들은 그처럼 많은 절망과 회한을 가슴에 품고 사는 지도 모른다. 정신없이 혼 빼놓고 살다 보면 환갑이 넘도록 양말을 어느 쪽부터 신는지조차 모른다.

그러므로 십이연기법이 구구단처럼 우리의 정신 속에 깊숙이 스며들어야 한다. 자신의 내면에서 울려 퍼지는 미세한 움직임을 통해 거대한 부분들을 발견하고 이해하기 위하여 십이연기법은 목차처럼 우리에게 따라 붙어야 한다. 십이연기법이란 태어난 모든 생명체는 필연적으로 죽어야 하며 그렇기 때문에 누구라도 늙고 죽는 것을 받아들여야 한다는 것이다.

 늙고 죽는다는 것은[老死] 태어났기에 가능한 것이며[生], 태어난다는 것은 태어날 수 있는 씨앗이 있어야 한다[有]. 즉 태어날 수 있는 씨앗, 태어날 수 있는 원인을 제공하는 무엇인가가 존재해야 가능하다. 그런 원인의 제공자인 유(有)를 만들어 내는 것은 생각의 집착이다.

 이러한 집착이 곧 취(取)이며 집착은 어떤 대상을 사랑하기 때문에 생긴다[愛, 愛着]. 이렇게 사랑의 감정이 생기는 것은 좋다든지 싫다든지 하는 느낌[受]에 의한 것이며, 그러한 느낌이 만들어지는 것은 생각을 받아들이는 감각 기관[六入; 안이비설신의]이 있기에 가능한 것이다. 즉 '좋다, 싫다'라는 느낌이 있으므로 어떤 것은 싫어하고 어떤 것은 좋아하는 분별이 나타나며 그렇기에 좋다[愛]라는 감정이 형성된다. 그리고 애착은 우리들이 싫어하는 것과 반대되는 것을 발견했을 때에야 비로소 좋아한다는 것을 느낄 수가 있다.

 결국 싫어하는 것은 좋아하는 것을 바탕으로 깔고 있으며 좋아하는 것은 싫어하는 것을 전제로 하여 성립된다. 마치 동전의 양면처럼 함께 존재하지만 우리의 시야가 좁아서 항상 사물을 이원적으로 보고 있는 것과 같다. 우리가 흑백 논리를 통해 의도적으로 세상을 바라보고 있는지도 모르겠지만 그럼으로써 항상 모든 것을 자기중심적으로 해석하려는 경향을 드러내게 된다.

 따라서 사물을 받아들인 느낌은 애(愛)라는 과정을 거치면서 이미 자신의 이미지라는 거름종이를 거쳐 자신에게 전달되는 것이기에, 순수하게 있는 그대로 사물이나 사람을 바라보기가 세상에서 가장 행하기 힘든 일 가운데 하나가 되었다.

 또한 있는 그대로 바라보지 못하기 때문에 집착하게 된다. 감각이 자신만의 느낌[受]을 지니게 되는 것은 어떤 대상과 부딪혔을 때[觸], 즉 접촉하였을 때 나타나는 분별력이다. 이러한 접촉[觸]은 우리들의 감각 기관인 안이비설신의가 있기에 가능하다. 이처럼 육입(六入)이라고 불리는 6가지의 감각 기관은 마음과 몸이 만들어 낸다. 마음과 몸을 명색(明色)이라고 한다.

명은 마음이며 색은 몸을 뜻하는 것으로, 마음은 오온[色受相行識; 우리들의 마음을 발생시키는 요소인 몸, 느낌, 생각, 행위, 인식]으로 구성되며 몸은 지수화풍(地水火風)의 사대로 구성되어 우리들 생각의 바탕이 된다. 명색(明色), 즉 우리의 생각이 있기 때문에 이러한 생각이 안이비설신의를 통과할 때 좋다, 싫다 하는 분별과 판단이 생긴다.

오온[色受相行識]은 육진[色聲香味觸法]이 있기에 생겨난다. 인식하는 마음의 작용인 식은 예를 들면, 귀는 단지 소리를 무슨 소리인지 분간해 주는 역할을 수행할 뿐이며, 소리가 들려 오고 들려오지 않음을 알아차리는 것이 식인 것이다. 이처럼 우리에게 식(識)은 한 가지지만 눈으로 귀로 코로 혀로 몸으로 뜻으로 흩어지면서 사물을 분간해 내는 안식, 이식, 비식, 설식, 신식, 의식으로 나누어지게 된다.

이렇게 육식이 있고 다음으로 제7식, 범어로는 말라식이라고 하며 육식보다 깊은 심층에 자리잡고 있는 반무의식이다. 예를 들어 손으로 눈을 때릴 것 같은 행동을 취할 때 눈이 반사적으로 깜빡거린다든지 산에서 뱀을 보았을 때 깜짝 놀라서 도망을 친다던가 공격을 한다던가 하는 것 등이다. 즉 상황에 맞도록 적절한 행동을 취하는 자기 방어적인 작용이며 본능적인 의지 행위를 말한다.

그리고 제8식 아뢰야식은 함장식이라고도 하며 우리들 심층에 존재하는 잠재의식이다. 우리가 어릴 때 보고 들었던 기억과 경험 등은 없어지는 것이 아니고, 제8식이라 불리는 아뢰야식의 창고라

198

불리는 수냐타에 전부 저장되어 자신도 전혀 예측하지 못한 상황에서 이해할 수 없는 행동들이 갑자기 튀어나오게 된다. 이 아뢰야식이 바로 윤회의 중요한 역할을 담당한다고 한다.

다음 9식·10식으로, 9식은 아말라식이라 하고 10식은 건율다야식이라 하며 깨달은 사람들의 의식으로 우리로서는 표현할 수도 없고, 또한 어떤 표현도 부적절한 것이므로 그것을 표현하겠다는 생각이 이미 그것을 벗어난 것이다.

붓다가 설하신 금강경이 제9식에 접근하기 위하여 언어로 표현된 가장 높이 비상하여 가장 근접된 설명이다. 그리고 이런 여러 종류의 식(識)으로 구분되어 있긴 하지만 따로따로 제각각 나뉘어져 있는 것이 아니고 단지 하나의 의식만이 존재할 뿐인데 우리가 그것을 의식과 무의식으로 구분 짓는 것은, 우리가 분열되어 있고 혼란스럽기 때문에 무의식이라든가 잠재의식이라고 하는 깊은 심층의 의식을 전혀 눈치 채지 못하는 까닭에 기인한다.

우리의 의식과 생각들을 철저히 주시한다면 우리들이 행하는 행위의 동기나 의도를 알아차릴 수 있으며 꿈도 사라질 것이다.

그리고 식(識)이 있게 되는 것은 우리들의 의지 작용, 즉 행(行)이 있어서이다. 행이란 인연 따라 모이고 일어나고 만들어지는 등의 모든 행위를 일컬으며 현상이라고도 할 수 있다. 반복적으로 이어지는 행위는 습관을 형성하고 더 나아가서는 카르마라고 부르는 업의 원인이 된다.

비오는 날 땅에 손으로 작은 홈집을 내주었을 때 빗물은 그 홈을 타고 흐르다가 점점 더 깊어져 나중에는 그 쪽만을 타고 흐르는 도랑이 되듯이, 그리고 쓴 참외를 심었을 때 어느 곳에 심더라도 그 열매는 쓴맛을 내듯이 우리들의 행(行)인 의지 작용은 습관과 업을 형성하면서 좋은 행은 좋은 결과로 나쁜 행은 나쁜 결과로 나타나게 되는 것이다.

우리가 명확하게 알지 못하는 무수한 행(行)의 씨앗들이 우리들 내면에 잠재하고 있기 때문에 식(識)을 형성하는 근본적인 원인이 된다. 그래서 똑같은 사물을 볼 때에도 어떤 사람은 긍정적으로, 또 어떤 사람은 부정적으로 바라보게 된다.

컵의 물이 반쯤 들어 있는 것을 볼 때 어떤 사람은 '물이 아직도 반이나 남았네'라고 생각하고, 또 어떤 사람은 '물이 벌써 반밖에 남지 않았네'라고 생각한다. 이러한 것은 모두가 행(行)의 작용 결과인 것이다.

따라서 어떻게 세상을 볼 것인가는 바로 우리들 자신에게 달려 있다. 우리가 곧 세상이다. 이러한 행이 있게 하는 것은 바로 우리의 무명(無明), 즉 어리석음 때문이다. 우리들이 무명에 덮여 있어서 애착과 욕망이 생기고 윤회를 통해 우리들은 다시 몸을 바꿔가며 세상에 태어나고, 태어난 것은 어쩔 수 없이 늙고 죽어야 하는 과정을 되풀이하는 것이다.

우리들이 번뇌를 일으키는 것은 바로 무명 때문인 것이다. 무명으로 덮여 있는 까닭에 행이 일어나는 것이다. 행은 다시 말하면 움직임, 즉 현상이라고도 한다.

불을 통에 담아 돌리면 커다란 불원이 생겨난다. 실제로 불원이 있는 것은 아니지만 빠른 속도로 돌아가기 때문에 존재하는 하나의 연상으로 인식한다. 이와 마찬가지로 영화의 필름을 통해서 마치 영화 속의 주인공과 인물들이 살아 움직이는 것처럼 보이는 탓으로 우리들은 영상을 보면서도 기뻐하고 슬퍼하는 마음이 일어난다.

그러나 만약 낱장의 필름을 따로따로 구분해서 본다면 기쁨과 슬픔에 마음이 얽매이지 않을 것이다. 세상에 존재하는 현상 중에서 끊어짐이 없이 스스로 활동하는 것은 하나도 없다. 촛불에 불이 타 들어간다 해도 실상은 위의 촛불이 타서 꺼지고 뒤의 촛불이 일어남으로 해서 타 들어가는 것이고, 같은 물살에 발을 두 번 담을 수 없는 것처럼 모든 현상은 매순간 지나가고 새로운 시작이 계속되어지는 것이다.

그럼에도 불구하고 우리들은 모든 현상이 그처럼 낱장의 활동사진처럼 정지한 부분이 있음을 발견하지 못한다. 우리들의 몸 역시도 순간순간 노쇠된 세포는 죽고 새로운 세포들에 의해 목숨을 이어가는 까닭에 계속적인 늙어감만이 존재한다.

만약 우리가 자동차의 변속 기어를 바꿀 때 항상 중립의 위치를 통과해야 바뀌어지는 것을 인식한다면, 모든 중생들은 지수화풍의 사대로 이루어졌고 낱장의 사진처럼 미세한 움직임 속에 정지된 부분이 있음을 알아차릴 것이다. 마치 로봇이 움직이는 것처럼 낱장으로의 움직임을 바라본다면 어마어마한 침묵의 공간을 발견할 것이다.

그토록 소란스럽고 번거롭던 일상이 지극한 고요함 속에 묻혀 있었음을 알게 된다면 인간의 의지나 생각이 얼마만큼 자신을 뒤흔들어 놓았던 허상이었는가를 알게 되리라. 또한 낱장으로 움직이는 생명체의 활동이 어쩌면 전체적인 과거 업의 결과로써의 움직임이라면 과연 그때 우리들은 무엇을 할 수 있을 것인가도 스스로 자문해 보지 않을 수 없다.

지금까지 우리들은 간단하게 십이연기법의 개략적인 특성을 파악해 보았다. 십이연기법은 인간의 가장 근본적이고 핵심적인 고뇌, 즉 생명체는 왜 노쇠해져 죽음을 맞이해야 하는가를 설명하며 그 원인이 우리들의 어리석음에 있다는 것을 밝히고 있다.

십이연기법을 간략하게 정리해 본다면 다음과 같다.

어리석음(無明)-행(行)-식(識)-명색(明色)-六入(眼耳鼻舌身意)-촉(觸)-수(受)-애(愛)-취(取)-유(有)-생(生)-노사(老死)

우리의 어리석음으로 인하여 인연 따라 모이고 변화하는 행이 있게 되고, 반복되는 행동은 습관으로 업을 형성하고 업을 통해 물줄기를 타고 흐르듯 일정한 방향으로 흐르는 의식과 무의식적인 인식 작용이 있게 된다. 이러한 인식 작용이 명색(明色)이라 불리는 마음과 몸을 통해 생각을 하게 되고, 생각이 육입[眼耳鼻舌身意]을 통과하여 대상과 접촉[觸]하게 된다. 이렇게 접촉된 것은 곧바로 판단과 분별력을 갖게 되며, 이런 판단과 분별력이 느낌[受]을 만들어 낸다. 이런 느낌은 애착[愛], 즉 좋은 것과 나쁜 것, 사랑과 미움, 행복과 슬픔 등 모든 것들을 이원적으로 나누어 놓으면서 이미지라는 기억으로 남아 우리의 기억 창고에 저장되어 있으면서 좋은 것은 모으고 나쁜 것은 버리는 취사 선택을 하게 한다. 이런 취사 선택으로 인해 우리는 집착하게 되는데 이것이 취(取)이며, 계속 내 것으로 만들고 싶다는 소유욕과 함께 나의 것 너의 것으로 구분 지으면서 자아라는 관념이 탄생한다. 이런 관념이 적당한 시기에 마치 땅에 묻은 씨앗이 싹 트듯 유(有)를 생기게 한다. 이처럼 생기게 하는 것에 의해 생명이 탄생하는 것이 곧 생(生)이며 생한 것은 반드시 멸한다. 멸하는 과정에 속한 것이 노사(老死)이다.

붓다께서 깨달으신 십이연기법을 이해하면서 우리들 마음속에 욕망이 자리잡기까지는 지각-감각-접촉-욕망의 과정을 거친다는 것을 알게 된다.

이것을 오온(색수상행식)에 연결시켜 보면 다음과 같다.

예를 들어 멋진 차가 있을 때 우리는 제일 처음 눈으로 차를 본다. 그리고 '저것은 차다'라고 지각한다. 즉 색온이 생겨난다. 지각은 신경을 통해 대뇌로 흘러 들어가 참, 멋지구나!라는 감각이 탄생되는 것이 수온이다.

수온을 통해 받아 들였던 판단과 느낌을 통해 좋고 나쁜 것을 가늠하면서 우리는 멋진 차라는 기억이 자리 잡는다. 이것이 상온이다. 이러한 분별과 판단을 통해 들어온 상온은 우리들의 과거 기억과 경험을 통해서 이미 기억 창고에 저장되어 있던 이미지와 비교하기 시작한다.

만일 딱 들어맞는 이상과 일치한다면 갖고 싶어하고 놓치기 싫어하는 행온을 통해 접촉한다. 차를 만져 보고 차에 타서 부드러운 소파에 등을 기대기도 하면서 우리는 소유하고 싶다는 욕망이 생겨난다. 이러한 과정을 거듭 밟으면서 무의식으로 흘러 들어가 식온으로 자리를 잡는다.

그렇기 때문에 우리는 있는 그대로의 차를 보는 것이 아니라 실제로는 우리의 과거 기억과 경험을 토대로 바라보는 것이다. 매사를 항상 이런 식으로만 보아 왔기 때문에 있는 것을 있는 그대로 보지 못하고 사실을 사실대로 보지 못한다.

겉모양에만 매달려 왜곡하고 비난하면서 자기중심적으로 생각하고 판단한다. 그렇기 때문에 우리들은 보고 듣는 것이 아니라 단지 해석하고 번역할 뿐이다.

이런 이유들로써, 우리들의 생각은 본래 맑고 순수한 것이었으나 과거 경험과 기억으로 집적된 이미지나 이상을 바라는 욕망은 망을 만들어 내고, 그러한 망은 생각과 사고 위에 덧씌워져 우리들은 어느 틈엔가 생각의 덫에 걸려든다.

먹구름이 태양을 가리듯 너와 나, 너의 것 나의 것으로 구분 지으려는 관념을 통해 형성된 자아라는 그물에 걸려들어 옴짝달싹 못하고 노예처럼 부림을 당하며 살게 된다. 즉 자아의 해방이 어떤 것인지, 노예의 굴레를 벗어 던지고 주인 되는 삶이 어떤 것인지, 이 언덕을 넘어 저 언덕에 이르는 것이 과연 무엇을 뜻하는지 알고자 하는 엄두조차 내지 못하는 것이 아닌가?

붓다는 그대에게 묻는다. 그대는 어찌하여 그토록 위대한 신체를 완성하려 하고, 특징을 갖추기 위해 애쓰고 있는가?

21. 비설소설분(非說所說分)

설한 것도 설할 것도 없음

스승께서 물으셨다. "수보리여, 어떻게 생각하는가. 여래에게 나는 진리를 가르쳤다고 하는 생각이 일어나겠는가? 수보리여, 여래는 진리를 가르쳤다고 말하는 사람이 있다면 그는 거짓을 말하고 있는 것이다. 그는 있지도 않은 것에 집착하여 나를 잘못 설명하고 있는 것이다."

"수보리여, 너는 여래가 이런 생각을 하되 내가 마땅히 설한 바 법이 있다고 이르지 마라. 이런 생각을 하지 말지니 무슨 까닭인가 하면 만약 사람들이 말하길 여래가 설한 법이 있다고 하면 이는 곧 붓다를 비방함이니라. 능히 내가 설한 바를 알지 못한 연고니라. 수보리여, 설법이란 것은 법을 가히 설할 것이 없음을 이름하여 설법이라 하느니라." 그때에 혜명 수보리가 부처님께 사뢰었다. "세존이시여, 자못 어떤 중생이 미래세에 이 법 설하심을 듣고 믿는 마음을 내겠습니까?" 부처님께서 말씀하시되, "수보리여, 저들은 중생이 아니며 중생 아님도 아니고 그 이름이 중생이니라. 수보리여, 여래는 진리를 가르쳤다고 말하는 사람이 있다면 그는 거짓을 말하고 있는 것이다."

꧁

　진리란 실존하고 현존하며 오직 자유로움을 통해 드러난다. 자유는 과거의 기억이나 미래의 추구를 통해서는 절대 얻을 수 없다. 자유란 우리의 정신이 어디에도 구속되지 않으며 그 무엇에도 얽매이지 않을 때 나타나기 때문이다. 따라서 말로 표현될 수 있는 진리는 곧 과거의 축적된 경험을 언어로 변환시킨 것을 의미하며, 틀에 짜 맞추어진 것에 불과하다.

　진리는 오직 자유로운 정신만이 느낄 수 있고 체험할 수 있다. 자유로운 정신은 진리를 표현하려는 의도나 그것을 주장해야 한다는 목표를 지니지 않는다. 오로지 자유 속에서 진리를 만끽하며 흠뻑 젖을 뿐이다.

　설사 언어로 표현될 수 있다 하더라도 그것을 듣는 순간 진리는 변질되어 버린다. 왜냐하면 듣는다는 것은 사고가 자신의 존립 기반인 저장된 기억을 채택하여 해석하고 번역하기 때문이다. 즉 사과 맛을 언어로 표현하면서 사과를 직접 맛보는 것과 동일한 느낌을 얻을 수는 없다.

　그러나 새소리, 물소리 등은 해석해야 할 아무런 의미도 없기 때문에 과거의 정보를 뒤져보지 않아도 된다. 오직 듣는 그 순간에 우리의 가슴과 직접 만나기 때문에 소란스러움에서 벗어나 잔잔한 감동을 느낄 수 있다. 지저귀는 새소리는 명쾌하고 신선한 느낌을 불러일으킨다. 누군가에게 무언가를 듣는다면 그러한 신선함을 느낄 수 없다. 듣는 순간 사고는 기억 속의 경험으로 이해하려 하고 지나쳐 버린 과거 속에서 듣기 때문이다.

　선사들이 '할!'이란 고함으로 제자들의 가슴을 여는 것은, 현존하는 진리에서 멀어져 과거로 추락하지 않도록 하기 위해서이다. 그러므로 굳이 진리라는 것을 표현한다면 개념상의 이론이 아닌 과거의 집적된 퇴적물들과 함께 듣고 보는 행위를 인식하는 사고력을 지우고 단절시켜야 한다. 언어로 이해하고 인식하려 함으로써 직접 사과 맛을 느끼려는 희망과 욕구를 차단시켰을 때 우리의 정신은 비로소 자유롭고 신선하다. 그러나 여전히 진리는 드러나지 않고 자유로움조차 느낄 수가 없다면 그것은 곧 진리를 경험하고 싶은 욕구로 인하여 단절되고 제외되었기 때문에 빚어진 결과이다.

이러한 사실에 초점을 맞추고 간절함과 절실함을 통해 자신을 주시하고 관찰함으로써 바닥 없는 심연으로 내려가듯 다시 주시자를 주시하고 또 다시 주시자의 주시자를 주시한다면 우리는 순간 속의 순간을 맞이한다. 그것은 마치 허공에서 흔들리는 과녁을 향해 화살을 쏘아 올리는 것과 같으며 수많은 화살 중에 단 한 방이라도 과녁에 명중한다면 활시위는 이제 필요 없으며 우리는 이미 자유롭다. 따라서 가르칠 진리도 없고 가르침을 받아야 하는 진리란 존재하지 않는 것이다.

'설법이란 것은 법을 가히 설할 것이 없음을 이름하여 설법이라 하느니라' 제17분 구경무아분에서 '일체법이 전부 불법이라'고 말씀하신 것처럼 일체법이 전부 불법임에도 진실한 불법을 듣기 원하는 우리의 생각이 비불법임을 말한다.

순간 순간을 인식하는 화살을 쏘아 올려서 비불법의 과녁을 명중시킨다면 그것을 이름하여 설법이라 하신 것이고, 또한 법이란 다음 장인 무법가득분에 나오는 바와 같이 얻을 바 법이 없는 까닭에, 마치 꿈에서 깨어난 사람이 꿈속의 물건을 찾아 이리저리 둘러본들 얻을 수 없는 것과 같다. 취할 수 있고 없음을 설할 연고도 없는 것이다.

22. 무법가득분(無法可得分)

법은 가히 얻을 것이 없음

"왜 그런가? 거기에는 티끌 만한 법도 없으며 인식되지도 않기 때문이다. 그래서 그것을 가장 높고 옳으며 완벽한 깨달음이라고 부르는 것이다."

수보리가 부처님께 사뢰었다. "세존이시여, 부처님께서 아뇩다라삼먁삼보리를 얻으심은 얻은 바 없음이 되옵니다." 부처님께서 말씀하시되, "그렇다. 그렇다. 수보리여, 내가 아뇩다라삼먁삼보리에 내지 작은 법이라도 가히 얻음이 없으므로 이를 아뇩다라삼먁삼보리라 이름하느니라."

※

신심명에서 '호리유차 천지현격(毫厘有差 天地縣隔)'이라고 하였다. 털끝 만한 차별이라도 일어난다면 하늘과 땅만큼의 간격이 벌어지므로 진리는 드러나지 못하게 된다는 뜻이다. '불견정추 영유편당(不見精廳 寧有便黨)'이란 깨끗함과 더러움을 보지 않는다면 취사하고 선택하고자 하는 편협한 마음이 어찌 일어나겠는가라는 뜻이다.

털끝 만한 차이로 이것은 법이고 저것은 법이 아니다, 이것은 옳고 저것은 그르다고 하는 분별과 견해를 지닌다면 그것은 곧 진리에 접근하는 마음이라고 할 수 없다.

무법가득분이란 '법은 가히 얻을 바가 없다'는 뜻이다. 얻을 바가 있다고 한다면 그것은 이미 법이 아니다. 그러한 견해는 마치 물고기가 물을 찾고자 헤매는 것과 같다. 우리가 이것은 법이고 저것은 법이 아니다라는 이원적인 견해를 지니고 있는 한 여전히 진리를 등지게 된다. 이원적인 견해를 벗어나기 위해 우리는 먼저 깨끗함과 더러움을 구분 짓고 차별화 시키는 견해에서 해방되어야 한다.

깨끗한 것은 아직 사용 전이므로 사용 가치가 있고, 더러운 것은 자신의 임무를 마친 후라서 더 사용할 수 없다는 것이다. 이런 관점에서 깨끗함과 더러움을 분별하는 행위는 전쟁 중에 부상으로 팔과 다리를 잃은 상이용사를 쓸모 없는 군인이라고 멸시하는 것과 전혀 다르지 않다.

그렇기 때문에 우리들이 좋아하는 깨끗한 것과 싫어하는 더러운 것에 대하여 살펴보아야 한다. 만일 하수구가 더럽다고 막아 버린다면 온 집안에 악취가 풍기고 오염될 것이다. 이처럼 더러운 것은 깨끗함을 존재하게 하기 위해 자신의 임무를 성실하게 수행한 것뿐이다.

이것은 더러움을 즐긴다거나 더러움을 생활화해야 한다는 의미는 아니다. 자신의 임무를 충실히 완수하고 뒷마무리를 잘해서 타인이 불편함을 느끼지 않도록 주변을 살펴야 한다. 옷은 옷걸이에 걸고, 책은 책장에, 신발은 신발장에, 쓰레기는 쓰레기통에 두어서 각자가 부여받은 책임을 수행할 수 있도록 해야 한다.

법을 묻기 위해 찾아 온 신도가 문을 쾅 닫고 들어오자 스님은 먼저 문에게 사과하라고 하였다. 우리의 생활에 편리를 제공하는 사물에 고마움을 모르고, 주변 사람들과의 관계에 소홀하거나 무성의하다면 진리를 추구해도 위선으로 보일 뿐이다. 위선과 이중성이 있는 자신을 인식하지 않고 진리나 깨달음을 추구하는 행위는 불성실하고 무책임한 태도를 은폐하기 위한 구실로 선택된 발상에 지나지 않는다.

육조 혜능대사는 '참된 도를 구하고자 한다면 그것은 곧 올바른 행동이다'라고 하셨다. 참된 진리는 우리를 에워싸고 있다. 방하착(放下着)은 떨치고 놓아 버린다는 뜻이다. 자신이 무언가 지녔을 때 놓아 버릴 수 있는 것이지, 아무 것도 없는데 놓을 수는 없다. 따라서 우리는 사물에 대해 성의 있는 태도를 지녀야 한다. 그리고 이런 성의조차도 던져 버리며, 던져 버렸다는 생각조차 버릴 때 진리와 내가 하나 될 수 있다.

23. 정심행선분(淨心行善分)

깨끗한 마음으로 선을 행함

"이 법은 가장 높고 옳으며 완벽한 깨달음은 아상, 인상, 중생상, 수자상이 없다는 것으로 인하여 평등한 것이며 일체의 의로운 법에 의해 깨우쳐지는 것이다."

"다시 또 수보리여, 이 법은 평등하여 높고 낮음이 없으므로 이를 아뇩다라삼먁삼보리라 이름하느니라. 아도 없고 인도 없고 중생도 없고 수자도 없이 일체 선법을 닦으면 곧 아뇩다라삼먁삼보리를 얻느니라. 수보리여, 말한 바 선법이란 것은 여래가 설하되 곧 선법이 아니고 그 이름이 선법이니라."

붓다께서는 끊임없이 중생을 일깨우고 있다. 더 나아갈 수 없는 궁극적인 깨달음의 길로 인도하기 위하여, 높낮이가 없어져 일체가 평등한 세계로 들어서게 하기 위하여 아상, 인상, 중생상, 수자상이 없음으로 해서 인도될 중생도 없고 인도할 사람도 없음을 깨우쳐야 하는 것이다. 그러기 위하여 무엇보다 실상을 바로 보는 안목을 지녀야 한다. 여래를 정변지라 하고 중생들은 성전도라고 한다. 분명 중생들은 무엇인가가 뒤집혀졌다는 의미이다.

기차에 앉아 있을 때 달리는 기차가 옆을 지나치면 뒤로 달리는

착각 속에 빠져든다. 그 기차가 길다면 그만치 착각에 빠져 있는
시간 또한 길어질 것이다.

　내가 분명 정지하고 있음에도 뒤로 달리는 착각에 빠져들고 그
기차는 정지한 듯 느껴진다. 둘 중 어느 하나만이라도 옳게 알고
있다면 어느 날 자신이 착각 속에 빠져 있다는 사실을 눈치채겠지
만, 그 기차가 정지하고 있다는 착각을 일으킨다면 자신이 뒤로 달
리는 분명하고 엄연한 현실에서 벗어나기란 정말 쉽지 않은 일이
다. 이것이 무명이다.

　이런 착각을 끌어안고 아무리 깨달음을 구하고자 몸을 던져도
자신이 뒤로 달리는 한, 멈춰 서려는 노력이 이미 멈춰 있음을 방
해하는 것이다. 붓다께서 말씀하신 바와 같이 밝혀야 할 각으로 돌
아선 때문에 본래로 밝음을 잃어버린 탓이다. 따라서 무명의 정체
를 파악해야 한다. 여래께서 무명에 대하여 다음과 같이 말씀하셨
다.

　"중생들이 끝없는 옛적부터 빛과 소리를 따라 허망하게 헤매면
서 깨끗하고 항상한 성품을 깨닫지 못하므로, 항상한 성품을 따르
지 못하고 생하고 멸하는 것만을 좇아 다니면서 갖가지로 뒤바뀐
것이 마치 미혹한 사람이 사방을 잘못 알아 동과 서가 서로 뒤바
뀐 것과 같으니, 사대를 잘못 알아 자기의 몸이라 하고 육진의 그
림자를 자기의 마음이라 한다. 이 까닭에 허망하게 생사에서 헤매
이느니 그래서 무명이라 한다. 이 무명이란 것은 실제로 본체가 있
는 것은 아니다. 마치 꿈을 꾸는 사람이 꿈속에는 있다가 깬 뒤에
는 아무 것도 없는 것과 같다. 중생들은 태어남이 없는 가운데 허
망하게도 생멸이 있다고 여긴다. 그러므로 생사에 헤맨다고 하는
것이다. 만일 생멸함을 버리고 참되고 항상한 성품을 찾으면 항상

한 광명이 앞에 나타나 근과 진과 식이 한꺼번에 없어지리니, 생각
하는 모양이 티끌이요 인식하는 것이 때묻는 것이라 이 두 가지까
지 멀리 여의면 법안이 즉시에 밝아질 것이니 모든 환이 없어지리
라. 환을 알면 곧 여의어 지나니 방편을 지을 필요가 없고 환을 여
의면 곧 깨닫는지라 점차도 없느니라."

   무명이란 이처럼 본래 원인이 없는 탓으로 아무리 여래라고 한
들 무명의 까닭은 설명할 수 없고 또한 바르게 일러준다 할지라도
오히려 중생들이 왜곡할 것이다. 고타마 붓다 생존시에 연야달다란
사람이 거울을 들여다보다가 거울 속에 사람 머리가 들어 있자 자
신의 머리가 거울로 도망갔다고 생각하여 미쳐 버렸다. 그 당시엔
거울이 흔치 않은 물건이었기 때문이다. 동물에게 큰 거울을 놓아
두면 처음 본 동물은 자신의 경쟁자가 나타난 줄 알고 으르렁거리
며 조바심을 낸다.
   이와 같이 미혹함도 미혹함 스스로 있는 것이지 정말 머리가 도
망가서 미친 것이 아니다. 홀연히 미친 증세만 쉬면 머리는 본래
있었음을 알 것이고 또한 미친 증세가 사라지지 않는다 해도 머리
는 역시 그 자리에 있을 것이다. 이처럼 무명도 원인이 없는 미혹
함에 일어나는 탓이어서 까닭을 설명할 수 없는 것이다. 만일 거울
을 들여다 본 인연으로 미쳤다면 거울을 들여다보고 미치지 않은
사람들 역시 미치지 않은 까닭을 설명해야 할 것이다.

24. 복지무비분(福智無比分)

복과 지혜는 비교하지 못함

　"또한 수보리여, 어떤 사람이 이 넓은 우주를 채울 수 있는 일곱 보석으로 여래, 아라한, 완전히 깨달은 사람에게 베푼다 하더라도 다른 사람이 이 법문 중에서 네 구절로 이루어진 시 한 편만이라도 뽑아서 다른 사람에게 들려준다면 앞사람의 공덕은 뒷사람의 공덕에 백분의 일에도 미치지 못하며 비유조차 가당치 않을 것이다."

　"수보리여, 만약 삼천대천세계 가운데 있는 모든 수미산왕과 같은 칠보 무더기들을 어떤 사람이 가져다 보시하더라도 만약 또 어떤 사람이 이 반야바라밀경이나 내지 사구게 등을 수지 독송하여 남을 위해 말해 주면 앞의 복덕으로는 백분의 일도 미치지 못하며 백천만억분과 내지 산수나 비유로도 능히 미치지 못하느니라."

꽃

　법을 전수 받고 법을 설하는 일화 한 토막을 소개하고 23장에서 논하던 평등에 관한 부분을 재차 논하기로 한다.
　육조 혜능대사가 오조 홍인대사로부터 야반 삼경에 의발을 전수 받고 남쪽으로 가기 위해 강을 건너는데, 손수 노를 저어 혜능을 배웅하려는 오조에게 다음과 같이 말하였다. "스님께서는 앉으십시오. 제자가 마땅히 노를 젓겠습니다." 하니 오조 말씀이 "내가 마땅히 너를 건네주리라." 하신다. 혜능이 말씀드리길 "미혹한 때에는 스님께서 건네주셨거니와 깨친 다음에는 스스로 건너겠습니다. 혜능은 변방에 태어나서 말조차 바르지 못하였는데 스님의 법을 받아 이제는 이미 깨쳤사오니 다만 마땅히 자성으로 스스로 건널 뿐입니다." 오조께서 말씀하시기를 "옳다. 이후로 불법이 너로 말미암아 크게 행할 것이다. 네가 간 3년 뒤에 나는 세상을 떠날 것이니 너는 이제 잘 가거라. 힘써 남쪽으로 향하여 가되 속히 설하려고 서두르지 말라. 법난이 이르리라." 하셨다.

혜능대사가 오조께 하직하고 발을 돌려 남쪽으로 향하고 나자 오조께서는 몇 일 동안을 당상에 오르지 아니 하는지라 대중이 의심이 들어 여쭈었다. "화상이시여, 어디 아프십니까?" "병은 없다. 의법이 남으로 갔느니라." "누구에게 전수하셨습니까?" "능한 자가 얻었느니라." 여기서 대중은 곧 알아차리고 의발을 빼기 위해 수백 명이 혜능대사를 쫓아 왔다.

그 무리들 가운데 혜명이라는 이가 있어, 이 사람이 힘을 다하여 쫓으니 다른 사람보다 앞서 혜능대사를 쫓아 왔다. 혜능대사는 의발을 바위 위에 놓으며, 이 옷은 믿음의 표시이거니 어찌 힘으로 다툴 수 있겠는가, 하고 수풀 속에 숨었다. 혜명이 달려 나와 의발을 잡아 거두려 하였으나 움직이지 않았다. 혜명이 소리쳤다. "행자시여, 저는 법을 위하여 왔습니다. 의발 때문에 온 것이 아닙니다." 하였다. 혜능대사가 나와 바위 위에 앉으니 혜명이 절을 하고 말하길, "바라옵건대 행자시여 저를 위하여 법을 설하여 주십시오." 한다. 혜능대사가 말하길, "네가 이미 법을 위하여 왔을진대 이제 모든 반연을 다 쉬고 한 생각도 내지 마라. 너를 위하여 말하리라."

하고 한참 있다가 혜명에게 말하였다. "선도 생각하지 않고 악도 생각하지 않는 바로 이러한 때 어떤 것이 명상좌의 본래 면목인고?" 하니 혜명이 언하에 대오하였다. 혜명이 말하기를 "혜명이 비록 황매에 있었사오나 실로는 아직도 자기 면목을 살피지 못하였사온대 이제 가르침을 받사오니 마치 사람이 물을 마셔보고 차고 더운 것을 스스로 아는 것과 같사옵니다. 이제부터 행자님은 이 혜명의 스승이십니다." 하고 물러가서 뒤쫓는 사람들에게 이르기를, 높은 봉우리 밑까지 가 보아도 종적이 없으니 마땅히 다른 길로 쫓는 것이 좋겠다고 하여 무리들을 피하게 한 후 돌아섰다는 일화가 전해져 온다.

평등한 것은 차별이 없고 높낮이가 없다. 태양이 골고루 빛을 베풀 듯 평등함은 나누고 분리시켜 베풀지 않는다. 참외 씨를 심으면 참외를 수확하는 것과 같이 거울을 바라보면 거울은 자신의 의지를 반영하지 않고 있는 그대로를 비추어 준다. 우리와 연관된 모든 관계는 마치 거울처럼 자신을 비춘다.

우리가 소란스럽고 욕심 많으며 어리석은 자신을 합리화하거나 왜곡하는 일없이 그대로 비춘다면 분명 그것은 수정처럼 맑고 투명한 거울이다. 생각은 보이지는 않지만 물질로서 존재한다. 그 자체의 파동과 에너지를 지니고 있어, 불안하고 초조할 때는 눈동자가 마구 움직이며 더 많은 생각을 몰고 온다. 그러나 차분하게 마음이 가라앉았을 때 눈동자는 움직이지 않으며 따라서 생각은 가라앉는다.

그것은 카메라의 조리개가 열고 닫혀서 빛을 조절하여 알맞게 사진을 찍는 것과 같다. 그러므로 눈동자를 움직이지 않고 사물을 바라본다면 생각은 생각을 불러오지 않으므로 차분하게 주시하고 관찰할 수 있다. 눈동자를 통해서 보는 것이 아니라 고개를 돌려 정면으로 사물을 바라보면서 한장 한장 낱장의 사진을 찍어내는 것이다.

그렇게 한다면 차별을 일으키지 않고 있는 그대로 자신을 바라보는 것이며, 과거의 이미지를 끌어들이지 않고 평등하게 바라볼 수 있다. 왜냐하면 사진을 찍는 것은 지금 이 순간만을 담을 수 있기 때문이다. 지금 이 순간에는 오직 실존이 있을 뿐이고 사고는 작동하지 못한다. 그러므로 평등함은 드러나고 아상, 인상, 중생상, 수자상도 없다.

마음이 산란하여 주의가 집중되지 않을 때가 있다. 주의를 기울인다는 것과 집중한다는 것은 분명히 차이가 있다. 집중한다는 것은 흙탕물이 잔잔히 가라앉듯 차분한 상태라고 한다면, 주의를 기울인다는 것은 산만하고 혼란한 내면을 전체적인 시야로써 관찰하는 것이다.

산만함을 가라앉히려 애를 쓴다면 오히려 그것은 더 큰 마찰을 일으켜 혼란은 가중된다. 주의를 기울이는 것은 내면의 혼란과 산만함을 잠재울 수 있는 에너지를 지니고 있다. 그러므로 자신을 있는 그대로 읽어 내는 주의력은 잔잔한 것이며, 과거의 이미지나 왜곡 없이 사물을 비추는 에너지는 평등한 것이다. 차별과 분별을 일으키지 않으므로 실존과 실존이 만나게 된다.

25. 화무소화분(化無所化分)

교화하되 교화하는 바가 없음

"수보리여, 어떻게 생각하는가. 여래에게 나는 존재하는 것들을 구원했다는 생각이 일어나겠는가? 수보리여, 실로 그렇게 보아서는 안 된다. 여래에 의해 구원된 존재는 하나도 없기 때문이다."

"수보리여, 어떻게 생각하느냐. 너희들은 여래가 이런 생각을 하되 내가 마땅히 중생을 제도한다고 말하지 말라. 수보리여, 이런 생각은 하지 말지니 왜냐하면 실제로는 여래가 제도할 중생이 없음이니 만약 여래가 제도할 중생이 있다고 하면 여래는 곧 아와 인과 중생과 수자가 있음이니라. 수보리여, 여래가 설하되 아가 있다는 것은 곧 아가 있음이 아니거늘 범부들이 이를 아가 있다고 여기느니라. 수보리여, 범부라는 것도 여래가 설하되 곧 범부가 아니고 그 이름이 범부니라."

❀

존재계는 필연적인 이유로 생명체를 탄생시켰고 용도에 맞게 설계하여 상호 보완적인 관계를 지닌 후 연관되어 존재계를 이끌고 간다. 돌로 쌓은 축대 속에 낀 작은 돌이 마음에 들지 않는다고 잡아 뽑는다면 그것은 축대 전체, 즉 존재계 전체를 허무는 결과를 낳는다.

　TV 프로그램에서 악어에게 공격당하는 얼룩말들이 나온다. 얼룩말들은 물을 마시다가 악어의 공격을 받는다. 악어들은 무자비한 입을 벌려 얼룩말을 갈기갈기 찢어 흔적도 없이 먹어 치운다. 만일 자연의 냉엄한 먹이사슬을 무시한 채 얼룩말을 구한다면 먹이를 찾지 못한 악어들은 서서히 죽어 갈 것이며, 결국 얼룩말을 구원하긴 하겠지만 악어를 죽이는 결과가 된다.

　이처럼 전체적인 시각을 갖고 본다면 구원받아야 하는 존재는 없다. 적자는 살아 남고 약자는 도태되는 먹이사슬의 법칙 앞에 자신의 방식으로 삶을 살아가는 것이고, 인간 역시 자신의 방식을 고수하며 생활하는 것이다.

　육조 혜능대사에게 제자가 물었다. "어떻게 처신하고 어떤 방법을 취하여 대중들에게 설법해야 합니까?" 혜능대사는 "대극을 통하여 처신하고 대극을 통하여 대중을 교화하라"고 하였다.

　이것은 완전한 이는 취하고 버릴 것이 없으니, 그는 대극을 통하여 살기 때문이라는 뜻이다. 대극이란 음과 양, 높고 낮음, 많고 적음, 기쁨과 슬픔, 밝음과 어둠 등이며 상반되면서 조화를 이루는 것들이다. 따라서 한 쪽만을 고집하면 편견에 사로잡히게 되고 불완전한 삶을 살게 된다.

　『잡보장경』에 등장하는 '지혜로운 이의 삶'이라 부처님의 말씀한 구절을 소개하기로 한다.

　유리하다고 교만하지 말고
　불리하다고 비굴하지 말라.
　무엇을 들었다고 쉽게 행동하지 말고

그것이 사실인지 깊이 생각하여
이치가 명확할 때 과감히 행동하라.
벙어리처럼 침묵하고 임금처럼 말하며
눈처럼 냉정하고 불처럼 뜨거워라.
태산같은 자부심을 갖고
누운 풀처럼 자신을 낮추어라.
역경을 참아 이겨내고
형편이 잘 풀릴 때를 조심하라.
재물을 오물처럼 볼 줄도 알고
터지는 분노를 잘 다스려라.
때로는 마음껏 풍류를 즐기고
사슴처럼 두려워할 줄도 알고
호랑이처럼 무섭고 사나워라.
이것이 지혜로운 이의 삶이니라.

26. 법신비상분(法身非相分)

법신은 상이 아님

　"수보리여, 어떻게 생각하는가. 여래가 특징을 갖추었다고 보아야 하겠는가?" 수보리가 말했다. "그렇지 않습니다. 스승이시여, 스승께서 하신 말씀을 이해한 바로는 여래를 특징을 갖춘 존재로 보아서는 안됩니다." 스승께서 말씀하셨다. "참으로 그러하다. 수보리여, 여래를 특징을 갖춘 존재로 보아서는 안된다. 그것은 어째서인가. 만일 여래를 특징을 갖춘 것으로 본다면 전륜성왕도 여래가 될 것이다. 그렇기 때문에 여래를 특징을 갖춘 존재로 보아서는 안되는 것이다." 스승께서는 그것을 계기로 다음과 같은 게송을 읊으셨다. "모양으로써 나를 보고 소리로써 나를 따르는 자들은 잘못된 노력에 빠져 있으니 그들은 나를 보지 못하리라. 깨달은 사람들을 보려면 법으로부터 보아야 하느니 세간을 인도하는 그들은 법을 몸으로 한다. 그러나 법의 본질은 알아낼 수가 없으니 그것을 대상으로 인식할 수 있는 자는 아무도 없도다."

　"법신은 상이 아님을 수보리여, 어떻게 생각하느냐. 가히 32상으로써 여래를 볼 수 있겠느냐?" "그렇습니다. 32상으로 여래를 볼 수 있습니다." 붓다가 말씀하시되, "수보리여, 만약 32상으로 여래를 볼 수 있다면 전륜성왕이 곧 여래이겠구나." 이에 허물을 알아차린 수보리가 부처님께 다시 사뢰었다. "세존이시여, 제가 부처님의 설하신 뜻을 이해하기에는 응당 32상으로써 여래를 관할 수 없습니다." 그때 세존께서 게송으로 말씀하셨다. "만약 색신으로 나를 보거나 음성으로써 나를 구하면 이 사람은 사도를 행함이라. 능히 여래를 보지 못하리라."

꧁

이 장은 법신비상분(法身非相分)으로서 법신은 상이 아니라는 뜻이다. 진여 자성에는 세 개의 몸이 있는데 그것은 법신, 보신, 화신이다. 예를 들면 달의 빛이 청정한 법신이고, 강물에 비친 달 그림자는 화신이고, 화신을 드러나게 하는 강물은 보신이다.

때문에 법신은 있는 그대로를 왜곡과 굴절 없이 인식하는 청정한 지혜이고, 화신은 응신이라고도 하며 법신이 머무는 육체이다. 보신은 화신인 육체를 통해 일체가 이로운 법을 행하고 중생을 구제하는 사랑과 자비로운 생각들이다. 즉 법신은 보신의 바탕이며, 보신은 법신의 쓰임이다.

그런데 보신과 화신은 아무리 선하고 자비로와도 여전히 생각이 있어서 자아 중심이고 형상과 모습에 집착한다. 때문에 법신과 화신, 보신 중에서 오직 법신만이 상이 아니라고 말씀하신 것이다. '모양과 소리로써 따른다'는 것은 붓다의 모습과 형상에 집착한다는 의미이다.

법신을 비로자나불이라고 하는데 왼손 엄지를 오른손으로 감싸고 있는 자세를 취하고 있다. 손을 펴면 손가락이 드러나지만 주먹을 쥐면 손가락은 사라져 버린다. 선과 악이 다른 모습이 아님을 알 때 우리가 행해 온 노력 전부가 바로 무명이었음을 깨닫는다.

혜능대사가 중생심이 바로 불성이라고 하신 까닭은, 자신의 생각이 삿된 견해로 탐욕스럽고 교만하여 이기적인 생각이 가득 찼더라도 빛이 왜곡과 굴절 없이 비추듯 있는 그대로를 인식하는 것이 곧 지혜이며 청정한 법신이기 때문이다.

그렇기 때문에 자신의 내면 속에 들끓는 중생심을 바로 봄이 곧 불성이고 진여이다. 자신의 중생심을 있는 그대로 읽어 가는 것은 현재에 시선이 머물고 있다는 뜻이며, 초점이 지금 이 순간에 맞추어져 있다는 것이다. 그러나 우리가 현재를 벗어나 모양과 형상에 의존하고 매달린다면 그것은 상에 집착하는 것이고 우리는 또 다시 과거로 후퇴하는 것이다.

상에 집착하지 않는다는 것은 곧 시선을 현재에 맞추는 것이고, 그러기 위해 붓다께서는 수행하던 시절에 숨을 들이쉬고 내쉬는 호흡을 주시하셨다고 한다. 호흡을 지금 들이쉬고 또 내쉬는 것이지 방금 전이나 조금 후에 호흡하는 것은 아니다. 항상 초점을 현재로 끌어오는 수행의 방편을 위빠사나라고 한다.

'이것은 이것이다'라는 확고부동한 사고나 신념은 과거의 경험과 지식을 강화시키는 자아 중심적인 사고이다. 따라서 그 신념을 이루지 못하면 어쩌나 하는 두려움이 생기게 된다. 자신이 들어서 알고 있는 논리에 따라서 일정한 방식의 수련과 훈련을 할 때라도 시선을 현재로 맞추지 않는다면 그것은 모양과 형상에 집착하는 것이다.

혹시 내가 잘못된 길을 걷고 있는 것은 아닌가, 누군가에게 부탁해서 올바른 길을 제시받아야 하는 것은 아닌가 하는 두려움은 버려야 한다. 두렵다고 느끼는 생각은 곧 과거에 머물고 있다는 뜻이며, 두려움을 느끼는 나라는 상에 집착하고 있는 것이기 때문이다.

초점이 현재에 맞추어져 있다면 참된 실체를 느끼지도 못하고 진리를 체험하지 못한다고 해도 두려울 것이 없다. 생활의 변화가 일어나지 않고 예전 그대로 인내심 없고 급하고 게으르다 할지라도 별반 문제될 것은 없다. 초점을 현재로 붙들고 있는 한 우리는 무엇을 해도 옳고 초점을 놓치면 아무리 옳게 생각되어도 그른 것이다.

그러나 부처님께서는 능엄경에서 제자들에게 삿된 소견을 지녀 외도가 된 까닭을 다음과 같이 말씀하셨다.

"외도들은 오로지 현재를 가리켜 부처님 국토라 하는 것이요 정토나 금빛 몸이 따로 있는 것이 아니라 하니, 사람들이 그대로 믿어 먼저 마음을 잃어버리고 목숨으로 귀의하여 이들이 어리석고 의혹 하므로 참으로 보살인 줄로 여기나니 그 마음을 추측하여 부처님의 계율을 파하고 가만히 탐욕을 행하느니라. 소견이 잘못된 마구니로 하여금 큰 허물을 짓지 말게 하고 잘 보호하며 어여삐 구원하여 나쁜 인연을 쉬고 몸과 마음이 여래 지견에 들어가서 처음부터 성취할 때까지 갈림길을 만나지 않게 하라."

우리들이 과연 숟가락을 들기 위해 밥을 먹는지 밥을 먹기 위해 숟가락을 드는지 알아야 한다.

여래께서 수보리존자에게 물었다. '32상을 지녔다면 그를 여래라 부를 수 있겠느냐?' 32상과 80종호를 간략히 알아본다면 다음과 같다.

32상은 발바닥이 편편하고, 손가락이 가늘고 길며, 온몸이 황금색이며, 몸매가 사자와 같고, 양어깨가 둥글며, 이가 가지런하고 희며, 혀가 넓고 크며, 눈동자가 검푸르며, 미간에 흰털이 나 있으며, 정수리에 살상투가 있는 특징이 있다. 80종호는 손톱이 좁고 길며, 손발이 곱고, 걸음걸이가 곧고, 위의가 사자와 같으며, 얼굴빛이 화

224

평하며, 정수리가 높고 묘하며, 이마가 넓고 원만하며, 머리뼈가 단단하고, 중생의 근기를 알아 정도에 맞추어 법을 설하고 원수나 친한 이나 모두 평등하게 대하며, 하는 일에 대하여 먼저 관찰하고 뒤에 실행하여 마땅함을 얻는 것 등이다.

한역본에서는 이와 같은 '32상을 지녔다면 그를 여래라 부를 수 있겠느냐'고 묻자 수보리존자가 그렇다고 대답하였다. 여래께서는 그렇다면 32상을 지닌 전륜성왕도 여래겠구나! 라고 반문하셨다. 금강경 중에는 이 구절이 빠진 경도 있고 들어 있는 것도 있다. 전체적인 맥락을 이해하는 데에는 큰 문제가 되지 않지만 붓다가 말씀하시고자 하는 의도를 강조하기 위해 표현된 문장이니 참고로 살펴보았다.

인도는 무수한 분열이 일어나 50개가 넘는 나라들이 서로 대립하고 있었다. 이처럼 무수한 분열을 종식시키고 하나의 국가로 통일할 수 있는 이상적인 왕을 상상했는데 그러한 왕을 전륜성왕이라고 한다.

그러자 수보리존자는 부처님의 뜻을 이해하고 다시 말씀드린다. '응당 32상으로써 여래를 관할 수는 없습니다.' 붓다께서는 게송으로 말씀하셨다.

'若以色見我 以音聲求我 是人行邪道 不能見如來'
(만약 색신으로 나를 보거나 음성으로써 나를 구하면 이 사람은 사도를 행함이라. 능히 여래를 보지 못하리라)

그리고 나서 붓다는 혹시 중생들이 없다라는 상에 집착하는 것을 경계하기 위해서인 듯, '여래는 구족한 상을 쓰지 않는 연고로 아뇩다라삼먁삼보리를 얻었다고 하는 생각을 하지 말라'고 말씀하셨다.

앞서 말한 바와 같이 있다와 없다를 유위행과 무위행이라고도 한다. 행하는 사람이 있다면 유위행이고 행하는 자가 없다면 무위행이다.

있다는 상에서 벗어나기는 비교적 쉬운 편이나 없다는 상에서 빠져 나오기란 용이한 일이 아니다. 예를 들면 재물을 보고 탐하지도 않고 기피하지도 않아야 자연스럽다. 재물을 탐하는 태도는 재물에 빠져 있다는 것을 쉽사리 알게 해 주지만, 재물을 기피하는 태도 역시 재물에 관심을 갖고 있다는 또다른 표현에 지나지 않는다.

욕망을 벗어나기 위해 세속의 옷을 벗어버리고 법의로 갈아입었다는 것도 또한 엄밀하게 따지면 욕망을 벗어나고 싶은 욕망의 또다른 표현에 불과하다. 편견에 치우친 마음은 지혜로운 마음이 아니다. 죄의 성품은 공하기를 바라면서 복은 실재하기를 바라고, 지옥은 마음속에 있다고 생각하면서 죽어서는 천국 가기를 바라는 마음은 편협한 사고이다.

이 쪽에도 치우치지 않고 저 쪽에도 치우치지 않는 중도를 행하는 마음이 바로 지혜로운 것이다. 붓다께서는 '쾌락에도 빠지지 말라. 고행에도 집착하지 말라. 두 극단을 떠나 중도가 있느니라. 중도를 걸어야 안목도 이루고 지혜도 이루며 선정을 이루어 열반에 나아갈 수 있다'고 말씀하셨다. 즉 있다와 없다를 동시에 놓아 버릴 수 있는 용기가 지혜인 것이다.

춥고 배고픈 사람을 보살펴 주면서 자신이 복덕을 받게 될 과보를 생각한다는 것은 행하는 사람이 있는 유위행이다. 그러나 춥고 배고픈 사람을 보고 마치 자신이 춥고 배고픈 것처럼 느껴져 보살피는 것을 무위행이라고 한다. 그러나 언어와 관념으로 이것은 유위이고 저것은 무위이다라고 구분 짓는다면 그것은 이미 유위 속에 들어간 무위인 것이다.

　마찬가지로 붓다는 32상을 지녔다 해도 여래라고 할 수 없다면 32상을 지니지 않아야 여래라고 부를 수 있다고 생각하는 '없다'라는 무위행을 유위로서 해석하지 않도록 다음 장인 무단무멸분의 말씀이 이어진다.

27. 무단무멸분(無斷無滅分)

끊어짐도 없고 멸함도 없음

스승께서 말씀하셨다. "수보리여, 특징을 갖추고 있는 것에 의해 여래가 위없는 깨달음을 실제로 깨달은 것이 아니기 때문에, 특징을 갖추고 있는 것에 의해 위없는 깨달음을 깨달았다고 보아서는 안 된다. 또한 수보리여, 보살의 길로 들어선 사람은 단견과 상견에 집착하여 빠져서는 안 된다. 그것은 왜냐하면 보살의 길로 들어선 사람에게는 어떤 것도 멸하거나 끊겨 나가거나 하지 않기 때문이다."

"수보리여, 네가 만약 이런 생각을 하되 여래는 구족한 상을 쓰지 않는 연고로 아뇩다라삼먁삼보리를 얻었다 하느냐. 수보리여, 여래는 구족한 상을 쓰지 않는 연고로 아뇩다라삼먁삼보리를 얻었다고 하는 생각을 하지 말라. 수보리여, 네가 만약 이런 생각을 하되 '아뇩다라삼먁삼보리심을 발한 사람은 모든 법이 단멸했다고 말하는가' 한다면 이런 생각도 하지 말지니 무슨 까닭인가 하면 아뇩다라삼먁삼보리심을 발한 사람은 법에 있어서 단멸상을 말하지 않느니라."

꧁

법은 구할 것이 없다고 한다. 번뇌 망상을 한 순간에 타파할 수 있는 엄청난 위력을 지닌 진리나 실체를 찾고 구하고자 수행을 한다면 그는 실패할 것이 틀림없다.

왜냐하면 그곳엔 아무 것도 없기 때문이다. 그러다 결국 아무 것도 없음을 눈치챈 그는 측은해 하는 눈빛으로 애써 진리를 찾고 구하려는 사람을 바라본다. 진리에 혈안이 된 사람들은 실제로는 정신적인 탐욕을 행하는 것이다.

자신을 충족시켜 줄 신비한 오락 거리를 앞에 두고 그것에만 온통 정신이 팔려 있는 어린아이처럼 다른 것은 쳐다보지도 않는다. 그런 모습을 안타까운 눈으로 바라보는 그는 또 다른 단멸상에 사로잡혀 있는 것이다. 찾고 구할 진리란 아무 것도 없다는 상에 갇혀 있는 것이다. 그래서 붓다는 다음과 같이 말씀하셨다.

"아뇩다라삼먁삼보리심을 발한 사람은 법에 있어서 찾고 구할 것이 있다든가 없다든가하는 단멸상을 말하지 않는 것이다."

또한 공불공여래장이라고 한다. 부득불 모순의 논리가 등장한다. 공하지만 그렇다고 공하지도 않은 여래장 또는 형상과 모습이 없으니 있다고 할 수 없지만 작용이 있으니 없다고도 할 수 없는 것이다.

'산은 산 물은 물'이란 말이 있다. 맨 처음에 산은 산이고 물은 물이라 했을 때 스승이 제자에게 물었다. '흐르는 것은 무엇인가?' '물이 흐릅니다.' 세월이 흘러 곰곰이 생각해 보니 산은 산이 아니고 물은 물이 아니었다. 그래서 산이 물이고 물이 산이었다. 스승이 다시 물었다. '흐르는 것은 무엇인가?' '계절을 따라 산이 흐릅니다.' 그러다 다시 생각해 보니 산은 물이 아니었고 물은 산이 아니었다.

스승이 다시 물었다. '흐르는 것은 무엇인가?' '산은 산이고 물은 물입니다.'

누누이 말하지만 세상을 살면서 참으로 하기 어려운 일 중의 하나가 있는 그대로 바라보는 일이다. 우리는 사람이나 사물을 보면 즉시 과거의 기억을 끌어들인다. 기분 나빴던 일 또는 좋았던 경험을 확대시켜 대하는 까닭에 번뇌가 산처럼 자라고 망상이 물처럼 흐르는 것은 아니겠는가?

과거로부터 매순간 죽는 마음이야말로 신선한 마음이다. 그런 마음은 상을 지니지 않고 어떤 조건이나 경험으로부터도 자유롭기 때문에 내일에 대한 두려움이 없다. 그래서 어디에도 붙들리지 않는 신선하고 자유로운 마음은 맑고 향기롭다.

수보리존자에게 '상을 가지고 여래를 관할 수 있겠느냐'고 물으신 뒤 여래는 '진리에 들어선 사람은 법을 구할 것이 있는가 구할 것이 없는가라는 상을 말하지 않는 것이다'라고 말씀하셨다.

어느 날 제자가 혜능대사께 물었다. '중생은 색신과 법신이 있다고 하였는데 육체인 색신은 무상하여 나기도 하고 멸하기도 하지만, 법신은 무상하지 않으므로 앎도 없고 깨달음도 없다고 들었습니다. 그런데 나고 죽음이 끊어지면 깊은 고요와 정적이 드러난다고 하온데 정적과 침묵이 드러나는 것을 느끼고 안다는 것은 색신은 이미 멸하여 지수화풍의 사대로 분산되었으므로 알지 못할 것이고, 법신은 생각이 끊어져 나무나 돌과 같아 정적과 고요를 관할 수 없을 것입니다. 그렇다면 모든 법은 드러나지 못할 것인데 어찌 생각이 끊어짐을 낙이라 하십니까?'

그러자 혜능대사께서는 '그러한 견해는 색신과 법신이 제각각 존재한다고 생각하는 것이고 생각을 버림으로써 나타날지도 모르는 고요함을 누리고 싶은 집착을 지닌 것이다. 즐거움을 느끼려는 생각은 몸을 지니고 있어서 나타나므로 그것은 곧 생사를 집착하고 세속의 즐거움을 탐착하는 것이다. 이러한 생각이 곧 변견(邊見)이며 영혼은 불멸이라는 생각이 있는 상견(常見)과 죽은 후에는 모두가 끊어져 아무 것도 없다는 단견(斷見)이라고 한다. 이는 삿된 견해이며 외도인 것이다'라고 말씀하셨다.

이것은 앞서 15장 지경공덕분에서 설명한 바와 같이 '지혜로운 사람은 법에 있어서 단멸상을 논하지 않는 것이다'라는 부처님 말씀이며, 곧 수자상이 없다고 설하는 것이다.

제자는 중생들이 윤회하는데 윤회하는 중심체가 있어야 윤회가 가능한 것이지, 중심체가 없다면 모든 것이 끊어져 멸할 것인데 어떻게 다시 태어날 수 있는가라는 논리적이고 이론적인 개념으로 무장하고 질문하고 있다. 이것이 바로 수자상이다.

시냇물은 질문하고 대답하는 이 순간에도 여전히 흐르고, 바람도 머물지 않고 불고 있다. 중심체가 존재하기 때문에 시냇물이나 바람이 흐르는 것은 아니다. 만일 중심체에 의해서 흐른다면 중심체를 제거한다면 시냇물은 정체되어야 할 것이다.

우리의 맥박이나 호흡도 중심체가 있어 움직인다면, 중심체를 조절하여 숨을 쉬거나 안 쉴 수도 있고, 두 시간에 한 번씩 쉬는 것도 가능해야 한다. 그러나 중심체를 대면하려는 욕구는 어리석음이며, 즐거움과 만족감을 성취하고자 하는 우리들의 탐욕스러운 생각에서 비롯된 것이다.

이것이 우리들의 무지이고 무명이며, 이러한 어리석음으로 생사를 탐착하므로 번민과 갈등으로 혼란 받는다.

내가 죽은 후에는 모든 것이 끊어지고 멸한다고 생각한다면 그
것은 처음 시작된 곳이 있어야 끊어지고 멸함이 있음을 말한다. 또
한 슬픔과 고통을 영원히 종결시키려는 바램이 일으킨 것이다.

반면에 영원히 계속된다는 생각의 배후엔 고통은 사라지고 쾌락
만이 존속하기를 바라는 의도가 자리잡고 있다. 영원하지 않다는
것은 상대적인 개념이므로 개념으로만 아는 생각은 영원한 것이
아니다. 그러나 '끊어진다는 생각도 멸한다'고 하여도 세상은 끝없
이 흐르고 변한다. 이렇듯 수자상이 없다는 것을 올바르게 인식하
는 것이 삿된 견해를 지니지 않는 것이다.

28. 불수불탐분(不受不貪分)

받지도 않고 탐하지도 않음

"또한 수보리여, 보살의 길로 들어선 사람은 흔적을 남긴다는 생각으로 공덕을 베풀지 않는다." 수보리가 물었다. "스승이시여, 그렇다면 수행자는 쌓은 공덕을 자신의 것으로 해서는 안되는 것입니까?" 스승께서 말씀하셨다. "수보리여, 자신의 것으로 하더라도 집착해서는 안 된다. 그렇기 때문에 집착없이 자신의 것으로 해야 한다고 말하는 것이다."

"수보리여, 만약 보살이 항하의 모래수와 같은 세계에 가득찬 칠보를 가지고 보시하더라도 만약 또 어떤 사람은 일체 법이 아가 없음을 알아서 인을 얻어 이루면 이 보살은 앞의 보살이 얻은 공덕보다 수승하리라. 무슨 까닭인가. 수보리여, 모든 보살은 복덕을 받지 않는 까닭이니라." 수보리가 부처님께 사뢰었다. "세존이시여, 어찌하여 보살이 복덕을 받지 않습니까." "수보리여, 보살의 지은 바 복덕은 응당 탐착하지 않음이니 이 까닭에 복덕을 받지 않는다고 말하느니라."

이 장은 불수불탐분으로 받지도 않고 탐하지도 않는다는 장이다. 어느 날 고타마 붓다께서 머리와 수염을 깎으시고 숲 속에 단정히 앉아 계실 때 천인이 다가와 말했다. "당신은 무엇을 근심하고 있습니까?" "나는 잃을 것이 없거늘 무엇 때문에 근심하겠는가?" "그럼 당신은 기뻐하는 것입니까?" "나는 아무 것도 얻은 것이 없는데 무엇을 기뻐하겠는가?" "부처님이시여, 당신은 기뻐하지도 근심하지도 않습니까?" "그러하다." 천인이 다시 묻기를, "당신은 어이하여 번뇌가 없으며 어찌하여 기쁨도 없으면서 홀로 숲 속에 머무르며 고독함을 느끼지 않습니까?" 붓다가 게송으로 말씀하시되 "기뻐하는 것이 바로 번뇌이며 번뇌가 바로 기쁨이니 나에겐 기쁨도 번뇌도 없음을 그대는 알아야 한다. 또한 집착하는 것치고 죄가 되지 않는 것이 없음을 그대는 알아야 한다."

수보리존자의 공덕에 대한 집착이 미세하게 흘러나오고 있다. 바로 앞장 무단무멸분에서 여래는 특징을 갖추고 있는 것으로 위없는 깨달음을 얻었다고 보아서는 안 된다고 말씀하였음에도 불구하고 수보리존자는 쌓여지는 공덕에 마음을 두고 있다.

허공에 성인 같은 허공, 악마 같은 허공이 있을 수 없듯이 텅비어 공덕이 붙을 자리가 없다면 죄의식 또한 달라붙지 못한다. 그럼에도 우리는 천국은 없다 하고 지옥 갈 것을 염려한다던가 지옥은 없다면서 극락 가기를 바란다면 편협한 소견을 지닌 것이다.

쌓여질 수 있는 공덕이 참으로 없다면 뭉쳐지는 죄의식에서도 자유로워야 한다. 불면 날아갈 티끌보다 못한 까닭이다. 그런데도 어찌된 영문인지 평생 동안 걱정과 근심, 두려움에서 벗어나지를 못한다. 스스로 자신을 죄와 복으로 얽어매기 때문이다.

생각하는 모양이 티끌이고 인식하는 것이 때묻는 것이라 우리의 생각이 먹구름처럼 하늘을 덮고 있는 탓으로 툭 트인 하늘 한 번 바라보지 못하고 한 평생 욕심을 채우려고 발버둥치다 삶을 마치고 마는 사람들이 그처럼 많은 까닭이다.

　이 장에서는 집착을 일으키는 욕망과 공포에 대하여 논의해 보기로 한다. 우리가 재물에 집착하는 이유는 재물을 통해서 많은 것을 소유할 수 있기 때문이다. 보다 많은 것들을 소유하고 싶다는 욕구는 다른 사람들보다 우월하다는 것을 인정받고 과시하고 싶다는 욕망의 표현이다.

　크고 훌륭한 저택, 멋진 차, 굽실거리는 수많은 하인들, 이런 모습을 보면서 탐욕스럽게 웃는 웃음 뒤에는 그칠 줄 모르고 쌓아 올린 수많은 소유물들로 높은 담장을 둘러치고는 도리어 그가 소유한 많은 것들에 소유 당하면서 폐쇄되고 고립되어 가는 것이다.

　또한 욕망은 이와는 반대로 향할 수도 있다. 재물을 소유함으로써 파생되는 폐단, 즉 소유물에 소유 당하는 결박감을 벗어나기 위하여 재물을 해악으로 보며 소유를 죄악으로 여기는 것들은 모두 재물에 집착하는 플러스적인 경향과 마이너스적인 경향이다. 어떤 태도를 선택한다고 해도 그것은 결국 욕망의 같은 표현이다.

　그러면 우리는 왜 욕망을 지니고 있는가? 선한 욕망이든 악한 욕망이든 욕망은 결국 우리를 구속하고 결박하고 만다는 폐단이 있음을 알면서도 왜 우리들은 플러스나 마이너스로 움직여 나가는 것을 묵인해야 하는가? 부자나 가난한 자는 모두 불편하다. 불편하지 않을 만큼 적당히 분수에 맞도록 적절하게 소유할 수는 없을까?

　그렇다면 욕망의 플러스 마이너스를 조절하여 제로에다 맞추면 우리의 사고가 동작을 하지 못한다. 그 얘기는 더 갖고 싶다든지, 덜 갖고 싶다든지 하는 문제가 아니라 주어지는 대로 선택 없는 삶을 사는 것이며 사고는 그런 것을 결코 용납하지 않는다.

　왜냐하면 그때에는 사고 자체가 사라져 소멸되는 것이므로 자기 스스로 죽음을 택하는 경우는 절대로 없다. 그것은 사고가 자아 중심적으로 이루어졌기 때문이다. 그 까닭은 12연기에서 설명하였듯이 감각이 안이비설신의를 통과하면서 '좋다, 싫다' 하는 판단과 분별을 갖게 되기 때문이다. 이런 판단과 분별력으로 선택을 하게 된다.

즉 좋은 것은 모으고, 싫은 것은 버림으로써 생명체로 탄생할 수 있는 씨앗의 원인을 제공한다. 그리고 선택을 한다는 것은 주체자, 즉 중심이 되는 자가 있어야 가능하다. 만일 중심 되는 자가 없다고 한다면 선택한다는 것은 존재할 수 없다. 만약 내가 좋아하는 것을 선택한다고 했을 때 선택을 하는 것은 바로 나이기 때문이다. 그래서 선택, 판단, 분별 같은 것들은 항상 나의 입장, 나의 조건, 나의 환경 등에 의존해서 나타나는 것이며 언제 어느 때나 자아 중심적인 입장을 고수하고 있는 것이다.

이런 이유들로 인해 파생된 사고가 스스로 죽음을 맞이한다는 것은 도저히 불가능한 일이다. 사고는 어떤 위험이 닥쳐도 아무리 위급한 상황을 맞이하더라도 수단과 방법을 가리지 않고 살아 남으려고 발버둥친다.

그래서 욕망의 다이얼에는 플러스와 마이너스만이 존재하지 제로란 눈금은 없다. 그렇기 때문에 자아를 소멸시키고 싶다는 욕망을 통해서 무자아를 실현할 수 있는 길이나 방법은 존재하지 않는다.

여기서 다시 의문이 생긴다. 그럼 어떻게 신과 진리를 깨달은 분들이 존재할 수 있느냐고. 우리는 여전히 '어떻게'라는 말을 통해 길이나 방법을 제시받고 그런 방식과 수련을 통해 진리에 도달하기를 원한다. 그러나 이러한 것은 실제로 자기 기만에 불과할 뿐이다.

이런 방식으로 사고는 상처를 회복하고 여유만만하게 미소를 지으며 존재하게 된다. 우리가 신이나 진리, 깨달음에 많은 관심을 갖고 있다고 하더라도 정말로 많은 관심을 쏟고 있는 것은 바로 우리 자신이다.

이와 같이 우리들의 생각은 항상 자아 중심적이라는 사실을 알았고 '나'라고 알고 있는 생각이 실제로는 내가 아닌 것이며 그것은 판단, 분별, 선택이 모여 이룬 관념의 덩어리에 지나지 않는다는 것을 이해했다. 명색, 즉 몸과 마음을 이루고 있는 집착은 다시 동전의 양면처럼 항상 상호보완적이고 불가분의 관계를 유지하고 있는 욕망과 공포로 구성되어 있다는 것도 알게 되었다.

그렇다면 왜 욕망은 공포와 불가분의 관계를 취하고 있는 것인가? 이 문제에 접근하기 위해서 우리는 '어째서 이런 모든 것들에 대하여 탐구하고 싶어하며 알고 싶어하는가?' 하는 질문을 할 수 있다. 우리는 우선 문제 자체가 해답을 지니고 있다는 속성을 알아야 한다.

그것은 곧 주의 깊게 문제를 관찰하고 주시함으로써 어렵고 복잡하게 문제를 해결하고자 하는 우리의 분열과 혼란에 일침을 가하는 것이다. 즉 자신의 주의나 주장, 신념을 개진하거나 표현하는 것보다 수동적인 주시나 관찰이 우리를 더욱 예민하고 깨어 있는 지성으로 이끌어 준다. 그래서 상대방의 말을 주의 깊게 듣는 자세야말로 우리가 지녀야 할 최고의 덕목인 것이다.

자신을 이해하고 탐구하고자 하는 욕구까지도 많은 기억과 경험, 확신에 찬 주장, 보다 풍부한 지식, 물러날 수 없는 신념 등을 통해 자신을 보다 넓고 높게 쌓아 올리는 기초와 바탕에 중점을 둔 것은 아닌가 살펴보아야 한다.

보다 넓고 높게 쌓아 올리고 싶은 욕구는 어째서 생기는 것이며 어디에서 기인하는가? 남의 깃털을 주워 모아 치장한 까마귀처럼 자신이 실로 아무 것도 아니라는 존재를 의식함으로써 자신을 은폐시키고 감추기 위한 수단으로 치장과 과욕을 통한 허세를 부리고 있는 것은 아닌가? 이처럼 공허하고 아무 것도 아닌 자신을 드러내고 발견한다는 자체가 사실 상당히 두려운 일이다. 그러나 곪은 상처를 도려내듯 냉정히 살피고 엄하게 자신을 지켜보아야 한다.

　욕망을 통해 두려움을 감추고 두려움은 욕망을 부추긴다. 욕망과 공포는 서로 주거니 받거니 하며 끝없는 악순환을 거듭 반복한다. 엉킨 실타래를 풀 때 많은 실을 한꺼번에 잡아당기는 것보다 한 가닥을 붙들고 다른 가닥들과 연결된 것을 주의 깊게 살피면서 풀어 나가는 것이 현명한 일이듯, 우리가 우리들 사고의 모든 부분을 전체적으로 이해하기란 쉬운 일이 아니다.

　때문에 우리는 자신의 탐욕이나 집착, 질투, 교만이나 두려움 등 어떤 한 가지를 끈질기게 붙들고 주시, 관찰, 추적한다면 사고 과정의 전체적인 모습이 한꺼번에 나타날 것이다. 왜냐하면 서로 연관되어 있기 때문이다. 그것은 마치 뱀을 잡을 때 머리나 몸통과 꼬리를 전부 잡아당길 필요가 없듯, 자신에게 가장 합리화시키고 싶은 부분이나 자신에게조차 솔직해 지고 싶지 않은 부분에 대하여 끊임없는 관찰이 이루어져야 한다. 그리하여 마침내 사고가 그 모습을 드러냈을 때 생각이 행하는 것이 아닌 끝간 데 없이 고요한 정적과 침묵이 바로 그 자리에 존재하는 것이다.

　'무섭다' 혹은 '두렵다'라는 생각은, 과거에 경험했던 힘들고 고통스런 사건을 기억해 냄으로써 다가올 미래에 다시 그런 사건이 반복되어 일어나는 것을 우려할 때 생기는 감정이다. 그것은 기억에 의존하고 있으며 과거와 미래라는 시간 개념에 제한 받고 있다.

예를 들어 몇 년 전 문틈에 손가락이 끼어 고생했던 사람이 어느 날 다쳤던 문과 비슷한 모양의 문을 보았을 때 몇 년 전의 일을 떠올린다. 병원에서 마취를 하던 의사의 무자비한 주사 바늘과 상처를 꿰매고 난 후의 통증 등을 기억해 내고는 다시 그런 일을 당하게 되면 어떻게 하나 하고 걱정하고 염려하는 것이다.

이러한 육체적인 공포는 물론이고 심리적인 공포도 존재한다. 과거에 사기를 당했던 사람이 거래를 하기 위해 사람을 만나면 과거의 기억이 떠올라 두려움에 조심스럽게 확인하고 의심한다. 이것이 우리 내면에 공포가 자리잡는 과정이다.

즉 공포는 기억이며 시간의 산물이다. 그리고 우리의 행동을 제약하며 구속한다. 기억한다는 것은 우리가 이미 과거에 알고 있었던 것을 인식하는 것이다. 그러므로 전혀 모르는 것에 대해서는 두려움이 일어나지 않는다.

예를 들어 우리가 외계인을 만난다면 여러 가지 상상을 할 것이다. 이들이 우리에게 도움을 줄 것인지, 해를 입힐 것인지 예측해 볼 것이다. 만약 외계인을 철조망에 가둬 놓고 만난다면 아무런 두려움도 없을 것이다. 외계인 자체를 두려워하는 것이 아니라 그들을 만나서 어떤 일이 일어날지 불확실하기 때문에 두려운 것이다.

우리가 죽음이라고 부르는 것도 마찬가지이다. 죽어 본 경험이 없는 우리로서는 죽음을 맞이한다는 것이 마치 외계인을 만나는 것처럼 생소하기만 하다. 사후 세계를 상상해 보기도 하며 누구도 말해 준 바가 없는 사후의 불확실성을 두려워한다. 또한 자신이 이룩해 놓은 업적들, 가족, 소유물, 사회적인 평판 등과의 결별을 두려워하기도 한다.

따라서 우리는 두려움을 느끼지 말아야겠다고 다짐할 게 아니라 무엇을 두려워하고 있는지 두려움을 일으키는 원인을 명확히 인식

해야 한다. 두려움은 또한 우리가 목표를 설정했을 때에도 발생한
다. 그때 두려움의 대상은 목표를 달성치 못했을 때의 주위 사람들
의 비난과 자신의 무력감이다. 이처럼 육체적인 공포는 외부에서
가해지는 고통에서 비롯되지만 심리적인 공포는 우리의 내부에서
주어지는 것이다.

그러나 육체적인 공포도 실제로는 우리의 기억 속에 있을 뿐 지
금 현재는 건강한 상태로 있는데도 생겨나기 때문에 포괄적으로는
심리적인 공포에 포함되는 것이다.

우리는 두려움의 원인을 명확히 인식하지 못하기 때문에 두려워
한다. 비유하자면 약을 먹기 위해 병에 걸리려는 어리석음과 같은
것이다. 또한 두려움의 공통적인 현상은 우리의 사고가 과거의 경
험을 미래로 옮겨 놓으면서 비롯된다는 것이다.

이것은 공포의 구성 요소 중 핵심적인 것이다. 공포는 시간의 산
물이다. 따라서 우리가 과거에 얽매이지 않고 미래를 짐작하지 않
고 철저하게 순간 순간을 인식한다면 우리에게 두려움은 없다.

두려움을 이해하기 위해 우리는 두려움의 대상을 인식해야 한다.
무엇이 공포심을 조장하는가를 철저하게 탐구하고 있는 그대로의
두려움을 주시한다면 실체를 명확하게 알 수 있다. 육체적인 두려
움을 제외한 모든 종류의 두려움은, 원인이 결국 남들보다 우월해
져서 인정받아야 한다는 강박관념에서 비롯된다.

자신이 소유한 소유물, 가족, 친지나 친구들, 지식, 신념, 업적 등
을 영원히 놓지 않으려는 자아 중심적인 욕망의 탑을 무너지지 않
도록 공포가 보호하는 것이다. 이런 욕망이나 공포 같은 감정은
'나'를 중심으로 하고 있으며, '나'를 강화시키기 위한 것이며, '나'의
소멸을 방지하며 존속시키기 위해 활동하는 사고이다.

남을 위한 희생과 봉사로 일관하는 자세도 마음 한 구석에는 항

상 손해를 본다는 의식이 감춰져 있으므로 바람직한 태도가 아니다. 또 자신의 사리사욕만을 추구하는 삶도 살아 있는 양심이 지켜보므로 불안하고 무엇인가 부족한 삶이다.

타인도 이롭고 자신에게도 이로운, 곧 일체가 이로운 길을 발견하고 행동하는 것이 슬기로움이고 지혜로움이다. 그러나 이런 태도와 행동은 세상이 존속하는 깊은 뜻을 알아차려 완벽한 이해에 도달했을 때 비로소 가능한 일이다.

어떤 사람이 지옥과 천국을 방문하게 되었다. 그는 먼저 지옥을 갔다. 지옥으로 들어가니 사람들은 하나같이 굶주림에 시달린 듯 허리를 숙이고는 서로 시비하고 싸웠다. 식사시간을 알리는 종을 치자 1m 가량 되는 숟가락으로 밥을 먹는데 입으로 들어오는 것은 하나도 없고 전부 땅에 떨어뜨리는 것이었다. 식사를 마치라는 종이 울리고 사람들은 식당에서 쫓겨나면서 싸우는 모습이 과연 지옥다웠다.

그는 다시 천국으로 갔다. 사람들은 생기가 넘치고 활발하였다. 그들은 서로 의견을 나누면서 웃음과 신뢰를 잃지 않았다. 식사시간이 되자 천국도 지옥과 같은 숟가락이 지급되었다. 그러나 그들은 상대방에게 밥을 권하고 서로 먹여 주고 있었기 때문에 바닥에 떨어지는 음식도 보이지 않았다. 서로 양보하고 이해하는 정감에 찬 모습이었다.

붓다께서 기원정사에 계실 때 제자들에게 말씀하셨다.

"만일 육신이 진정한 '나'라면 싫어하는 병이나 괴로움이 생기지 않아야 한다. 인간은 자기가 싫어하는 것은 하지 않기 때문에 육신이 진정한 '나'라면 내 뜻대로 할 수 있어야 한다. 또한 육신에 대하여 이렇게 되었으면, 이렇게 되지 않았으면 하고 따로 바라지도 않을 것이다. 그러나 육신에는 '나'가 없기 때문에 그러한 생각을 하게 된다. 따라서 육신은 영원하지 못하며 괴로움을 주는 것이라고 관찰하는 사람은 이 세상에 매달릴 것도 없고, 매달리지 않기 때문에 스스로 마음의 평온을 깨닫게 되느니라."

붓다는 수보리존자를 통해 우리들에게 집착 없이 살아가는 삶이야말로 가장 훌륭한 삶이라 말씀하고 계신 것이다.

29. 위의적정분(威儀寂靜分)

위의가 적정함

"여래가 가고, 오고, 앉고, 혹은 눕는다라고 말하는 사람이 있다면 그는 내 가르침의 뜻을 이해하지 못한 것이다. 왜 그런가. 여래라고 불리는 사람은 어느 곳으로도 가지 않으며 어디로부터 오지도 않기 때문이다. 그래서 그를 여래, 아라한, 완전히 깨달은 사람이라고 부르는 것이다."

"수보리여, 만약 어떤 사람이 말하기를 여래는 오기도 하고 가기도 하며 앉기도 하고 눕기도 한다 하면 이 사람은 나의 설한 바 뜻을 알지 못함이니라. 무슨 까닭인가. 여래란 어디로부터 온 바도 없으며 또한 가는 바도 없으므로 여래라 이름하느니라."

🪷

여래는 능엄경에서 제자들에게, 식온이 없어지면 비로소 모든 육근이 서로 작용하여 보살의 금강건혜지로 들어간다고 하였다. 자신의 성품을 보면 즉시로 식온이 드러난다. 식온은 생사에 관계없이 자리를 잡고 있는 탓으로 항상한 참성품이 아닌가 하고 생각할 수 있지만, 여래는 계속 식온의 허망함에 대하여 허공 꽃의 비유를 들어 설명하였다.

허공 꽃을 분명히 본 사람이 허공 꽃 밑에 앉아 열매맺기를 기다린다면 아무리 미진 같은 세월을 지내어도 모래를 삶아 밥을 구하려는 사람처럼 허공을 움켜쥐려 하나 애만 쓸 뿐 가능치 않은 일이다.

여래가 말씀하시길 깨달을 생각을 내는 초발심에 반드시 두 가지 뜻을 밝혀야 한다고 하였다. 첫째는 인행 때에 내는 마음이 과 받을 적에 얻을 각과 같은가 다른가를 살펴보아야 한다.

둘째는 보리심을 내어 번뇌의 근본을 살펴보고, 무엇이 짓고 무엇이 받아 업을 짓고 생을 싹트게 하는가를 살펴보아야 한다고 하였다.

이것이 식온에 대한 말씀이다. 오온 중에서 색온, 수온, 상온, 행온 등은 허망함을 알 수 있으나 식온에 대해서는 생사를 넘어 존재하는 탓으로 허망하지 않은 성품이라 고집하여 집착한다면 잘못된 소견을 지니고 있는 것이다.

식온마저 놓아 버린 자리에서야 비로소 보살의 금강건혜지로 들어가는 것이다. 그래서 혜능대사는 불법은 둘이 아닌 법이기 때문에 다만 견성만을 논할 뿐 선정 해탈을 논하지 않으며, 온(蘊)과 계(界)를 범부는 둘로 보나 지혜 있는 사람은 그 성품을 요달하여 둘로 보지 않으니 둘이 아닌 성품이 곧 불성이라고 하였다.

우리가 다가설 수 있는 곳은 견성 뿐이다. 행주좌와 어묵동정을 통해 자신의 내면을 주시하고 바라보았을 때 식온은 드러난다. 식온마저 치워 버린 자리에서야 생각의 바탕인 참 성품이 드러나는 까닭에 대승 진리로 들어선 사람은 생사를 벗어나는 지혜에 집착해서는 될 수 없는 것이다.

그것은 말뿐인 희론만 들어차 거품으로 채워지기 때문이다. 우리는 세상에서 무엇을 구하고자 함이 아니라 하나씩 치우고 세상으로 돌려보내고자 태어난 존재이다. 따라서 깨달음의 유혹이야말로 인간의 가장 큰 적이다.

여래란 어디로부터 오지도 않고 어디로 가지도 않기 때문에 가고 오고 앉고 눕는다고 말할 수 없다고 하신 것은, 바다와 분리된 물방울은 제각각의 형상이 있지만 바다로 합쳐진 물방울은 되찾을 수 없는 것과 같다. 그는 이미 바다이다. 여래가 앉고 서고 눕는다고 말하는 사람은 바다의 모양을 그려야 할 것이다.

30. 일합이상분(一合理相分)

하나에 합한 이치의 모양

"또한 수보리여, 우주에 있는 모든 것들을 부셔 가루로 만들었다면 그 가루는 많은 것이냐?" 수보리가 말했다. "스승이시여, 참으로 많습니다. 그러나 가루가 많다고 함은 이름이 가루가 많다이지 실제로 가루가 많다고 하는 것이 존재한다면 여래께서는 가루가 많다고 설하지 않으셨을 것입니다. 그렇기 때문에 가루가 많다고 말하는 것입니다." "수보리여, '이 하나라는 모양'은 언어로 표현될 수도 없고 말할 수도 없다. 그것은 물(物)도 아니고 물(物) 아님도 아니기 때문이다. 다만 그것은 어리석은 사람들이 집착하는 것이다."

"수보리여, 만약 선남자 선여인이 삼천대천세계를 부수어 작은 먼지로 만든다면 어떻게 생각하는가. 이 작은 먼지들이 얼마나 많겠느냐?" "매우 많습니다. 세존이시여, 무슨 까닭인가 하면 만약 이 작은 먼지들이 실로 있는 것이라면 부처님께서 곧 작은 먼지들이라고 말하지 않으셨을 것입니다. 까닭이 무엇인가 하면 부처님께서 설하신 작은 먼지들은 곧 작은 먼지들이 아니고 그 이름이 작은 먼지들입니다. 세존이시여, 여래께서 설하신 삼천대천세계는 곧 세계가 아니고 그 이름이 세계입니다. 왜냐하면 만약 세계가 실로 있는 것이라면 곧 한 덩어리의 모양이니, 여래께서 설하신 한 덩어리의 모양도 한 덩어리의 모양이 아니고 그 이름이 한 덩어리의 모양입니다." "수보리여, 한 덩어리의 모양이란 곧 이를 말할 수 없거늘 다만 범부들이 그 일에 탐착할 뿐이니라."

꽃

일합이상분이란 하나에 합한 이치의 모양이란 뜻이다. 그러나 하나의 이치에 합한다는 것은 하나니 여럿이니 하는 분별을 떠나 있다. 붓다는 수보리존자에게 묻는다. 자, 여기 하나의 세계가 있다고 하자. 그런데 그 하나를 부숴 가루로 만든다면 수효는 얼마나 많을 것인가? 그러자 해공제일의 수보리존자답게 질문의 화살을 비켜 간다. 세존이시여, 매우 많습니다. 그러나 하나라 여럿이라 하는 것은 그 이름이 하나니 여럿이니 하는 것이지 실제로 존재하는 것은 아닙니다. 수보리존자의 대답에 여래는 그렇다. 어리석은 사람들이 하나니 여럿이니 하는 분별을 일으켜 이것이 하나라 하고 저것은 하나가 아니라고 가리키지만 능히 가리키거나 가리킬 수 없음을 떠나 있는 것이다.

그렇기 때문에 하나에 합한 여래가 가고 오는 앉고 혹은 눕는다고 여러 가지로 말한다면 그는 잘못된 말을 한 것이다. 또한 가고 오고 앉고 눕는 바가 없는 한 모양이라 해도 역시 잘못된 말을 한 것이다. 이미 여래는 하나니 여럿이니 하는 세계를 초월하여 있기에 하나이면서 여럿이고 여럿이면서 하나이다. 다시 말하면 하나도 아니고 여럿도 아니다.

37조도품에 대하여
하나다 여럿이다라는 집착을 통해 본각의 성품이 정(靜)하여서는 허공이 되고 동(動)하여서는 세계가 나타나고 산하대지가 있는 것이다. 일체가 환영이고 물거품과 같은 줄을 알기 위해서 수행하는 모든 방편도 실제로는 환인 것이다. 환을 통해 환을 여의기 위해 붓다는 다음과 같은 37조도품을 설명하셨다.

조도라 함은 도를 돕는다는 뜻이고, 37개의 항목을 실천해 가면서 무명을 극복하는 것이다. 선과 악이란 어리석음과 지혜로움의 차이라고 할 수 있다.

그렇기 때문에 선과 악의 개념을 넘어 선한 생활 착한 마음이라 하여 바른 생활을 하고 있다고는 할 수 없기에 37조도품 중의 팔정도는 선한 생활을 넘어 깊이 있고 바른 생활로 접어들 수 있도록 길을 안내하고 있다. 실제로 선과 악의 개념은 타인의 존재로부터 성립되어 진다.

자신만이 홀로 있다면 선과 악은 하등의 소용이 없다. 따라서 선과 악은 동일한 업을 만들어 내기에 진리의 길에서는 선조차 떨쳐내야 하며 하물며 악을 끌어안고 갈 필요는 더더욱 없는 것이다. 결국 아무리 착한 마음으로 살았다 해도 죽음을 극복할 수 없다.

이와 같이 선한 마음을 바탕으로 하여 바르게 살아가는 길로 접어들도록 하기 위해 37조도품이 있는 것이다.

바르게 산다는 것은 12연기의 무명을 인연하여 일어난 노사, 즉 번뇌와 죽음의 문제를 극복하기 위해 부단히 노력해 가는 생활을 말한다. 먼저 팔정도에 대하여 알아본다면, 우리들은 생각과 말과 행동을 한다. 생각이 깊어지면 말이 되어 튀어나오고 곧이어 실행에 옮기게 된다.

이러한 생각과 말과 행동을 올바르게 지니면 바른 생각[正念]에서는 바른 소견[正見]이 나오고 바른 마음가짐[正定]을 지니며 바른 말[正語]에서는 왜곡되지 않은 바른 뜻[正思惟]이 나오고 바른 행동[正命]을 지니면 직업도 올바르고[正業] 바른 방편[正精進]을 지니게 된다.

이것이 팔정도이고 팔정도를 이루기 위한 작업으로 사념처 사여의족 사정근 오근 오력 칠각지 등이 차례를 지켜 순서적으로 등장한다. 바르게 살기 위해서는 우리들의 삶이란 과연 어떤 것인가, 우리는 무엇에 집착을 하고 있는가 하는 삶의 실상을 먼저 알아야한다.

그래서 사념처의 이해가 가장 먼저이다. 첫째 몸은 부정하고(觀身不淨; 신념처), 둘째 감정은 괴로우며(觀受是苦; 수념처), 셋째 마음은 무상하고(觀心無常; 심념처), 넷째 법은 실체가 없다(觀法無我; 법념처)라고 관찰하는 것이다.

첫째인 신념처(身念處)는 몸은 항상 변하고 무상하며 온갖 고름과 대소변으로 가득 찬 오물푸대라고 관찰한다. 따라서 몸에 온갖 보석과 향수로 치장하고 값진 보약과 맛난 음식으로 길러 준다고 해도 머지않아 몸은 은혜를 저버리고 떠나는 사람처럼 훌쩍 떠나버릴 것이다. 때문에 지나치게 몸에 집착하면 할수록 우리의 마음은 견딜 수 없는 좌절을 겪게 된다.

다음으로는 수념처(受念處)이며 우리들에게 행복과 기쁨을 선사했던 성욕, 자녀, 재물 등이 진정한 낙이 아니라 고통과 번뇌를 일으키는 원인이 되는 것이라고 관찰한다. 우리들은 가족, 자녀, 재물 등이 있음으로 해서 즐거움을 누리지만 그것들을 지키기 위한 괴로움도 대단히 큰 것이다. 이와 마찬가지로 어떤 대상에 집착하면 할수록 그만치 고통이 증가한다.

다음은 심념처(心念處)이며 마음은 무상하여 잠시도 가만있지 못하고 늘 변화하고 생멸하는 것이라고 관찰한다.

다음으로는 법념처(法念處)이며 모든 법에 내가 없음을 관찰한다. 모든 법은 오직 인연이 화합하여 허망하게 생기는 것이라고 관찰한다.

이 우주 만유는 근본이 고정 불변하는 개체란 없으며 모두가 인연이 화합하여 된 까닭이다. 세계는 지수화풍의 사대가 인연을 따라서 화합한 것이고 "나"라고 알고 있는 내 몸은 수상행식인 정신요소가 화합하여 몸과 마음을 이룬 것이요 내 자체가 따로 없다고 관찰하는 것이다.

이와 같은 사념처에 대한 이해가 되어지면 그 다음으로 사여의족이 나타난다. 여의족이란 걸림없이 뜻대로 자유자재한 신통을 여의롭게 사용한다는 것이며 욕(欲)여의족, 정진(精進)여의족, 심(心)여의족, 사유(思惟)여의족 등이 있다.

욕여의족이란 수승한 선정을 얻기 위해 간절히 원하는 것이며 정진여의족이란 게으르거나 고달픈 생각을 내지 않고 한결같이 수행하여 나아가는 것이다.

심여의족이란 일체가 마음으로 건립되었음을 이해하고 경계에 흔들리지 않고 여여하게 마음을 쓰는 것이며 사유여의족이란 법의 깊은 뜻을 믿고 생각하며 실천해 가는 것이다.

걸림없이 자유자재한 여의족을 통해 비로소 사정근으로 들어서게 된다. 사정근이란 아직 생기지 않은 악을 일어나지 못하게 억제하고(律儀斷), 이미 발생한 악은 끊도록 노력하고(斷斷), 아직 일어나지 않은 선은 일어나도록 권하고(隨護斷), 이미 생긴 선은 더욱 증장하도록 노력하는 것이다(增長斷).

이와 같은 사념처와 사여의족과 사정근을 통해 생긴 근기는 오근을 일으킨다. 오근에는 신근(信根), 진근(進根), 염근(念根), 정근(定根), 혜근(慧根) 등이 있으며 신근이란 불법승 삼보를 받들고 사성제인 고집멸도(苦集滅道)의 이치를 믿는 것이다.

진근이란 선을 행하고 악을 멀리 하도록 부단히 노력하며 나아가는 것이다. 염근이란 삿된 소견을 버리고 올바른 사상을 지니는 것이며 정근이란 선정을 닦아 어지러운 생각을 없이 하는 것이다. 혜근이란 지혜를 닦아 진리를 깨닫게 하는 수승한 능력을 갖추는 것을 말한다.

이처럼 오근을 통해 이루어진 원력이 있을 때 실천할 수 있는 오력의 힘이 등장한다. 오력에는 신력(信力), 진력(進力), 염력(念力), 정력(定力), 혜력(慧力) 등이 있다. 오력이란 사념처와 사여의족 사정근을 통해 나타나는 오근의 근기가 걸림 없이 자유자재하게 움직여 나갈 수 있도록 실천해 가는 힘이다.

다음으로는 칠각지(七覺支)가 등장한다.

각지라는 것은 깨달음의 요소란 뜻이며 무엇이 깨달음을 일으키는 근본 요소인가 하는 것이 칠각지이다. 첫째로는 부처님의 말씀과 정확한 법을 기억하고 되새기는 염(念)각지, 두 번째의 요소는 택법(擇法)각지로 죽음을 극복하기 위해 수행함에 있어 지혜로써 참되고 거짓되고 선하고 악한 것을 살펴서 골라내고 버리는 것이다.

셋째로는 정진(精進)각지로서 수행을 할 때 공연히 불필요한 고행은 멀리하고 바른 노력을 기울여야 한다. 네 번째는 반드시 살피고 가야 하는 희(喜)각지로서 참된 법을 통해 나타나는 기쁨을 누려야 한다. 만약 희각지가 나타나지 않는다면 잘못된 길로 들어섰을지도 모르는 일이니 자신이 수행하는 과정을 반드시 돌이켜 살펴야 한다. 왜냐하면 참된 법이란 어디 멀리에 동떨어진 것이 아니라 지금 여기에 있는 까닭이다.

희각지를 통해 환희를 느끼고 편안함을 느꼈을 때 몸과 마음이 편하게 누그러지며 선정 삼매에 들게 된다. 이것이 다섯 번째의 사

(捨)각지이다. 부처님께서는 나뭇잎을 가리키시며 제자들에게 묻기를, 만약 누군가 이 나뭇잎을 가져간다면 저것은 우리 동산에 있는 나뭇잎인데 왜 가져가느냐고 마음이 상하겠느냐? 제자들이 그렇지 않다고 하자 붓다께서는 너희들도 모든 것을 그처럼 생각하여야 한다. 버릴 것은 버려야 마음이 편해진다고 말씀하였다.

이와 같이 세상에 매달려 구함이 없을 때 스스로 마음의 평안을 느끼며 집착이 떨어져 나가는 사각지가 등장한다.

다음의 여섯 번째로는 제(除)각지로서 바깥 경계에 집착하던 마음이 떨어져 나간 사각지를 통해 불필요한 욕심과 집착이 소멸함으로 해서 그릇된 견해나 번뇌를 끊어 버릴 수 있도록 올바른 선근이 길러질 수 있는 것이다.

마지막 일곱 번째로는 정에 들어 번뇌 망상을 일으키지 않는 정(定)각지이다. 이와 같은 차례를 밟아 수행해 감으로서 비로소 팔정도라는 커다란 문을 열고 죽음을 극복하고 열반으로 나아가는 보살 지위에 들어서게 된다.

이와 같은 37조도품의 수행은 욕계에서의 수행이고 다음에는 색계와 무색계의 수행이 있다. 욕계, 색계, 무색계를 중생 삼계라 하는데 펼치면 삼계이고 거둬들이면 내가 된다. 욕계는 욕망이 움직여 만드는 세계이다. 색계는 욕망만으로 만족하며 사는 것은 아니지만 여전히 형상과 소리에 매달려 나아가는 세계이다. 무색계란 법에 집착하여 나아가는 정신적인 세계를 일컫는다.

본도의 구차제선정은 색계의 사선수행이 있으며 초선천의 논리, 이선천의 집중, 삼선천의 직관, 사선천의 안식 등의 네 가지이다.

사성제인 고집멸도와 비교해 보면, 고통받는 원인을 깊이 관찰하는 초선천의 논리를 통해 나타난 집착에 이선천인 집중이 되어 있고, 삼선천의 직관을 통해 고통의 멸함을 수행하는 길로 들어서서 사선천의 안식이라는 해탈과 열반의 사성제가 이루어진다.

다음으로는 무색계의 수행 방편인 공무변처정, 식무변처정, 무소유처정, 비상비비상처정 등의 네 가지가 있고 다음으로 멸수상처정이며 색계의 사선수행과 이를 합하여 총 아홉 가지이다.

반야심경에서 붓다는 지혜에 대하여 다음과 같이 말씀하였다. 무명도 없고[無無明], 무명이 다함까지도 없으며[無無明盡], 늙고 죽음도 없고[無老死], 또한 늙고 죽음이 다함까지도 없으며[無老死盡], 괴로움과 괴로움의 원인과 괴로움의 없어짐과 괴로움을 없애는 길도 없으며 지혜도 없고 얻음도 없다. 얻을 것이 없는 까닭에 보살은 반야바라밀다를 의지하므로 마음에 걸림이 없고, 걸림이 없으므로 두려움이 없어서 뒤바뀐 헛된 생각을 아주 떠나 완전한 열반에 들어가느니라. 이렇게 관찰하는 것이 커다란 지혜, 즉 마하반야바라밀이다.

31. 지견불생분(知見不生分)

지견을 내지 아니함

스승께서 말씀하셨다. "수보리여, 실로 보살의 길로 들어선 사람은 모든 것을 알고 이해해야 한다. 한 물건이라는 생각조차 머물지 않도록 알고 이해해야 한다. 그것은 왜냐하면 수보리여, 한 물건이라는 생각은 실은 생각이 아니라고 여래가 설하기 때문이다. 그래서 여래는 한 물건이라는 생각이라고 말하는 것이다."

"수보리여, 만약 어떤 사람이 말하기를 붓다가 아견, 인견, 중생견, 수자견을 말하였다 한다면 어떻게 생각하느냐. 이 사람은 나의 말한 바 뜻을 이해하느냐." "아닙니다. 세존이시여, 그 사람은 여래께서 말씀하신 뜻을 알지 못합니다. 무슨 까닭인가 하면 세존께서 말씀하신 아견, 인견, 중생견, 수자견은 곧 아견, 인견, 중생견, 수자견이 아니고 그 이름이 아견, 인견, 중생견, 수자견입니다." "수보리여, 아뇩다라삼먁삼보리심을 발한 사람은 모든 법에 응당 이와 같이 알며 이와 같이 보며 이와 같이 믿어서 법이란 상을 내지 않아야 하느니라. 수보리여, 말한 바 법상이란 여래가 설하되 곧 법상이 아니고 그 이름이 법상이니라."

범어본에서는 한 물건(一物)이라고 한 것을 한역본에서는 법상 (法相)이라고 표현하였다. 육조 혜능대사는 한 물건에 대하여 말씀 하시길 내게 한 물건이 있으니 머리도 없고 꼬리도 없다. 이름도 없고 글자도 없고 앞도 없고 등도 없으니 너희들은 알겠는가?

어느 날 제자 회양선사가 참배하자 육조대사 묻기를, "어떤 물건 이 이와 같이 왔는가?" 회양선사가 답하지 못하고 물러갔다. 8년 동안을 참구하다 대사를 뵙고 말씀드렸다. "설사 한 물건이라도 맞 지 않습니다."

대사가 다시 묻기를, "그렇다면 닦아서 증득할 수 있는 것이냐?" 회양선사 말하길, "닦고 증득함이 없지는 않으나 때묻거나 물들지 않습니다."

그와 같은 한 물건은 이름 붙일 수 있는 언어의 세계를 넘어서 있는 탓으로 짐작해 낼 수 있는 생각의 산물이 아니다. 그렇기 때 문에 여래는 수보리존자에게 다음과 말씀하였다. 한 물건이라는 생 각은 실은 생각이 아니다. 그래서 여래는 한 물건이라는 생각이라 고 말할 수 있을 뿐이다.

서산대사의 《선가귀감》에도 다음과 같은 구절이 있다.

내게 한 물건이 있으니 이름도 모양도 없으나 머리에 붙은 불을 끄듯 간절하면, 마치 모기가 무쇠로 된 소에게 덤빔과 같아서 함부 로 주둥이를 댈 수 없는 곳에 목숨을 버리고, 한 번에 뚫으면 몸뚱 이째 사무쳐 들어가리라.

보통 큰 사찰의 입구에는 알음알이를 내지 말라고 쓰여 있다. 내 가 알고 있다는 생각을 떨쳐야 한다는 것이리라. 법이나 진리를 생 각으로 짐작해 낸다면 그것은 결국 생각의 범주에 포함될 것이다.

생각이란 어떤 때는 일어나고 어떤 때에는 멸하는 등 생멸하는 속성을 지닌 것이라 생각으로 알 수 있기를 바란다면 진리도 생각처럼 어떤 때는 생하고 멸하는 속성을 지녀야 할 것이다.

이처럼 생각으로 진리의 모습을 알고자 하는 것은 통상적으로 오류라고 말한다. 그렇다면 진리에 대해서는 전혀 관심도 없고 뜻조차 주지 않는 범부들이 먼저 진리를 체험했을 것이다. 그러나 그런 일은 결코 일어나지 않는다. 또한 생각을 통하거나 고행을 통해 진리를 체험할 수도 없다. 이것이 참으로 어려운 문제이다. 왜냐하면 그것은 체험되고 증득되어질 진리라는 것을 자신이 이미 설정해 놓고 있는 까닭이다. 그것은 마치 뿔 달린 토끼를 그려 놓고 찾아다니는 것과 같다.

붓다는 제자들에게 하루에 한 끼만 먹도록 권하신 적이 있었다. 그리고 얼마 뒤에 이렇게 말씀하셨다. 그러나 하루에 한 끼만 먹는다는 것을 반드시 지킬 필요는 없다. 다만 정념을 일으키면 되는 것이다. 비유하면 잘 길들인 말은 채찍질을 하지 않고도 자신이 원하는 곳으로 가게 할 수 있는 것처럼 눈·귀·코·혀·몸인 오관을 잘 제어하여 탐욕과 성냄과 교만 질투 등을 일으키지 않으면 된다고 하였다.

개를 관찰해 보면 눈에 보이고 귀에 들리는 온갖 것들에 대해서 반응하므로 그들은 항상 바쁘다. 또한 정념이란 사성제인 고집멸도에 대해서 마음에 생각이 나타날 때에 이것은 고통이며 이것은 고통의 원인이 되는 것이고 이러한 것은 고통의 없어지는 것이라는 것을 분명히 안다면 그것이 진리에 이르는 길인 것이다. 그러한 것을 분명하고 명확히 알아차릴 때 고통의 원인인 집성제가 즉시로 고통이 소멸하는 멸성제가 되는 것이다. 곧 번뇌 즉 보리이다. 즉 번뇌가 나타나면 움츠러들기 때문에 즉각적으로 번뇌가 소멸되지 못하는 것이지 번뇌가 일어나는 순간이 바로 깊은 잠에서 눈을 뜬 것이다.

눈을 뜬 채 계속 누워 있을 것인지 아니면 자리에서 일어날 것인지를 결정해야 한다. 그대가 자리에서 일어난다면 부처나 예수로써 일어나는 것이다. 섣부른 진리의 상을 찾아 나서기보다는 지금 내면에서 들끓는 악마의 모습을 끈질기게 살펴야 한다. 그러다 보면 불현듯 자신이 지금껏 얼마나 사소하고 하찮은 문제들에 대해 목숨을 걸듯 목마름을 일으켜 왔는지 알 것이다.

32. 응화비진분(應化非眞分)

화신은 참이 아님

"어떤 사람이 이 법문 중에서 네 구절로 이루어진 시 한 편만이도 뽑아서 다른 사람에게 들려준다면 그는 헤아릴 수 없을 만큼 무수한 공덕을 쌓으리라. 그렇다면 어떻게 설명해 주어야 할까? 설명해 주지 않는 편이 낫다. 바로 그렇기 때문에 설명하여 들려준다고 말하는 것이다." 게송으로 말씀하시되, "현상계란 별이나 눈의 환영, 등불, 덧없는 것, 이슬, 물거품, 꿈, 번갯불, 구름 같은 그런 것으로 보아야 하리라."

　스승께서 이 법문을 설하여 마치시니 장로 수보리와 모든 비구 비구니 아수라 등이 여래의 설하심을 듣고 모두 다 크게 환희하며 믿고 받아 지니며 받들어 행하니라.

"수보리여. 만약 어떤 사람이 한량없는 아승지 세계에 가득찬 칠보를 가지고 보시할지라도 만약 또 어떤 선남자 선여인으로서 보살심을 발한 자가 이 경전을 가지되, 사구게 등이라도 수지하고 독송하여 남을 위해 연설하면 그 복덕이 저보다 수승하리라. 어떻게 남을 위해 연설하는가. 상을 취하지 않고 여여히 동하지 않느니라. 무슨 까닭인가. 일체의 함이 있는 법은 꿈과 같고 환상과 같고 물거품과 같고·그림자 같으며 이슬과 같고 또한 번개와도 같으니 응당 이와 같이 관할지니라." 부처님께서 이 경을

설하여 마치시니, 장로 수보리와 모든 비구, 비구니, 아수라 등
이 부처님의 설하심을 듣고 모두 다 크게 환희하며 믿고 받아
지니며 받들어 행하나라.

꽃

붓다는 수보리존자를 통해 우리들에게 마지막까지 밀어붙이고
있다. 지혜의 완성인 금강경에 등장하는 게송 한 구절이라도 다른
사람에게 들려준다면 삼계의 우주를 채울 수 있는 일곱 가지 보물
로 여래에게 보시한 공덕보다도 비할 수 없이 많은 무수한 공덕을
쌓을 것이라고 말씀하신다.

붓다는 수보리존자에게 계속해서 올가미를 던지고 있다. 우주를
채우고도 남을 만치의 일곱 가지 보물과 모래알처럼 많은 보물을
핑계로 계속해서 던져지는 올가미의 의미를 아직 수보리존자는 눈
치채지 못하고 있는지도 모른다. 금강경 한 구절이라도 다른 사람
에게 들려준다면 나는 얼마나 무수한 공덕을 쌓을 수 있을 것인가?

그렇기 때문에 28장에서 수보리존자가 여래께 다음과 같이 묻는
다.

"수행자는 쌓은 공덕을 자신의 것으로 해서는 안됩니까?"

그러나 붓다의 의도는 전혀 다른 곳에 있는 듯하다. 그렇지 않다
면 한 얘기를 또 하고 한 얘기를 또 할 그럴 분이 아니기 때문이
다. 여래는 하늘에서 내리는 빗방울의 수효를 알며, 등 굽은 소나무
의 원인을 알고, 따오기는 희고 까마귀는 어째서 검은지조차 아는
분이기 때문에 까닭 없이 행하는 것이 하나도 없다.

붓다는 무려 열 번이 넘게 금강경을 다른 사람에게 설한다면 받
게 되는 결과에 대해 입에 침이 마르도록 칭찬하고 있다.

분명 짚고 넘어가야 할 부분이 있는 것이다. 그렇지 않다면 그토

록 금강경을 다른 사람에게 설해서 얻어지는 과보에 대해 필요 이
상으로 칭찬할 분이 아니란 사실에 주목을 해야 한다. 수보리존자
와 우리는 여전히 있다와 없다라는 개념에 빠져 있기 때문에 그러
한 개념 자체를 허물고 있다. 어떻게 이 법문을 다른 사람에게 설
하여 줄 것인가?

"설하여 주지 않는 것이 설하는 것이다."

붓다는 마지막 카운타펀치를 날렸고 이에 충격을 받은 수보리존
자는 할 말을 잊어 버렸고 아마 여래도 떠나고 제자들도 떠나고
모두가 떠나 버린 곳에서 돌장승처럼 멍하니 서 있었을 것이다.

흔적 없이 행하는 공덕, 보시했다는 그 마음까지 보시한 보시,
이런 것은 공덕이 되고 저런 것은 공덕이 되지 않는다라고만 알았
던 부분, 그리고 최상의 보시는 보시한 마음까지 보시한 보시가 진
정한 공덕이고 보시라고만 알았던 부분들에 대한 붓다의 최후통첩
이 쏟아져 나온다.

"그것이 아니다. 수보리여, 공덕이 되고 안 되고의 문제는 둘째
문제이고, 우선 있고 없음이 문제가 아니겠느냐? 있고 없음이 없다
면 공덕이 되고 안 되고는 무슨 소용이 있겠느냐? 내가 있어야 남
도 있는 것이지 내가 없는데 다른 사람이 있을 수 있겠느냐?"

있다와 없다란 개념은 실제로 허구상의 개념이다. 예를 들어 빛
과 어둠이 존재하는 것으로 알지만 밝고 어두운 두 개의 상태가
존재하는 것은 아니다. 빛에다 수치를 매겨 계산한다고 할 때 100
이란 수치에 가까우면 밝음이라 하고 0으로 간다면 어둡다고 말할

뿐이지, 빛과 어둠이 따로 존재하는 것은 아니다. 이와 마찬가지로 있다와 없다 역시 있음과 있지 않음, 없음과 없지 않음만이 존재함에도 불구하고 우리는 있다와 없다로 나누어 놓고 있다.

그것은 깨끗하다 더럽다라는 개념 역시 마찬가지이다. 허공을 가리켜 깨끗하다 더럽다라고 말할 수 없다. 이미 허공은 깨끗함과 더러움을 초월해서 존재하는 까닭에 깨끗이 치울 수 있거나 더럽게 늘어뜨려 놓을 수 없는 탓이다. 잘못된 개념을 부둥켜안고 살아간다면 모든 것이 그릇된 것이다.

허공밖에 보이지 않는 곳에 있는 비행기 조종사에게 묻는다. '어디가 허공인가?' 만일 그가 허공의 본성을 이해했다면 그렇게 질문하는 자체가 이미 궤도를 벗어난 것임을 안다. 그러나 이쪽, 저쪽 사방을 손가락질하며 허공을 가리켜 준다면 그는 끝내 허공에 대해서는 알 수 없을 것이다.

그러니 임제선사가 제자들에게 질문을 던지고는 제자들이 입을 삐죽거리며 대답만 할라치면 그것이 아니라고 고함을 질러 대는 큰사랑도 있다. 설명 안 하는 것이 설명하는 것이다라는 아리송한 말씀으로 금강경을 마치고 계신 높고 신성한 지혜의 완성에 경배 드린다.

그리고 또한 짚고 넘어가야 할 부분은 금강경을 한역본으로 번역한 구마라집은 아마 천재적인 학자였음에 틀림없을 것이다. 화두를 해석하려고 고심한 흔적이 엿보이는 까닭이다.

실제로 구마국의 왕자였던 구마라집은 7세 때 이미 게송 3만 수를 외울 정도로 대단한 천재였다. 만일 3백여 권이 넘는 방대한 불경을 번역해낸 구마라집의 출현이 없었다면 중국의 불교는 그처럼 화려한 꽃을 피울 수 없었을 것이다. 구마라집에 관한 다음과 같은 일화가 있다.

구마라집이 중국으로 건너가기 전에 그의 어머니가 물었다. "그 넓은 중국 대륙에 대승불교를 퍼뜨리더라도 너의 수행에 있어서는 그다지 도움이 되지 못할 것이다. 어떻게 하겠느냐?" 그러자 구마라집은 다음과 같이 대답하였다. "보살도를 행한다는 것은 타인을 이롭게 하기 위해 자신을 잊는 것입니다. 설사 뜨거운 가마솥에 들어간다 하더라고 타인을 이롭게 하는 일이라면 그 길을 택하겠습니다." 이처럼 다짐한 구마라집의 결의는 중생을 위해 성불을 하지 않겠다고 서원한 지장보살과 다를 바가 없으리라.

구마라집의 행차 때에는 세 대의 수레가 움직였다고 한다. 첫 번째 수레는 자신이 탔고, 두 번째 수레는 경전이 가득 들었고, 세 번째 수레는 기녀들이 가득 타고 있었다고 한다. 번뇌의 흙무더기가 많으면 큰 부처를 이루는 것처럼 대승과 소승의 차이점을 여실히 드러내는 대목이다. 소승은 검술가가 훈련장에서 여러 가지 기술을 습득하여 몸을 단련시킴과 같고 대승은 위기에 빠진 전쟁에 임하여 직접 칼을 휘두르며 적을 물리치는 것과 같다. 아무리 반야와 무아와 공의 사상을 체득하였다 해도 악을 물리치고 선을 받들어 행하지 못한다면 그것은 단지 희론에 불과할 뿐이다. 그와 같은 구마라집이 2천 명의 역경 스님들과 함께 불교 경전을 역경하는 엄숙한 광경은 기사굴 산에서 부처님의 말씀을 모아 경전을 결집하던 모습 그대로 장엄하기 이를 바 없으리라.

그런데 32장에서 붓다께서 설하신 말씀 중 "어떻게 다른 사람에게 설할 것인가?" "설하지 않는 것이 낫다. 바로 그렇기 때문에 설한다고 하는 것이다"라는 부분에 대하여 한역본에서는 다음과 같이 번역되어 있다.

"'어떻게 다른 사람에게 설할 것인가?' '상을 취하지 않고 여여히 동하지 않는 것이다.'"

그래서 금강경을 읽는 많은 사람들은 이 부분을 다음과 같이 알 아들었을 것이다.

"다른 사람에게 어떻게 설할 것인가?" "설하긴 설하되 설했다는 집착을 내지 말고 변함없이 흔들리지 않는 마음으로 설해야 하는 것이다."

그래서 금강경 전체가 공덕의 바다처럼 물결 넘치고 금강경을 설함으로써 얻어지는 과보에 귀가 솔깃해 졌을지도 모른다. 세간 사람들이 통장에 찍힌 동그라미에 관심을 기울이는 것처럼 수행자 는 산처럼 쌓여지는 공덕에 주의를 기울인다. 집착 없이 행해야 한 다는 집착의 또 다른 옷으로 갈아입고 공덕을 쌓기 위해 이쪽 저 쪽을 두리번거린다.

능엄경에는 다음과 같은 구절이 등장한다.

아난존자가 집착이 없는 마음을 자신의 참마음이라고 말하자, 여 래께서 묻는다. "집착하지 않는다 함은 온갖 것은 있는데 집착함이 없다는 것이냐? 온갖 것이 없어서 집착함이 없다는 것이냐? 온갖 것이 없다면 거북의 털, 토끼의 뿔과 같은 것이니 무엇에 집착함이 없다는 것이냐? 만일 온갖 것은 있어도 집착하지 않는다 하면 이 것은 벌써 온갖 것을 인정하는 것이므로 집착이 없다고 말할 수 없느니라. 형상이 없으면 아주 없는 것이요, 없는 것이 아니라면 형 상이 있는 것이니 형상이 있으면 벌써 집착하는 것이라. 어떻게 집 착이 없다고 하겠느냐?"

이와 같이 아무런 집착 없이 흔적 없이 행해지는 공덕일지라도 공덕이란 언어 뒤에는 항상 내가 도사리고 있는 것이다. 내가 있음 으로 해서 흔적 없이 행할 수 있는 공덕이나마 있는 것이지 만약 내가 없는 경지에서는 공덕이 붙을 자리가 없다. 공덕의 사다리를 아무리 가볍게 만들어 행한 바 없이 행한다 해도 허공에 걸 수는 없는 것처럼 어디엔가 걸릴 데가 있어야 공덕이란 말의 쓰임새가 모양을 갖추게 되는 것이다.

단 몇 줄을 잘못 번역함으로 해서 어쩌면 부처님의 하고자 하는 의도와는 정반대의 길을 가는 엄청난 오류를 범할 지도 모르는 일이다. 따라서 잘못된 것은 백번 천번이라도 살펴보고 바로 잡아야 하는 것이다. 만일 번역자가 32상의 "설하지 않는 편이 낫다. 그렇기 때문에 설한다고 하는 것이다"라는 부분에 대하여 애매 모호한 부분을 처리해 나가듯 "설하는 것이 아니라 그 이름이 설하는 것이다. 그래서 설한다고 하는 것이다"로 바꿀 수는 없다. 도무지 말이 되지 않기 때문이다. 또한 말 그대로 직역한다면 자신이 번역한 부분이 몽땅 뒤집어지는 결과를 가져오게 된다.

앞에서는 금강경을 설해서 얻어지는 과보에 대해 수십 번 칭찬을 했다가 끝날 때쯤 되니 설하지 않는 편이 낫다고 말씀하신 의도를 이해할 수 없었을 것이다. 그래서 번역자는 붓다가 던져 놓은 올가미를 감투인 줄 알고 자랑스럽게 쓰고 다닐 수 있도록 앞뒤의 문맥을 살펴 조심조심 뒤집어 놓았다. 설하긴 설하되 설했다는 상에 집착하지 말고 변함없이 흔들리게 하지 말아라.

그리곤 다음에 여래께서 한 말도 곁들여 "일체 모든 법은 꿈과 꼭두각시 같고 물거품 같고 그림자 같고 이슬 같고 번개 같은 줄로 관하라." 그러나 아무리 그렇더라도 금강경 사구게를 설한 공덕 만큼은 절대로 그렇게 보아서는 큰일난다. 구마라집께서 공(空)을 공(功)으로 바꾸어 놓자 사람들은 죽기 살기로 금강경에 매달리는 기현상을 일으킨 신기원에 대해서는 아연하지 않을 수 없다. 그러나 이젠 옳게 알아야 하지 않겠는가?

그러나 범어본이 옳고 한역본이 그르다는 의미는 아니다. 무엇이 옳고 무엇이 그른가를 가려내고자 함이 아니라 어떤 방식을 통해 번역을 했다손 치더라도 중국의 선종은 구마라집이 번역한 금강경을 통하여 많은 선승들을 배출하여 무성히 싹을 틔우고 열매 맺으며 번져 나갔다. 6조 혜능대사가 열반하시면서 남긴 열반송의 마지막 구절은 다음과 같다.

"모든 것에 진실이 없나니 진실을 보려 하지 말라.
만약 능히 자신에게 진실 있다면 거짓 마음을 떠남이 곧 마음의 진실이다.
대승 진리 공부하면서 도리어 생사를 벗어나는 지혜에 집착 말거니
만약 언하에 상응했거든 그때에 불법을 의논하려니와
만약 실다이 상응치 못했으면 공손히 합장하고 환희심 내라.
이 가르침은 본래로 다툼 없으니 다투지 않으면 도의 뜻을 벗어나고
미혹함에 집착하여 법문을 다투면 자성이 도리어 생사에 들리라."

또한 여래께서는 경전에 집착하는 제자들에게 다음과 같이 말씀하셨다.

"비록 시방 여래의 십이부 경전의 미묘한 이치를 항하사 같이 수없이 외운다 한들 오직 희론만 더할 뿐이니라. 또한 여래의 비밀한 법문을 모두 기억한다 하더라도 하루 동안에 생사를 벗어나는 무루업을 닦아서 이 세상의 미워하고 사랑하는 두 가지 고통을 영

원히 여의는 것만 같지 못하느니라."

우리는 무엇이 옳고 그른지를 문제 삼자는 것이 아니라 강물에 비친 달을 통해 하늘을 볼 줄 아는 지혜를 터득코자 한다.

옛날에 부처님을 찾아 지극 정성으로 예배하고 문안드리면서 지내던 할머니가 살았다. 하루는 큰스님께 묻기를 '부처님은 어떤 분입니까?' 큰스님 말하길 '즉심시불(卽心是佛; 마음이 곧 부처이다).' 할머니는 고개를 갸우뚱거렸다. 짚신시불로 알아들었기 때문이다. 그래도 큰스님이 말씀하신 터라 정말 짚신이 부처님인가 보다 하여 자신이 신고 다니는 짚신을 부처님 섬기듯 공양하였다. 신고 벗을 때도 아래 위가 흐트러지지 않도록 살펴보았고 남의 짚신도 부처님처럼 돌보았다. 마음속으로는 항상 짚신시불, 짚신시불을 염하면서 지내기를 얼마 후 할머니는 깨쳤다.

어느 학승이 선사를 찾아가 불법의 대의를 묻자 선사 왈 '호떡!'

불법이 짚신인지 호떡인지는 몰라도 확실한 것 하나는, 구마라집께서는 불경만 번역한 것이 아니라 우리에게 있다와 없다에서 ~이다와 ~아니다로 명찰을 바꾸어 달 것인가 말 것인가라는 화두를 하나 던져 놓았다는 사실이다. 붓글씨를 쓰기 시작한 초기에 손목이 빠져나가는 듯한 통증을 느끼던 때가 있었다. 붓글씨는 써야겠고 손목은 붓만 들면 고통을 호소하던 난감한 처지에 통증을 들여다보기 시작했다. 떨어져 나갈 것처럼 욱신거리는 손목과 경직된 근육이 바늘로 찌르는 것과 같은 아픔을 며칠동안 끈질기게 주시하자 그런 일이 언제 있었냐는 듯 사라져 버리고 말았다.

266

  우리들은 살면서 도저히 납득할 수 없는 일들을 경험하곤 한다. 최면술과 같은 심리요법은 침이나 약물을 투여하는 것이 아님에도 몇 개의 말로써 사람을 잠들게 하고 고통을 전혀 느끼지 않은 채 수술을 하는 등의 경우는 이미 널리 알려진 이야기다. 만일 참으로 우리들의 실체가 존재한다면 고통을 주시함으로써 또는 말에 의해 고통을 느끼지 않을 수는 없을 것이다.

  이 세상의 눈에 보이고 귀에 들리는 온갖 것들은 하나같이 공통적인 성질을 지니고 있다. 그것은 항상 변하고 소멸되어 진다는 것이다. 그러다 보니 모든 것이 변한다는 생각은 변치 않기에 우리들은 그 생각을 굳게 집착하여 아상을 세워 놓았다. 한문으로 아(我)라는 글자를 살펴보면 참 재미있게 만들어졌다. 이리저리 그은 그물 모양을 '나'라고 부른다. 거짓된 자아관념의 그물에 걸려들었기 때문에 '나'라고 하는지는 모르지만 어쨌든 '나'라는 상을 굳게 믿고 그럼으로써 '너'를 만든다. 나와 너가 생겨나면 또다시 소견이 같으면 좋아하고 소견이 다르면 싫어하는 견해가 생긴다. 이처럼 무지막지한 속도로 세상은 정과 반의 대립으로 벌어져 나간다. 그러나 만약 세상의 모든 상들이 무상을 재료로 만들어진 음식임을 안다면 꿈에 먹은 음식으로 배부르기를 바라는 것이 결코 지혜로운 자의 처신은 아닐 것이다.

  우리는 우리에게 주어진 모든 굴레에서 벗어나려 애쓰지만 뛰어넘을 굴레가 실제로 존재하지 않는 것임을 안다면, 있던 굴레가 없어진 것이 아니고 없던 굴레를 애써 만들어 굳이 벗어나려 했다는 것 또한 알아차릴 것이다. 붓다는 수보리존자를 통해 우리들에게 이와 같은 사실을 알려 주고자 했던 것은 아닐까?

금강경 終

맺는말

    금강경은 끝이 났고 가슴을 뒤흔드는 여운이 아직도 마음속에 맴돈다. 망치로 머리를 맞은 것처럼 멍한 가운데 논리를 벗어 던지는 논리였고, 언어의 개념을 부숴 버리는 언어의 쓰임새였고, 사상을 발로 차 버리는 사상의 전개였다.

    모순의 논리를 통해 우리가 지닌 모순을 발견할 수 있도록 금강경은 하늘 꼭대기까지 날아올랐고, 우리는 목을 치켜들고 휘황찬란한 불꽃놀이를 구경하듯 숨가쁘게 전개되는 금강경을 목놓아 바라보았다. 끝은 새로운 시작을 알린다.

    소크라테스는 독배를 마시면서 제자들에게 이렇게 말했다. '이제 독은 완전히 퍼졌고 감각은 마비되었지만 의식은 아직도 또렷하다.' 그리고 잠시 후 다시 말했다. '이젠 더욱 마비되어 말조차 바르지 않지만 분명히 의식은 전과 다름없이 또렷하다. 그렇다면 육체는 죽음을 맞아도 의식은 여전히 또렷할 것이고 나는 항상 변함없는 그대로 이것이다'라고 했다.

    그는 항상 배우려는 자세를 간직한 채 죽음을 맞았고 죽음도 그의 앞에서는 무력했다. 추운 겨울날 차가운 바람의 느낌을 알고자 한다면 추위는 더 이상 우리의 가슴을 얼어붙게 하지는 못할 것이다. 항상 삶을 통해서 배우는 자세를 간직하고 있다면 목적지에 도달하기 위해 필사적으로 달려가지만 끝은 없으며, 그것은 단지 새로운 시작을 알리는 또 다른 표현에 지나지 않는 것을 알게 된다.

우리는 온 곳이 없으므로 가야 할 곳도 없지만, 우리의 생각이 잠
시도 쉬지 않고 스스로 돌고 있는 원 주위를 돌고 있음을 알아차
리는 것이다.

이제 금강경 중에서 여래께서 말씀하신 게송을 간추려 보자.

(범어본)
무릇 어떤 특징이 있다면 그것은 거짓이며
아무 표시가 없다면 그것은 거짓이 아니다.
그러므로 아무런 특징도 없는 것을
여래의 특징으로 보아야 한다.

모양으로써 나를 보고 소리로써 나를 따르는 자들은
잘못된 노력에 빠져 있으니 그들은 나를 보지 못하리라.
깨달은 사람들을 보려면 법으로 보아야 하느니,
세간을 인도하는 그들은 법을 몸으로 한다.
그러나 법의 본질은 알아낼 수가 없으니,
그것을 대상으로 인식할 수 있는 자는 아무도 없도다.

(한역본)
무릇 상이 있는 것들은 모두 허망한 것이니,
모든 상이 상 아님을 알면 즉시에 여래를 볼 것이다.
(凡所有相 皆是虛妄 若見諸相非相 卽見如來)

응당 색에 머물러 마음을 내지 말며,
응당 성향미촉법에 머물며 마음을 내지 말고

응당 머문 바 없이 그 마음을 낼지니라.
(不應住色生心 不應住聲香味觸法生心 應無所住 而生其心)

만약 형상으로 나를 보려 하거나
음성으로 나를 구하는 자들은 사도를 행하는 것이라.
능히 여래를 볼 수 없으리라.
(若以色見我 以音聲求我 是人行邪道 不能見如來)

중생이 하는 모든 행위는 꿈과 같고 환영과 같고
물거품과 같으며 이슬과 같고 번개불과 같나니.
마땅히 이와 같이 관해야 한다.
(一切有爲法 如夢幻泡影 如露亦如電 應作如是觀)

범본역 금강반야바라밀경

1

내가 들은 바에 의하면 이렇다. 어느 땐가 스승께서 천이백오십 명이나 되는 많은 수행승들과 함께 슈라바스티 시(市)의 제다 숲, 외로운 사람들에게 음식을 나누어주는 장자(長者)의 정원에 머물고 계셨다.

어느 날 아침, 스승께서는 아래옷을 입으시고, 밥그릇과 웃옷을 드시어, 슈라바스티의 큰 거리로 먹을 것을 빌러 다니셨다. 걸행(乞行)으로부터 돌아오시어 식사를 끝내고, 밥그릇과 웃옷을 정돈하시고, 두 발을 씻으시며, 마련된 자리에 두 다리를 포개어, 몸을 바르게 하시고 정신을 집중하여 앉으셨다. 그때 많은 수행승들은 스승이 계신 곳에 가까이 다가갔다. 그리고는 스승의 두 발에 머리를 조아리고, 스승의 둘레를 오른쪽으로 세 번 돌고, 곁에 가서 앉았다.

2

마침 수부티 테라도 그 무리 속에 같이 어울려 앉아 있었다. 수부티 장로는 자리에서 일어나, 웃옷을 한쪽 어깨에 걸치고, 오른쪽 무릎을 땅에 대며 스승이 계신 쪽으로 합장하고 이렇게 말했다.

"스승이시여, 굉장한 일입니다. 복 있는 분이시여, 정말 굉장한 일입니다. 여래, 존경받을 사람, 올바로 깨달은 사람에 의해 구도자, 뛰어난 사람들이 '최상의 은혜'에 에워싸여 있는 모습은 스승이시여, 굉장한 일입니다. 여래, 존경받을 사람, 올바로 깨달은 사람에 의해 구도자, 뛰어난 사람들이 '최상의 위촉'을 부여받고 있는 모습은 스승이시여, 구도자의 길로 나아가는 뛰어난 젊은 남자, 뛰어난 젊은 여자는 어떻게 생활하고, 어떻게 활동하고, 어떻게 마음을 지녀야 좋겠습니까?"

이렇게 묻자, 스승께서는 수부티 장로를 향해 다음과 같이 대답하셨다.

"참으로 참으로 수부티야, 네가 말한 대로다. 여래는 구도자, 뛰어난 사람들을 최상의 은혜로 에워싸고 있다. 여래는 구도자, 뛰어난 사람들에게 최상의 위촉을 부여하고 있다. 그러니 수부티야, 듣고 곰곰이 생각해 볼지어다. 구도자의 길로 나아가는 뛰어난 젊은 남자 뛰어난 젊은 여자가 어떻게 생활하고, 어떻게 활동하고, 어떻게 마음을 지녀야 좋을지를, 내가 너에게 들려주리라."

"그렇게 해 주십시오. 스승이시여!" 하고 수부티 장로는 스승을 향하여 대답했다.

3

스승께서는 이렇게 말씀하셨다.

"수부티야, 여기서 구도자의 길로 나아가는 사람은 다음과 같은 마음을 일으켜야 한다. 다시 말하면 수부티야, '무릇 살아 있는 것에 포함된 모든 것, 알에서 태어난 것, 모태에서 태어난 것, 습기로부터 태어난 것, 스스로 태어난 것, 형체 있는 것, 형체 없는 것, 표상 작용이 있는 것, 표상 작용이 없는 것, 표상 작용이 있는 것도 아니고 없는 것도 아닌 것, 그밖에 살아 있는 것으로 여겨지는 모든 것들, 그 모두를 나는 〈번뇌 없는 영원한 평화〉의 경지로 이끌어야만 한다.

그렇지만 이렇게 무수한 살아 있는 생명을 영원한 평안으로 이

끌더라도, 실은 어느 누구 하나도 영원한 평안으로 이끌려 들어간 생명은 없다.'

이것은 어째서냐 하면, 수부티야 만일 구도자가 '살아 있는 것이라는 생각'을 일으킨다면, 아직 그는 구도자라고는 말할 수 없기 때문이다. 왜냐하면 수부티야, 누구도 '자아라는 생각'을 일으키거나, '살아 있는 것이라는 생각'이나, '개체라는 생각'이나, '개인이라는 생각' 등을 일으킨다면, 그는 아직 구도자라고 말할 수 없기 때문이다."

4

"그런데 또 수부티야, 구도자는 대상에 붙들려 베풂을 행해서는 안 된다. 무엇인가에 붙들려 베풂을 행해서는 안 된다. 형체에 붙들려 베풂을 행해서는 안 된다. 소리나 냄새나 맛이나 감촉 되는 무엇이거나 심적 대상에 붙들려 베풂을 행해서는 안 된다.

이렇게 수부티야, 구도자, 뛰어난 사람들은 자취를 남기려는 생각에 붙들리지 않고 베풂을 행해야만 하는 것이다. 이것은 어째서냐 하면 수부티야, 만일 구도자가 붙들림 없이 베풂을 행한다면 그 공덕이 쌓여 올라, 쉬 계산할 수 없을 만큼 되기 때문이다.

수부티야, 어떻게 생각하느냐. 동쪽 하늘의 거리를 계산할 수 있겠느냐."

수부티는 대답했다. "스승이시여, 계산할 수 없습니다."

스승께서 물으셨다. "그와 마찬가지로 남쪽이나 서쪽이나 북쪽이나 아래쪽이나 위쪽 모서리 등 시방(十方)의 모든 거리를 계산할 수 있겠느냐?" 수부티는 대답했다.

"스승이시여, 계산할 수 없습니다." 스승께서 말씀하셨다.

"수부티야, 그와 마찬가지이다. 만일 구도자가 붙들림 없이 베풂

274

을 행하면 그 공덕의 쌓임 쉬 계산될 수 없다. 진실로 수부티야, 구도자의 길로 나아가는 사람은 이렇게 자취를 남기려는 생각에 붙들림 없이 베풂을 행해야만 하는 것이다."

5

"수부티야, 어떻게 생각하느냐? 여래는 특징을 가진 존재라고 보아야 하겠느냐?"

수부티는 대답했다. "스승이시여, 그렇게 볼 수 없습니다. 여래를 특징을 가진 존재로 보아서는 안 됩니다. 그것은 어째서냐 하면, 스승이시여, '특징을 갖추고 있다는 것은 특징을 갖추고 있지 않은 것'이라고 여래께서 말씀하셨기 때문입니다." 이렇게 대답했을 때, 스승께서는 수부티 장로를 향해 다음과 같이 말씀하셨다.

"수부티야, 특징을 갖추고 있다고 말하면 그것은 거짓이고, 특징을 갖추고 있지 않다고 말하면 그것은 거짓이 아니다. 그렇기 때문에 특징이 있다는 것과 특징이 없다고 하는 그 두 측면에서 여래를 보아야 하는 것이다."

6

이렇게 말했을 때, 수부티 장로는 스승에게 다음과 같이 물었다.

"스승이시여, 다가 올 미래의 시대, 제 이의 오백년 대에, 올바른 가르침이 무너질 그 무렵에는, 이 같은 경전의 말씀을 설하더라도 그것이 진실이라고 여길 사람이 누가 있겠습니까?"

스승께서 대답하셨다.

"수부티야, 너는 그런 식으로 말해서는 안 된다. 다가 올 미래의 시대, 제 이의 오백년 대에, 올바른 가르침이 무너질 그 무렵에, 이 같은 경전의 말씀을 설할 때 그것이 진실이라고 여길 사람들이 누군가 있을 것임에 틀림없다. 수부티야, 또 다가 올 미래의 시대, 제이의 오백년 대에, 올바른 가르침이 무너질 그 무렵에, 덕이 높고 계율을 지키고, 지혜가 깊은 구도자, 뛰어난 사람들은, 이 같은 경전의 말씀을 설할 때 그것이 진실이라고 여길 것임에 틀림없다. 수부티야, 이들 구도자, 뛰어난 사람들은, 한 분의 깨달은 사람〔佛〕에게 귀의하기도 하고, 한 분의 깨달은 사람〔佛〕에게 착한 일〔善根〕을 했을 뿐만 아니라 수십 만이나 되는 많은 깨달은 분들〔諸佛〕에게 가까이 귀의하고, 수십 만이나 되는 많은 깨달은 분들〔諸佛〕에게 선근을 심기도 한 사람들로서, 이 같은 경전을 설할 때 곧 바로 청정한 신심을 얻을 것임에 틀림없다.

수부티야, 여래는 깨달은 사람의 지혜로 이들을 알고 있다. 수부티야, 여래는 깨달은 사람의 눈으로 이들을 보고 있다. 수부티야, 여래는 이들을 이해하고 있다. 수부티야, 이들 모두는 측량할 수 없고 헤아릴 수 없는 공덕을 쌓아 자기 것으로 하고 있음에 틀림없다.

왜냐하면 수부티야, 실로 이들 구도자, 뛰어난 사람들에게는 자아라는 생각은 일어나지 않고, 살아 있는 것이라는 생각도, 개체라는 생각도, 개인이라는 생각도 일어나지 않기 때문이다. 또 수부티야, 이들 구도자, 뛰어난 사람들에게는 '물(物)이라는 생각'도 일어나지 않고, 마찬가지로 '물(物)이 아닌 물(物)이라는 생각'도 일어나지 않기 때문이다. 또 수부티야, 그들에게는 생각한다는 것도, 생각하지 않는다는 것도 일어나지 않기 때문이다. 그것은 어째서냐 하면 수부티야, 만일 그들 구도자, 뛰어난 사람들에게 '물(物)이라는 생각'이 일어났다면, 그들에게는 이 자아에 대한 집착이 있는 셈이고, 살아 있는 것에 대한 집착, 개체에 대한 집착, 개인에 대한 집착이 있는 셈이기 때문이다. 이것은 어째서일까. 실로 또 수부티야,

구도자, 뛰어난 사람들은 법을 받아들여서도 안 되고, 법 아닌 것을 받아들여서도 안 되기 때문이다. 그렇기 때문에 여래는, 이 취지에서 다음과 같이 말했던 것이다. '뗏목을 비유로 든 법문을 아는 사람은 선법조차도 버려야 한다. 하물며 악법이야 더더욱 그렇다.'"

7

나아가 스승께서는 수부티 장로에게 이렇게 물으셨다.

"수부티야, 어떻게 생각하느냐? 여래가 이 더없는 바른 깨달음을 얻음으로서 지금 깨닫고 있는 법이 무엇인가 있는 것이냐? 또 여래에 의해 가르쳐진 법이 무엇인가 있는 것이냐?"

수부티 장로는 스승을 향해 이렇게 대답했다.

"스승이시여, 제가 스승께서 설하신 바 의미를 이해한 바에 따르면, 여래가 이 더 없이 바른 깨달음을 얻음으로서 지금 깨닫고 있는 법이란 아무 것도 없습니다. 또 여래가 가르쳐 보여준 법이란 아무 것도 없습니다. 그것은 어째서냐 하면, 여래께서 지금 깨달으셨고, 가르쳐 주시는 법은 인식할 수도 없고, 입으로 설명할 수도 없기 때문입니다. 그것은 법도 아니고, 법이 아닌 것도 아닙니다. 그것은 어째선가 하면, 성자들은 그렇게 드러내고 있기 때문입니다."

8

스승께서 물으셨다.

"수부티야, 어떻게 생각하느냐? 뛰어난 젊은이나 뛰어난 여인이 '다함없는 넓은 우주'를 일곱 보석으로 채워, 여래, 존경스런 사람, 바르게 깨달은 사람들에게 베푼다면, 그 뛰어난 젊은이나 여자는 그것에 의해 많은 공덕을 쌓은 것이 되겠느냐?" 수부티는 대답했다.

"스승이시여, 복 있는 이여, 그 뛰어난 젊은이나 여자는 그것에 의해 많고도 많은 공덕을 쌓은 것이 됩니다. 왜냐하면 스승이시여, '여래가 설한, 공덕을 쌓는다는 것은 공덕을 쌓지 않는다는 것이다.' 라고 여래가 설하셨기 때문입니다. 그렇기 때문에 여래는, '공덕을 쌓는다, 공덕을 쌓는다.'고 설하시는 것입니다." 스승께서 말씀하셨다.

"그런데 또 실로 수부티야, 뛰어난 남자나 여자가, 이 다함없는 넓은 우주를 일곱 보석으로 채워, 여래, 존경스런 사람, 바르게 깨달은 사람들에게 베풀더라도, 이 법문에서 사행시〔四句偈〕 하나를 다른 사람들을 위해 일일이 보이고 설하여 들려준다면, 이 편이 그를 위해 더욱 많은, 측량할 수 없고 헤아릴 수 없는 공덕을 쌓은 것이 된다. 이것은 어째서냐 하면 수부티야, 실로 여래, 존경스런 사람, 바르게 깨달은 사람들의 이 더없이 바른 깨달음도 그로부터 생긴 것이고, 깨달은 사람인 세존(世尊)들도 또 그로부터 생긴 것이기 때문이다. 왜냐하면, 수부티야, '깨달은 사람의 법, 깨달은 사람의 법이란 깨달은 사람의 법이 아니다.'라고 여래가 설하고 있기 때문이다. 바로 그렇기 때문에 깨달은 사람의 법이라고 말하는 것이다."

9

"수부티야, 어떻게 생각하느냐? '영원한 평안에 이른 자'가 '나는 영원한 평안에 이르는 성과에 머물렀다.'는 생각을 내게 되겠느냐?" 수부티는 대답했다.

"스승이시여, 그렇지는 않습니다. 영원한 평안에 이른 자가 '나는 영원한 평안에 이르는 성과에 머물렀다.'는 생각을 내지는 않을 것

입니다. 그것은 왜냐하면 스승이시여, 실로 그는 아무 것도 얻을 것
이 없기 때문입니다. 바로 그렇기 때문에 '영원한 평안에 이른 자'
라고 불리는 것입니다. 그는 형체를 얻은 것도 아니고, 소리나 냄새
나 맛이나 감촉될 수 있는 것이나 마음의 대상을 얻은 것도 아닙
니다. 바로 그렇기 때문에 '영원한 평안에 이른 자'라고 불리는 것
입니다. 스승이시여, 만일 영원한 평안에 이른 자가 '나는 영원의
평안에 이르는 성과에 머물렀다.'는 생각을 내었다면, 그에게는 이
자아에 대한 집착이 있는 셈이고, 살아 있는 것에 대한 집착, 개체
에 대한 집착, 개인에 대한 집착이 있는 셈이기 때문입니다." 스승
께서 물으셨다.

"수부티야, 어떻게 생각하느냐? '다시 한번 태어나 깨달은 자'가
'나는 다시 한번 태어나 깨달은 자라는 성과에 이르렀다.'는 생각을
내게 될 것이냐?" 수부티는 대답했다.

"스승이시여, 그렇지 않습니다. 다시 한번 태어나 깨달은 자가,
'나는 다시 한번 태어나 깨달은 자라는 성과에 이르렀다.'는 생각을
내지는 않을 것입니다. 왜냐하면, 다시 한번 태어나 깨달은 자가 되
었다 하더라도, 아무 것도 그러한 것은 없기 때문입니다. 바로 그렇
기 때문에 '다시 한번 태어나 깨달은 자'라고 불리는 것입니다." 스
승께서 물으셨다.

"수부티야, 어떻게 생각하느냐? '결코 다시 태어나지 않는 자'가
'나는 결코 다시 태어나지 않는 자라는 성과에 이르렀다.'는 생각을
내겠느냐?" 수부티는 대답했다.

"스승이시여, 그렇지 않습니다. 결코 다시 태어나지 않는 자가
'나는 결코 다시 태어나지 않는 자라는 성과에 이르렀다.'는 생각을
내지는 않을 것입니다. 그것은 어째서냐 하면 스승이시여, 진실로
결코 다시 태어나지 않는 자가 되었다 하더라도, 아무 것도 그러한

것은 없기 때문입니다. 바로 그렇기 때문에, '결코 다시 태어나지 않는 자'라고 불리는 것입니다." 스승께서 물으셨다.

"수부티야, 어떻게 생각하느냐? '존경받을 만한 사람'이 '나는 존경받을 만한 사람이 되었다.'라는 생각을 내겠느냐?" 수부티는 대답했다.

"스승이시여, 그렇지 않습니다. 존경받을 만한 사람이, '나는 존경받을 만한 사람이 되었다.'는 생각을 내지는 않을 것입니다. 그것은 왜냐하면 스승이시여, 진실로 존경받을 만한 사람이라 불리는 그런 것은 아무 것도 없기 때문입니다. 바로 그렇기 때문에 존경받을 만한 사람이라 불리는 것입니다. 스승이시여, 만일 존경받을 만한 사람이 '나는 존경받을 만한 사람이 되었다.'라는 생각을 일으킨다면, 그에게는 저 자아에 대한 집착이 있는 셈이고, 살아 있는 것에 대한 집착, 개체에 대한 집착, 개인에 대한 집착이 있는 셈이기 때문입니다. 그것은 왜냐하면 스승이시여, 여래, 존경받을 사람, 올바로 깨달은 분께서는, 저를 '다툼이 없는 경지를 누리는 최고의 인물'이라 칭찬했습니다. 스승이시여, 저는 존경받을 만한 사람으로, 욕망을 떠나 있습니다.

그렇지만 스승이시여, 저는 '나는 존경받을 사람으로, 욕망을 떠나 있다.'는 생각을 내지 않습니다. 스승이시여, 만일 제가 '나는 존경받을 사람이라는 상태에 도달했다'는 생각을 낸다면, 여래께서 저를 '뛰어난 젊은이인 수부티는 다툼을 떠난 경지를 누리는 최고의 인물로, 어디에도 붙들리지 않기에 다툼을 떠난 사람'이라고 단정하지 않으셨을 것입니다."

10

스승께서 물으셨다. "수부티야, 어떻게 생각하느냐? 여래가 존경받을 만한 사람, 바르게 깨달은 사람인 디팡카라〔燃燈〕 여래의 신분으로 얻은 것이 무언가 있겠느냐?" 수부티는 대답했다.

"스승이시여, 그런 것은 없습니다. 여래가 존경받을 만한 사람, 바르게 깨달은 사람인 디팡카라〔燃燈〕 여래의 신분으로 얻은 것은 아무 것도 없습니다." 스승께서 말씀하셨다.

"수부티야, 만일 어떤 구도자가 '나는 불국토 건설을 해내고야 말겠다.'라고 이렇게 말한다면, 그것은 그릇된 것을 말하는 것이 된다. 그것은 왜냐하면 수부티야, 여래는 '불국토 건설, 불국토 건설이란 불국토 건설이 아니다.'라고 설하기 때문이다. 바로 그렇기 때문에 '불국토 건설'이라고 말하는 것이다.

그렇기 때문에 수부티야, 구도자, 뛰어난 사람들은 붙들리지 않는 마음을 내지 않으면 안 된다. 어디에고 붙들리는 마음을 내어서는 안 된다. 형체에 붙들리는 마음을 내어서는 안 된다. 소리나 냄새나 맛이나 감촉되는 것이나 심적 대상에 붙들리는 마음을 내어서는 안 된다.

수부티야, 가령 여기 사람 하나가 있어 그 몸은 틀 잡히고 커서, 산의 왕인 수메르 산 같다고 한다면, 수부티야, 어떻게 생각하느냐? 그의 몸은 크다고 하겠느냐?" 수부티는 대답했다.

"스승이시여, 큽니다. 복받은 이여, 그 몸은 큽니다. 그것은 왜냐하면, 여래는 '몸, 몸이라지만 그런 것이 아니다.'라고 말씀하셨기 때문입니다. 바로 그렇기 때문에 '몸'이라고 말하는 것입니다. 스승이시여, 그것은 있음도 아니고, 없음도 아닙니다. 바로 그렇기 때문에 '몸'이라고 말하는 것입니다."

11

스승께서 물으셨다. "수부티야, 어떻게 생각하느냐? 갠지스 큰

강의 모래알 수만큼의 갠지스 강이 있다 하자. 그 강에 있는 모래
는 많을 것이냐?" 수부티는 대답했다.

"스승이시여, 그 갠지스강의 수만 하더라도 엄청난 숫자에 달할
것입니다. 하물며 그 갠지스 강들에 있는 모래의 숫자는 더더욱 그
러할 것입니다." 스승께서 말씀하셨다.

"내가 너에게 일러주리라. 수부티야, 잘 알아듣도록 해주마. 그
갠지스 강에 있는 모래 수만큼의 세계를, 어떤 여자나 어떤 남자가
일곱 보석으로 채워, 여래, 존경받을 사람, 바르게 깨달은 사람들에
게 베푼다 하자. 수부티야, 어떻게 생각하느냐? 그 여자 혹은 그 남
자는 그 일로 많은 공덕을 쌓은 것이 되겠느냐?" 수부티는 대답했
다.

"스승이시여, 복받은 이여. 그 여자 혹은 남자가 그 일로 측량할
수 없고 헤아릴 수 없는 많고 많은 공덕을 쌓은 것이 됩니다." 스
승께서 말씀하셨다.

"참으로 또 수부티야, 어떤 여자나 남자가 그 같은 세계를 일곱
보석으로 채워, 여래, 존경받을 사람, 바르게 깨달은 사람들에게 베
푼다 하더라도, 만일 뛰어난 젊은 남자나 뛰어난 젊은 여자가 이
법문에서 사행시 하나를 다른 사람들을 위해 보이고, 설하여 들려
준다면, 이 편이 그를 위해 측량할 수 없고 헤아릴 수 없는 더욱
많은 공덕을 쌓은 것이 된다."

12

"그리고 또 수부티야, 어느 곳이든 이 법문에서 사행시 하나를
내어 말하고, 설하여 들려주는 사람이 있다면, 그곳은 신들과 인간
들과 아수라들을 포함한 세계에 머물러, 탑묘(塔廟)와도 같은 곳이
될 것이다. 하물며 이 법문을 남김없이 기억하고, 읽고, 연구하고,

다른 사람을 위하여 세세히 설하여 들려주는 사람들이 있다면, 수부티야, 그들은 '최고의 축복을 갖춘 자'일 것임에 틀림없다. 수부티야, 그런 곳에서는 스승이라고 일컬어지는 자가 살며, 또 '총명한 스승의 지위에 있는 자'가 사는 것이다."

13

이렇게 말씀하셨을 때, 수부티 장로는 스승을 향해 다음과 같이 물었다.

"스승이시여, 이 법문의 이름은 무엇이라 부르리까? 또 이것을 어떻게 기억해야 하겠습니까?"

이렇게 묻자, 스승께서는 수부티 장로를 향해 다음과 같이 대답하셨다.

"수부티야, 이 법문은 '지혜의 완성'이라 이름짓는다. 그렇게 기억해야 할 것이다. 그것은 왜냐하면 수부티야, '여래에 의해 설해진 〈지혜의 완성〉은 지혜의 완성이 아니다.'라고 여래가 설하기 때문이다. 바로 그런 까닭에 '지혜의 완성'이라 말하는 것이다.

수부티야, 어떻게 생각하느냐? 여래에 의해 설해진 법이라는 것이 무엇인가 있겠느냐?"

수부티는 대답했다. "스승이시여, 그런 것은 없습니다. 여래에 의해 설해진 법이라는 것은 아무 것도 없습니다." 스승께서 물으셨다.

"수부티야, 어떻게 생각하느냐? 이 다함없는 넓은 우주에 있는 대지의 티끌은 많은 것이냐?"

수부티는 대답했다. "스승이시여, 그것은 많습니다. 복있는 이여, 그것은 많습니다. 그것은 왜냐하면 스승이시여, '여래에 의해 설해진 대지의 티끌은 대지의 티끌이 아니다.'라고 여래는 설하고 있기 때문입니다. 바로 그런 까닭에 대지의 티끌이라고 말하는 것입니다.

또 '여래에 의해 설해진 이 세계는 세계가 아니다.'라고 여래는 설하고 있기 때문입니다. 바로 그런 까닭에 '세계'라고 말하는 것입니다." 스승께서 물으셨다.

"수부티야, 어떻게 생각하느냐? 여래, 존경받을 사람, 바르게 깨달은 사람은, 위대한 인물에게 갖추어진 서른 두 가지 특징으로 알아 볼 수 있겠느냐?"

수부티는 대답했다. "스승이시여, 그렇지 않습니다. 여래, 존경받을 만한 사람, 바르게 깨달은 사람은 위대한 인물에게 갖추어진 서른 두 가지 특징으로 분간할 수 없습니다. 그것은 어째서냐 하면, 참으로 스승이시여, '여래에 의해 설해진, 위대한 인물에게 갖추어진 서른 두 가지 특징은 특징이 아니다.'라고 여래가 설하고 있기 때문입니다. 바로 그렇기 때문에 '위대한 인물에게 갖추어진 서른 두 가지 특징'이라고 말하는 것입니다." 스승께서 말씀하셨다.

"또 진실로, 수부티야, 한 여자나 남자가 날마다 갠지스 강 모래알만큼의 몸을 바치고 또 바쳐서, 갠지스 강 모래알만큼의 무한한 기간동안 그 몸을 바쳤더라도, 이 법문에서 사행시 하나를 다른 사람들을 위해 가르치고, 연설하여 들려주는 사람이 있다면, 이 편이 그를 위해 더욱 많은 측량할 수 없고 헤아릴 수 없는 공덕을 쌓은 것이 되리라."

14

이때 수부티 장로는, 법문에 감동하여 눈물을 흘렸다. 그는 눈물을 훔치고 나서, 스승을 향해 이렇게 말했다. "스승이시여, 굉장한 일입니다. 복있는 이여, 참으로 굉장한 일입니다. '이 더없는 길〔道〕을 향한 사람들'을 위해, '가장 뛰어난 길〔道〕을 향한 사람들'을 위해, 이 법문을 여래가 설했다는 것은 …. 그리하여 스승이시여, 그것에 의해 저에게 지혜가 생겼다는 것이 ….

　스승이시여, 저는 이러한 종류의 법문을 아직 일찍이 들어본 적이 없습니다. 스승이시여, 이 경을 설하는 것을 듣고, 진실이라 여기는 구도자는, 이 더없는 굉장한 성질을 갖춘 사람들일 것입니다. 그것은 어째서냐 하면 스승이시여, 진실이라 여기는 생각은 진실이 아니라 여기는 생각이기 때문입니다. 바로 그렇기 때문에, 여래는 '진실이라 여기는 생각, 진실이라 여기는 생각'이라 설하는 것입니다. 그렇지만 스승이시여, 이 법문을 설하실 때에, 제가 그것을 받아들여 이해한다는 것은 그다지 어려운 일이 아닙니다. 그렇지만 스승이시여, 다가올 미래의 시대, 제 이의 오백년 대에, 올바른 가르침이 무너질 무렵에, 어떤 사람들이 이 법문을 받아들여 기억하고, 외우고, 연구하고, 다른 사람들을 위해 자세히 설명하겠나이까. 그런 사람들이 있다면 참으로 굉장한 성질을 갖춘 자라 하겠습니다. 하지만 또 스승이시여, 참으로 이 사람들에게는 자기라는 생각은 일어나지 않고, 살아 있는 것이라는 생각도, 개체라는 생각도, 개인이라는 생각도 일어나지 않을 것입니다. 또 그 사람들에게는, 생각한다는 것도, 생각하지 않는다는 것도 일어나지 않을 것입니다. 그것은 어째서인가 하면, 스승이시여, 자기라는 생각은 생각하지 않는다는 것에 다름 아니며, 살아 있는 것이라는 생각도, 개체라는 생각도, 개인이라는 생각도, 생각하지 않는다는 것에 다름 아니기 때문입니다. 그것은 어째서인가 하면, 부처님이신 세존들은 일체의 생각을 떠나 있기 때문입니다."

　이렇게 말했을 때 스승께서는 수부티 장로를 향해 이렇게 말씀하셨다.

　"그러하다. 수부티야, 그러하다. 이 경전을 설할 때, 놀라지도 않고, 두려워하지도 않고, 공포에 떨지도 않는 사람들은 더없이 굉장

한 성질을 갖춘 사람들이다. 그것은 어째서냐 하면 수부티야, 여래
가 설하는 이 최상의 완성은, 실은 완성이 아니기 때문이다. 또 수
부티야, 여래가 최상의 완성이라고 설한 그것을, 헤아릴 수 없는,
깨달은 사람, 세존들이 또 설하고 있기 때문이다. 바로 그렇기 때문
에 '최상의 완성자'라고 말하는 것이다.

하지만 나아가 수부티야, 실로 여래에 있어 인내의 완성은 실은
완성이 아닌 것이다. 그것은 어째서인가가 하면 수부티야, 일찍이
어떤 나쁜 왕이 내 몸과 수족에서 고깃점을 떼어 내던 그때에도,
나에게는 자기라는 생각도, 살아 있는 것이라는 생각도, 개체라는
생각도, 개인이라는 생각도 없었으며, 또 생각한다는 것도, 생각하
지 않는다는 것도 없었기 때문이다.

그것은 어째서냐 하면 수부티야, 만일 그때에 나에게 자기라는
생각이 있었다면 나는 '원망하는 생각'을 가졌을 것이 틀림없고, 만
일 살아 있는 것이라는 생각이나, 개체라는 생각이나, 개인이라는
생각이 있었다면, 그때 나는 원망하는 생각을 가졌을 것임에 틀림
없기 때문이다.

그것은 어째서냐 하면 수부티야, 나는 똑똑히 생각이 난다. 과거
세(世)에 오백의 생애 동안 내가 '인내를 설하는 자'란 이름의 구도
자였던 것을. 그 무렵에도 나에게는 자기라는 생각은 없었고, 살아
있는 것이라는 생각도 없었고, 개체라는 생각도 없었고, 개인이라는
생각도 없었기 때문이다.

그렇기에 수부티야, 구도자, 뛰어난 사람들은 일체의 생각을 버
리고, 이 더없는 바른 깨달음에 마음을 일으켜야 한다. 형체에 붙들
린 마음을 일으켜서는 안 된다. 소리나 냄새나 맛이나 감촉 되는
무엇이거나 심적 대상에 붙들린 마음을 일으켜서는 안 된다. 법(法)
에 붙들린 마음을 일으켜서는 안 된다. 법(法) 아닌 것에 붙들린

마음을 일으켜서는 안 된다. 어떤 것에도 붙들린 마음을 일으켜서
도 안 된다. 그것은 어째서냐 하면, 붙들려 있다는 것은 붙들려 있
지 않는 것이기 때문이다. 그렇기 때문에 '구도자는 붙들리는 일없
이 베풂'을 행해야 한다. '형체나 소리나 냄새나 맛이나 감촉 되는
무엇이거나, 마음의 대상에 붙들리지 않고 베풂을 행해야 한다.'고
말했던 것이다.

또 수부티야, 실로 구도자는 살아 있는 모든 것을 위하여 이러한
베풂을 주어야만 한다. 그것은 어째서냐 하면 수부티야, 이 살아 있
는 것이라는 생각은 생각이 아닌 것이기 때문이다. 이렇게 여래가
살아 있는 모든 것이라고 설한 것들은 실은 살아 있는 것이 아니
다. 그것은 어째서인가 하면 수부티야, 여래는 진실을 말하는 자이
고, 진리를 말하는 자이고, 옳은 것을 말하는 자이기 때문이다. 여
래는 거짓을 말하는 자가 아니다. 거기다 또 수부티야, 실로 여래가
지금 깨닫고 보이고 생각한 법(法) 안에는 진리도 없고 허망도 없
다. 수부티야, 이것을 비유해 말하자면, 가령 눈이 있어도 어둠 속
에 들어간 사람은 아무 것도 볼 수 없는 것과 같다. 사물에 빠진
구도자도 그렇게 보아야 한다. 그는 사물 안에 빠져서 베풂을 주는
것이다. 수부티야, 또 이것을 비유해 말하자면, 눈을 가진 사람은
날이 밝아 태양이 뜰 때 여러 가지 색채를 볼 수 있는 것과 같다.
사물 가운데 빠지지 않은 구도자도 그렇게 보아야 한다. 그들은 사
물 가운데 빠지지 않고 베풂을 주는 것이다.

그런데 수부티야, 실로 뛰어난 젊은 남자 뛰어난 젊은 여자들이,
이 법문을 받아들여 기억하고, 외우고, 이해하고, 다른 사람들에게
상세히 설해 들려준다고 하자. 수부티야, 여래는 깨달은 사람의 눈
으로 이러한 사람들을 알고 있다. 수부티야, 여래는 깨달은 사람의
지혜로 이러한 사람들을 보고 있다. 수부티야, 여래는 이러한 사람

들을 이해하고 있다. 수부티야, 이들 모두는 측량할 수 없고, 헤아
릴 수 없는 복덕을 쌓아 자기 것으로 하고 있음에 틀림없다."

15

"또 실로 수부티야, 여자나 남자가 있어 아침에 갠지스 강의 모
래 수만큼의 몸을 바치고, 마찬가지로 낮 동안에도 갠지스 강의 모
래 수만큼의 몸을 바치고, 저녁에도 갠지스 강의 모래만큼의 몸을
바치고, 이런 식으로 무한히 긴 시간 동안 몸을 바치더라도 이 법
문을 듣고 비방하지 않는다면, 그 편이 이 일을 위해 더욱 많은 측
량을 할 수 없고 헤아릴 수 없는 복덕을 쌓는 것이 된다. 하물며
베껴 써서, 배우고 기억하고 외우고 이해하여, 다른 사람들에게 상
세히 설명하여 들려주는 사람이 있다면, 더더욱 그러한 것이다.

거기다가 또 수부티야, 실로 이 법문은 불가사의하고 비교해 볼
수 없는 것이다. 수부티야, 여래는 이 법문을 더없는 길[道]로 향하
는 사람들을 위하여, 가장 뛰어난 길[道]로 향하는 사람들을 위하
여 설했다. 어떤 사람들은 이 법문을 받아들이고, 기억하고, 외우고,
이해하여 다른 사람들에게 상세히 설하여 들려주리라. 수부티야, 여
래는 깨달은 사람의 지혜로 이러한 사람들을 알고 있다. 여래는 깨
달은 사람의 눈으로 이러한 사람들을 보고 있다. 수부티야, 여래는
이러한 사람들을 이해하고 있다. 이들 모두는 측량할 수 없는 복덕
을 쌓았던 것이리라. 불가사의하고 비교해 볼 수 없고 한없고 무량
한 복덕을 쌓았던 것이리라. 수부티야, 이 모든 사람들은 스스로 깨
달음에 참여하게 되리라. 그것은 어째서냐 하면, 이 법문을 신심이
열등한 사람들은 들을 수 없기 때문이다. 자기에 대해 집착된 견해
가 있는 사람, 살아 있는 것에 대해 집착된 견해가 있는 사람, 개체
에 대해 집착된 견해가 있는 사람, 개인에 대해 집착된 견해가 있

는 사람은 들을 수 없기 때문이다. 구도자의 맹세를 세우지 않는 사람들은, 이 법문을 듣거나, 받아들이거나, 혹은 기억하거나, 혹은 외우거나, 혹은 이해하거나 할 수 없다. 그러한 이치는 있을 수 없는 것이다. 그렇지만 또 수부티야, 실로 어느 곳이든, 이 경이 설해지는 곳은 신들과 인간들과 아수라들을 포함한 세계에서 공양을 받으리라. 그곳은 오른쪽으로 돌아 예배되는 곳이리라. 그곳은 탑묘(塔廟)와도 같은 곳이리라."

16

"그렇지만 수부티야, 뛰어난 젊은 남자들이나 뛰어난 젊은 여자들이, 이 같은 경전을 받아들이고, 기억하고 외우고 이해하고 충분히 사유하고, 또 다른 사람들에게 상세히 설명하여 들려주더라도, 그 같은 사람들이 욕을 보는, 또 심하게 욕을 보는 수가 있을지도 모르겠다. 그것은 어째서냐 하면, 이러한 사람들이 전생에 죄의 업보로 이끌릴 얼마간의 오염된 행위를 했었다 하더라도 이 현재의 생존에서 욕을 보는 것에 의해, 전생의 부정한 행위의 갚음을 한 것이 되어, 깨달은 사람의 깨달음을 얻게 될 것이기 때문이다. 그것은 어째서냐 하면 수부티야, 나는 뚜렷이 생각난다. 헤아릴 수 없는 무한의 옛날에 디팡카라[燃燈]라는 여래, 존경받을 사람, 바르게 깨달은 사람이 계셨고, 그보다 이전, 더욱 이전에 헤아릴 수 없는 깨달은 사람들이 계셨다. 나는 이 사람들을 섬기며 기꺼워했으니, 섬기며 기꺼워하기를 그치지 않았다. 수부티야, 나는 이들 깨달은 사람들, 세존들을 섬기며 기꺼워했으니, 섬기며 기꺼워하기를 그치지 않았다 할지라도, 나중 세상이 되어 제 이의 오백년 대에 올바른 가르침이 무너질 무렵에, 이 같은 경전을 받아들이고, 기억하고 외우고 이해하고, 다른 사람들에게 상세히 설하여 들려주는 사람이

있다 한다면, 수부티야, 또한 실로 이쪽 복덕의 쌓임에 비해, 앞의
복덕의 쌓임은 일에도 미치지 않으며, 천분의 일에도 백천분의 일
에도, 억분의 일에도 백억분의 일에도 미치지 않는다. 수량으로도,
구분으로도, 계산으로도, 비유로도, 유추로도, 상사(相似)로도 어찌
해 볼 수 없는 것이다. 또 수부티야, 만일 내가 이들 뛰어난 젊은
남자들이나 젊은 여자들이 쌓은 복덕에 대하여 설명한다면, 그때
이들 뛰어난 젊은 남자들이나 젊은 여자들이 얼마만큼 복덕을 쌓
아 몸에 지니고 있는가를 듣게 된다면, 사람들은 안색이 변하고 마
음이 산란해질 것이다. 그런데 또 수부티야, 실로 이 법문은 불가사
의하다고 여래는 설했는데, 그 과보 또한 불가사의할 것이라 기대
되는 것이다."

17

그때 수부티 장로는 스승을 향하여 다음과 물었다.

"스승이시여, 구도자의 길로 나선 자는 어떻게 생활하고, 어떻게
행동하며, 어떻게 마음을 지켜야 합니까?" 스승께서 대답하셨다.

"수부티야, 여기서 구도자의 길로 나선 자는 다음과 같은 마음을
일으켜야 한다. 즉 '나는 살아 있는 모든 것을 오염 없는 영원한 평
안의 경지로 이끌어 들여야 한다. 그렇지만 이렇게 살아 있는 모든
것을 영원한 평안의 경지로 이끌어 들인다 하더라도, 실은 어느 하
나도 영원한 평안으로 이끌린 것은 없다.' 그것은 어째서냐 하면 수
부티야, 만일 구도자가 살아 있는 것이란 생각을 일으켰다면, 그는
아직 구도자라고는 부를 수 없기 때문이다. 개체라는 생각이나, 내
지 개인이라는 생각 등을 일으킨 사람은 구도자라고 부르지 않기
때문이다. 그것은 어째서냐 하면 수부티야, '구도자의 길로 들어 선
사람' 같은 것은 어디에도 존재하지 않기 때문이다. 수부티야, 어떻

게 생각하느냐? 여래가 디팡카라 여래의 신분으로 이 더없이 바른 깨달음을 실제로 깨달은 무엇인가가 있다고 생각하느냐?"

이렇게 물으셨을 때, 수부티 장로는 스승을 향하여 다음과 같이 대답했다.

"스승이시여, 제가 스승께서 하신 말씀의 뜻을 이해하는 한, 여래가 존경받을 사람, 바르게 깨달은 사람인 디팡카라 여래의 신분으로 이 더없이 바른 깨달음을 실제로 깨달은 무엇인가는 어디에도 없습니다." 이렇게 말했을 때 스승께서는 수부티 장로를 향하여 이렇게 말씀하셨다.

"바로 그러하다. 수부티야, 바로 그러하다. 여래가 존경받을 사람, 바르게 깨달은 사람인 디팡카라 여래의 신분으로 이 더없이 바른 깨달음을 실제로 깨달은 무엇이란 없는 것이다. 수부티야, 만일 여래가 실제로 깨달은 법이 무엇인가 있다 한다면 디팡카라 여래가 나에게 '젊은이여, 그대는 미래세(世)에 석가모니라는 이름의 여래, 존경받을 사람, 바르게 깨달은 사람이 될 것이다.'라는 등의 예언을 하지 않았을 것이다. 그렇지만 수부티야, 지금 여래, 존경받을 사람, 바르게 깨달은 사람이 이 더없이 바른 깨달음으로서 실제로 깨달은 법이란 어디에도 없기 때문에 나는 디팡카라 여래에 의해, '젊은이여, 그대는 미래세(世)에 석가모니라는 이름의 여래, 존경받을 사람, 바르게 깨달은 사람이 될 것이다.'라는 예언을 받은 것이다.

그것은 어째서인가 하면 수부티야, 여래란 진여(眞如)의 다른 이름인 것이다. 수부티야, 여래란 이것은 태어남이 없는 존재의 본질의 다른 이름인 것이다. 수부티야, 여래란 이것은 존재의 단절의 다른 이름인 것이다. 수부티야, 여래란 궁극적으로 '태어남이 없다〔不生〕'라는 것의 다른 이름인 것이다. 그것은 어째서냐 하면, 수부티야, 태어남이 없는 것이 최고의 진리이기 때문이다.

수부티야, 만일 누군가가 '여래, 존경받을 사람, 바르게 깨달은 사람이 이 더없이 바른 깨달음을 실제로 깨달았다.'고 말했다면, 그 사람은 틀린 말을 하는 것이 된다. 수부티야, 그가 진실이 아닌 것에 집착하여 나를 비방하고 있는 것이 되리라. 그것은 어째서냐 하면 수부티야, 여래가 이 더없이 바른 깨달음을 실제로 깨달은 무엇은 아무 것도 없기 때문이다. 또 수부티야, 여래가 실제로 깨달아 보인 법(法)에는 진실도 없고 허망도 없는 것이다. 그렇기 때문에 여래는 '모든 것은 깨달은 사람의 법이다.'라고 설하는 것이다. 그것은 어째서냐 하면 수부티야, '모든 것이란 실은 법이 아니다.'라고 여래가 설하고 있기 때문이다. 바로 그렇기 때문에 '모든 것'이라 말하는 것이다. 가령 수부티야, '몸을 갖추고 몸이 커다란 사람'이 있다고 말하는 것과 같다."

수부티 장로는 말했다. "스승이시여, 여래가 '몸을 갖추고 몸이 큰 사람'이라 설하는 이 사람은 스승이시여, 실은 몸이 없는 사람이라고 여래는 설하셨습니다. 바로 그렇기 때문에, '몸을 갖추고 몸이 커다란 사람'이라고 말하는 것입니다." 스승께서 말씀하셨다.

"수부티야, 바로 그렇다. 만일 어느 구도자가 '나는 살아 있는 모든 것을 영원한 평안으로 이끌겠다.'고 말했다면, 그 사람은 구도자라고 할 수 없다. 그것은 어째서냐 하면 수부티야, 도대체 이 구도자라고 이름 붙인 무엇인가가 있는 것이냐?" 수부티는 대답했다.

"스승이시여, 그렇지 않습니다. 이 구도자라고 이름 붙일 무엇인가는 아무 것도 없습니다."

스승께서 말씀하셨다. "수부티야, '살아 있는 것, 살아 있는 것이라 말하는 것은 실은 살아 있는 것이 아니다.'라고 여래는 말하였다. 바로 그렇기 때문에 살아 있는 것이라고 말하는 것이다. 그렇기 때문에 여래는, '모든 것에는 자아가 없다. 모든 것에는 살아 있는

292

것이 없다. 개체가 없다. 개인이 없다.'고 말하는 것이다. 수부티야,
만일 어느 구도자가 '나는 불국토 건설을 이룩할 것이다.'라고 말했
다면, 이 사람도 마찬가지로 말해야 한다. 그것은 어째서냐 하면 수
부티야, 여래는 '불국토 건설, 불국토 건설은 건설이 아니다.'라고
말하고 있기 때문이다. 바로 그렇기 때문에 '불국토 건설'이라고 말
하는 것이다. 수부티야, 만일 구도자가 '만물에는 자아가 없다. 만물
에는 자아가 없다.'고 믿고 이해한다면, 여래, 존경받을 사람, 바르
게 깨달은 사람이 그 사람을 구도자, 뛰어난 사람이라고 설하는 것
이다."

18

스승께서 물으셨다.

"수부티야, 어떻게 생각하느냐? 여래에게는 육안(肉眼)이 있겠느
냐?"

수부티는 대답했다. "스승이시여, 그렇습니다. 여래에게는 육안이
있습니다."

스승께서 물으셨다. "수부티야, 어떻게 생각하느냐? 여래에게는
천안(天眼)이 있겠느냐?"

수부티는 대답했다. "스승이시여, 그렇습니다. 여래에게는 천안이
있습니다."

스승께서 물으셨다. "수부티야, 어떻게 생각하느냐? 여래에게는
지혜의 눈이 있겠느냐?"

수부티는 대답했다. "스승이시여, 그렇습니다. 여래에게는 지혜의
눈이 있습니다."

스승께서 물으셨다. "수부티야, 어떻게 생각하느냐? 여래에게는
법(法)의 눈이 있겠느냐?"

수부티는 대답했다. "스승이시여, 그렇습니다. 여래에게는 법의 눈이 있습니다."

스승께서 물으셨다. "수부티야, 어떻게 생각하느냐? 여래에게는 깨달은 사람의 눈[佛眼]이 있겠느냐?"

수부티는 대답했다. "스승이시여, 그렇습니다. 여래에게는 깨달은 사람의 눈이 있습니다."

스승께서 물으셨다. "수부티야, 어떻게 생각하느냐? 갠지스 같은 큰 강에 있는 모래, 그 모래를 여래는 설하였느냐?"

수부티는 대답했다. "스승이시여, 그렇습니다. 복있는 이여, 그렇습니다. 여래는 그 모래를 설하셨습니다."

스승께서 물으셨다. "수부티야, 어떻게 생각하느냐? 갠지스 같은 큰 강에 있는 모래 수만큼 갠지스 강이 있고 그리고 그 가운데 있는 모래수 만한 세계가 있다면 그 세계는 많은 것이냐?"

수부티는 대답했다. "스승이시여, 그렇습니다. 복있는 이여, 그렇습니다. 그 세계는 많을 것입니다." 스승께서 말씀하셨다. "수부티야, 이들 세계에 있는 많은 살아 있는 것들의, 종종의 많은 마음의 흐름을 나는 알고 있다. 그것은 어째서냐 하면 수부티야, '마음의 흐름', '마음의 흐름이란 흐름이 아니다.'라고 여래는 설하고 있기 때문이다. 바로 그렇기 때문에 '마음의 흐름'이라고 말하는 것이다. 그것은 어째서냐 하면 수부티야, 과거의 마음은 붙잡을 수 없고, 미래의 마음도 붙잡을 수 없고, 현재의 마음은 붙잡을 수 없기 때문이다."

19

"수부티야, 어떻게 생각하느냐? 젊은 남자나 젊은 여자가, 이 다함없이 넓은 우주를 일곱 보석으로 채워, 여래, 존경받을 사람, 올

294

바로 깨달은 사람들에게 베푼다면, 그 뛰어난 젊은 남자나 젊은 여자는 이 일로 인해 많은 복덕을 쌓은 것이 되겠느냐?" 수부티는 대답했다.

"스승이시여, 많습니다. 복있는 이여, 많습니다." 스승께서 말씀하셨다.

"그렇다, 수부티야, 그렇다. 뛰어난 젊은 남자나 젊은 여자는, 그 일에 의해 많은 복덕을 쌓은 것이 되는 것이다. 그것은 어째서냐 하면 수부티야, '공덕을 쌓는다, 공덕을 쌓는다는 것은 쌓는 것이 아니다.'라고 여래는 설하고 있기 때문이다. 바로 그렇기 때문에 '공덕을 쌓는다.'고 말하는 것이다. 수부티야, 만일 공덕을 쌓는 것이 있다면 여래는, '공덕을 쌓는다, 공덕을 쌓는다.'고 설하지 않았을 것이다."

20

"수부티야, 어떻게 생각하느냐? 여래를 빼어난 신체를 완성하고 있는 자로 보아야 하겠느냐?"

수부티는 대답했다. "스승이시여, 그렇지 않습니다. 여래를 빼어난 신체를 완성하고 있는 사람으로 보아서는 안 됩니다. 그것은 어째서냐 하면 스승이시여, '빼어난 신체를 완성하고 있다, 빼어난 신체를 완성하고 있다란 실은 갖추고 있지 않는 것이다.'라고 여래가 설하고 있기 때문입니다."

스승께서 물으셨다. "수부티야, 어떻게 생각하느냐? 여래를 특징을 갖춘 존재로 보아야 하겠느냐?"

수부티는 대답했다. "스승이시여, 그렇지 않습니다. 여래를 특징을 갖춘 존재로 보아서는 안 됩니다. 그것은 어째서냐 하면 스승이시여, '특징을 갖추고 있다고 여래가 설한 것은 실은, 특징을 갖추고 있지 않는 것이다.'라고 여래가 말씀하셨기 때문입니다. 바로 그렇기 때문에 '특징을 갖추고 있다.'고 말하는 것입니다."

21

스승께서 물으셨다. "수부티야, 어떻게 생각하느냐? '내가 법을 가르쳐 보였다.'는 생각이 여래에게 일어나겠느냐?"

수부티는 대답했다. "스승이시여, 그렇지 않습니다. '내가 법을 가르쳐 보였다.'라는 생각이 여래에게는 일어나지 않습니다."

스승께서 말씀하셨다. "수부티야, '여래는 법을 가르쳐 보였다.'라고 말하는 자가 있다면, 그는 틀린 말을 하는 것이다. 수부티야, 그는 진실이 아닌 것에 집착하여 나를 비방하는 것이다. 그것은 어째서냐 하면 수부티야, '법의 가르침', 법의 가르침이라 하더라도, 법의 가르침으로 인정될 수 있는 무엇은 어디에도 존재하지 않기 때문이다."

이렇게 말씀하셨을 때, 수부티 장로는 스승을 향하여 다음과 같이 물었다. "스승이시여, 다가올 미래의 시대, 제 이의 오백년 대에, 올바른 가르침이 무너질 그 무렵에는, 이 같은 법을 듣고 믿을 사람들이 과연 있겠습니까?" 스승께서 대답하셨다.

"수부티야, 그들은 살아 있는 것도 아니고 살아 있지 않은 것도 아니다. 그것은 어째서냐 하면 수부티야, '살아 있는 것, 살아 있는 것이란 무엇이든 살아 있는 것이 아니다.'라고 여래가 설하고 있기 때문이다. 바로 그렇게 때문에 '살아 있는 것'이라고 말하는 것이다."

22

"수부티야, 어떻게 생각하느냐? 여래가 이 더없이 바른 깨달음을 깨달은 무엇인가가 있겠느냐?" 수부티 장로는 대답했다. "스승이시여, 그런 것은 없습니다. 여래가 이 더없이 바른 깨달음을 깨달은 무엇인가가 아무 것도 없습니다." 스승께서 말씀하셨다. "그렇다. 수부티야, 그렇다. 티끌만큼의 것도 거기에는 존재하지 않고 인정되지 않는 것이다. 바로 그렇기 때문에 '이 더없이 바른 깨달음'이라고 말하는 것이다."

23

"또 수부티야, 실로 그 법은 평등하고, 거기에는 어떤 차별도 없다. 바로 그렇기 때문에 '이 더없이 바른 깨달음'이라고 말하는 것이다. 이 더없이 바른 깨달음은 자아가 없다는 사실로부터, 살아 있는 것이 없다는 것으로부터, 개체가 없다는 것으로부터, 개인이 없다는 것으로부터 평등이고, 모든 선법(善法)에 의해 실제 깨달아진 것이다. 그것은 어째서냐 하면 수부티야, '좋은 일, 좋은 일이란 법이 아니다.'라고 여래는 설하고 있기 때문이다. 바로 그렇기 때문에 '좋은 일'이라고 말하는 것이다."

24

"그리고 또 수부티야, 실로 한 여자, 혹은 한 남자가 이 다함없이 넓은 우주에 있는 모든 산들의 왕, 수메르의 수만큼의 일곱 보석을 모아 지니고, 그것을 여래, 존경받을 사람, 바르게 깨달은 사람들에게 베푼다 하더라도, 또 다른 쪽에서는 뛰어난 젊은 남자 혹은 젊은 여자가, 이 지혜의 완성이라는 법문에서 사행시 하나라도 다른 사람들에게 설했다면, 수부티야, 앞의 공덕의 쌓임은, 이편의 공덕의 쌓임에 비해서 그 백분의 일에도 미치지 않으며, 비유조차 가당치 않을 것이다."

25

"수부티야, 어떻게 생각하느냐? '나는 살아 있는 것들을 건졌다.' 는 생각을 여래가 일으켰겠느냐? 수부티야, 그러나 그렇게 보아서는 안 되는 것이다. 그것은 어째서냐 하면 수부티야, 여래가 건졌다는 살아 있는 것은 어디에도 없기 때문이다. 또 수부티야, 여래가 건졌다는 살아 있는 것이 무엇인가 있다면 여래에서 자아에 대한 집착, 살아 있는 것에 대한 집착, 개체에 대한 집착, 개인에 대한 집착이 있는 셈이 될 것이다. 수부티야, '자아에 대한 집착이란 집착이 아닌 것이다.'라고 여래는 설했다. 그러나 이 어리석은 대중들은 그것에 집착하는 것이다. 수부티야, '어리석은 대중이란 어리석은 대중이 아님에 다름 아니다.'라고 여래는 설했다. 바로 그렇기 때문에 '어리석은 대중'이라고 말하는 것이다."

26

"수부티야, 어떻게 생각하느냐? 여래가 특징을 갖추었다고 보아야 하겠느냐?"

수부티는 말했다. "스승이시여, 그렇지 않습니다. 제가 스승이 하신 말씀의 의미를 이해한 바에 따르면, 여래를 특징을 갖춘 존재로 보아서는 안 됩니다." 스승께서 말씀하셨다.

"참으로, 참으로 수부티야, 그렇다. 수부티야, 그대가 말한 대로 그러하다. 여래를 특징을 갖춘 것으로 보아서는 안 된다. 그것은 어째서냐 하면 수부티야, 만일 여래가 특징을 갖춘 것으로 본다면 전륜성왕(轉輪聖王)도 여래가 될 것이다. 그렇기 때문에 여래를 특징을 갖춘 것으로 보아서는 안 되는 것이다." 수부티 장로는 스승을 향하여 다음과 같이 말했다.

"스승이시여, 제가 스승께서 하신 말씀의 의미를 궁구한 바에 의

하면, 여래는 특징을 갖추었다고 보아서는 안 됩니다."

그때 스승께서는 다음과 같은 시를 읊으셨다.

형체에 의하여 나를 보고
소리에 의하여 나를 찾는 것은
그릇된 노력에 빠져 있는 자.
이들은 결코 나를 볼 수 없을 것이다.

27

"수부티야, 어떻게 생각하느냐? 특징을 갖추고 있는 것에 의해, 여래는 이 더없이 바른 깨달음을 실제로 깨달은 것이냐? 그렇지만 수부티야, 너는 그렇게 보아서는 안 된다. 그것은 왜냐하면 수부티야, 특징을 갖추고 있는 것에 의해, 여래가 이 더없이 바른 깨달음을 실제로 깨달은 것은 아니기 때문이다. 더구나 또 수부티야, 실로 누군가가 '구도자의 길로 향하는 사람에게는 무슨 법인가가 멸하거나 끊기게 된다.'라고 말할지도 모르겠다. 그렇지만 수부티야, 그렇게 보아서는 안 된다. 그것은 어째서냐 하면, 구도자의 길로 향하는 사람에게는 어떤 것도 멸하거나 끊겨 나가거나 하지 않기 때문이다."

28

"또 수부티야, 실로 뛰어난 젊은 남자나 젊은 여자가, 갠지스 강의 모래 수만큼의 세계를 일곱 보석으로 채우고, 그것을 여래, 존경받을 사람, 바르게 깨달은 사람에게 베푼다 하자. 다른 쪽에서는 구도자가 '법은 자아라는 것이 아니고, 태어나는 것도 아니다.'라고 인정할 수 있었다면, 이 편이 그것에 의해, 측량할 수 없고 헤아릴 수 없을 만큼 더욱 많은 공덕을 쌓은 것이 될 것이다. 그렇지만 또 실로 수부티야, 구도자, 뛰어난 사람은 쌓은 공덕을 자신의 것으로 하지 않는다."

수부티 장로는 물었다. "스승이시여, 구도자는 쌓은 공덕을 자신의 것으로 해서는 안 되는 것입니까?"

스승께서 대답하셨다. "수부티야, 자신의 것으로 하더라도, 고집해서는 안 된다. 바로 그렇게 때문에 '자신의 것으로 해야 한다.'고 말하는 것이다."

29

"또 수부티야, 실로 만일 누군가가 '여래는 가고, 혹은 오고, 혹은 머물고, 혹은 앉고, 혹은 침상에 눕는다.'라고 설했다면, 그 사람은 수부티야, 내가 한 말의 의미를 이해하고 있지 못한 것이다. 그것은 어째서냐 하면 수부티야, 여래라고 불리는 사람은 어디에도 가지 않고, 어디로부터도 오지 않기 때문이다. 바로 그렇게 때문에 '여래이고 존경받을 사람이고 바르게 깨달은 사람이다.'라고 말하는 것이다."

30

"또 수부티야, 실로 뛰어난 젊은 남자 젊은 여자가, 가령 이 다함없는 우주에 있는 모든 대지의 모래 수만큼의 세계를 무수한 노력에 의해 원자의 집합체 같은 가루로 만들었을 경우, 수부티야, 어떻게 생각하느냐? 그 원자의 집합체는 많은 것이냐?" 수부티는 대답했다.

"스승이시여, 그렇습니다. 복있는 이여, 그렇습니다. 그 원자의 집합체는 많습니다. 그것은 어째서냐 하면 스승이시여, 만일 원자의 집합체가 실유(實有)였다고 하면, 스승은 '원자의 집합체'라고 설하지 않으셨을 것이기 때문입니다. 그것은 어째서냐 하면 스승이시여, '여래가 설한 이 원자의 집합체는 집합체가 아니다.'라고 여래가 설하고 계시기 때문입니다. 바로 그렇게 때문에 '원자의 집합체'라고 말하는 것입니다. 또 '여래가 설한 다함없는 우주는 우주가 아니다.' 라고 여래가 설하고 있습니다. 바로 그렇게 때문에 '다함없는 우주' 라고 말하는 것입니다. 그것은 어째서냐 하면 스승이시여, 만일 우주라는 것이 있다면 '전일체라는 집착'이 있는 셈이 되겠지요. 더구나 '여래가 설한 전일체라는 집착은 실은 집착이 아니다.'라고 여래가 설하고 있습니다. 바로 그렇게 때문에 '전일체라는 집착'이라고 말하는 것입니다." 스승께서 말씀하셨다.

"수부티야, '전일체라는 집착'은 언어로 표현할 수 없는 것, 입으로 말할 수 없는 것이다. 그것은 물(物)도 아니고 물(物) 아닌 것도 아니다. 그것은 어리석은 일반 대중들이 집착하는 것이다."

31

"그것은 어째서냐 하면 수부티야, 누군가가 '여래는 자아에 대한 견해를 설했다. 살아 있는 것에 대한 견해, 개체에 대한 견해, 개인에 대한 견해를 여래는 설했다.'라고 설했다 하자. 수부티야, 그 사람은 바르게 설한 것이 되느냐?" 수부티는 대답했다.

"스승이시여, 그렇지 않습니다. 복있는 이여, 그렇지 않습니다. 그 사람은 바르게 설한 것이 아닙니다. 그것은 어째서인가 하면 스승이시여, '여래가 설한 이 자아에 대한 견해는 견해가 아니다.'라고 여래가 설하고 있기 때문입니다. 바로 그렇게 때문에 '자아에 대한 견해'라고 말하는 것입니다." 스승께서 말씀하셨다.

"수부티야, 실로 구도자의 길에 나선 사람은 모든 것을 알아야 하고, 보아야 하고, 이해해야 한다. 그런데 일물(一物)이라는 생각조차 머물지 않도록 알아야 하고, 보아야 하고, 이해해야 하는 것이다. 그것은 어째서냐 하면 수부티야, '일물이라는 생각, 일물이라는 생각은 실은 생각이 아니다.'라고 여래가 설하고 있기 때문이다. 바로 그렇게 때문에 '일물이라는 생각'이라고 말하는 것이다."

32

"또 수부티야, 실로 구도자, 뛰어난 사람이 측량할 수 없고 헤아릴 수 없는 세계를 일곱 보석으로 채우고, 모든 여래, 존경받을 사람, 바르게 깨달은 사람들에게 베풀었다 하자. 또 다른 쪽에서는, 뛰어난 젊은 남자나 젊은 여자가, 이 지혜의 완성이라는 법문에서 사행시 한 구절이라도 받아들여, 기억하고 외우고 이해하고, 다른 사람들에게 상세히 설명해 준다면, 이쪽이 그것에 의해 측량할 수 없고 헤아릴 수 없는 더욱 많은 공덕을 쌓은 것이 되는 것이다. 그렇다면 어떻게 설명해 주어야 할까? 설명해 주지 않는 편이 낫다. 바로 그렇게 때문에 '설명하여 들려준다.'고 말하는 것이다." 현상계란 별이나 눈의 환영, 등불, 덧없는 것, 이슬, 물거품, 꿈, 번갯불, 구름 같은 그런 것이라 보아야 하리라. 스승께서는 이렇게 설하셨다. 수부티 장로는 환희하고, 그리하여 이들 수행자나 승니(僧尼)들, 재가의 남녀 신자들, 또 신들이나 인간들, 아수라 건달바들을 포함한 세계의 뭇 존재들은 스승께서 설한 것을 칭송했다 한다.

각성

1958년 서울 출생.
1983년 용수스님을 만나 發心하여 수행해 오다가, 1998년 4월 마침내 사
업을 정리하고 入山, 1999년 6월 得道하여 오늘에 이르고 있다.

버려라! 그리고 깨어 있으라!

2001년 10월 10일 초판인쇄
2001년 10월 15일 초판발행

저자 · 각성
펴낸이 · 임희근
펴낸곳 · 도서출판 운주사

등록 · 제2-754호
주소 · 서울 성북구 동소문동 1가 51 타운힐빌딩 3층
전화 · 02)3672-7181~5, 팩스 · 3672-7186

값 8,000원

잘못된 책은 바꾸어 드립니다.